工业数据采集技术

丁文利 杜鹏 仝玉华 主编

电子工业出版社
Publishing House of Electronics Industry
北京·BEIJING

内容简介

本书以中国式新型工业化为背景，面向传统工业企业提质增效需求，以实现设备的数据采集为根本任务，详细介绍了智能工厂设备数据采集的方法和实施途径，以推动企业数字化转型。

本书结合课程内容技术特点，筛选工业互联网赋能智能制造典型应用场景（工业和信息化部发布），选取能源管理、安全管控、环保管控、生产作业和设备管理5个环节，依托企业真实案例设计了"制造强国—智能工厂数据采集认知—提质增效"、"节能减排—智能工厂能耗数据采集—绿色低碳"、"安环管控—智能工厂安环数据采集—安全生产"（包括安全管控和环保管控两个环节）、"精采细算—智能工厂车间设备数据采集—精益生产"和"智改数转—智能工厂数据互通—创新发展"5个项目共20个任务，同时结合任务内容分享企业真实的数字化改造案例。

本书按64学时进行编写，可作为高职高专工业互联网相关专业的教材，还可供从事工业互联网相关工作的工程技术人员参考。

未经许可，不得以任何方式复制或抄袭本书之部分或全部内容。
版权所有，侵权必究。

图书在版编目（CIP）数据

工业数据采集技术 / 丁文利，杜鹏，仝玉华主编.
北京：电子工业出版社，2024. 10. -- ISBN 978-7-121-49676-9

Ⅰ. F407.4

中国国家版本馆 CIP 数据核字第 20257GS847 号

责任编辑：桑 昀
印　　刷：三河市双峰印刷装订有限公司
装　　订：三河市双峰印刷装订有限公司
出版发行：电子工业出版社
　　　　　北京市海淀区万寿路173信箱　　邮编：100036
开　　本：787×1092　1/16　印张：15.75　字数：403.2千字
版　　次：2024年10月第1版
印　　次：2024年10月第1次印刷
定　　价：49.00元

凡所购买电子工业出版社图书有缺损问题，请向购买书店调换。若书店售缺，请与本社发行部联系，联系及邮购电话：(010) 88254888，88258888。

质量投诉请发邮件至 zlts@phei.com.cn，盗版侵权举报请发邮件至 dbqq@phei.com.cn。

本书咨询联系方式：sangy@phei.com.cn。

面对新一轮科技革命和产业数字化发展浪潮，国家正在积极推进数字产业化、产业数字化，促进数字技术和实体经济深度融合，加快传统产业转型升级。工业互联网工程技术人员作为新职业应运而生，该职业在技术方面涉及网络、标识、平台、数据、安全和工业控制等技术，是典型的信息技术（IT）、操作技术（OT）和通信技术（CT）复合型职业。中国工业互联网研究院预计未来工业互联网人才缺口巨大，其中在产业链应用层这种情况最为突出，制造业企业将面临一线技工、技能人才数字素质不高、能力不足等难题。

工业互联网是制造业数字化转型的关键依托。工业数据采集是实现数字化转型的基础和关键步骤，工业数据采集技术已经成为实现智能化生产和数字化转型的重要手段。为加快制造业数字化转型，可以通过采集和分析生产过程中的数据，实现生产过程的全面监控和管理，降低生产成本和能耗，提高生产效率和产品质量。

本书对接"岗课赛证"，广泛开展企业岗位调研，依据教学目标，以岗位需求为导向，结合企业案例，引入证书标准和世界职业院校技能大赛"工业互联网集成应用"赛项评分标准，遵循学习规律，基于工作过程系统化，构建"颗粒化"资源，设计了"制造强国—智能工厂数据采集认知—提质增效"、"节能减排—智能工厂能耗数据采集—绿色低碳"、"安环管控—智能工厂安环数据采集—安全生产"（包括安全管控和环保管控两个环节）、"精采细算—智能工厂车间设备数据采集—精益生产"和"智改数转—智能工厂数据互通—创新发展"5个项目共20个任务。通过学习本书，学生可以掌握工业数据采集知识，能对工业数据采集设备进行部署、连接、采集、上云和维护，同时具备岗位职业素养，服务岗位需求，推进制造业数字化转型。

本书紧贴素质教育目标，围绕知识点和技能点挖掘构建"一二三四五"课程体系，以实现职业素养与职业技能耦合的素质教育模式。本书以服务新型工业化为主线，旨在提升学生的职业技能、职业素养，培养学生的家国情怀、科学精神，提高学生的岗位认同感、专业认同感、职业认同感和产业认同感，助力制造强国、质量强国、航天强国、交通强国、网络强国、数字中国建设。

本书所有线上资源已上传至华信教育资源网（www.hxedu.com.cn），资源文件均以"项目编号+在本项目中出现的顺序号"的形式命名。文件类型主要是 PPT（.pptx）和视频（.mp4），也有少量动画（.mp4）。读者可以按照书中的项目查找并参考相关文件。为方便教学，我们向选用本书作为教材的教师免费提供电子课件、配套视频与动画，用户可登录华信教育资源网下载使用。

本书由山东信息职业技术学院的丁文利、杜鹏和仝玉华担任主编；山东信息职业技术学院的徐红、金华职业技术大学的王桂锋、杭州职业技术学院的李客和浪潮软件股份有限公司的王尚担任副主编；丁文利完成了统稿工作。项目 1 由丁文利、李客和孙志杰共同编写；项目 2 由杜鹏、徐红和周燕军共同编写；项目 3 由杜鹏、王桂锋和生开明共同编写；项目 4 由仝玉华、丁雷、王尚和朱化国共同编写；项目 5 由仝玉华、薛小松和刘韶龙共同编写。王尚、朱化国负责企业项目案例资料的整理，徐红和孙志杰负责教学资源的拍摄和编辑。在本书编写过程中，还得到山东万腾数字科技有限公司朱春健的技术支持，在此一并致以衷心的感谢。

因编写时间和编者水平有限，书中难免存在疏漏或不足之处，恳请读者提出宝贵意见！

编　者

2024 年 8 月

目录

项目 1 制造强国—智能工厂数据采集认知—提质增效 1

 任务 1.1 企业数字化转型的认知 3
  1.1.1 任务描述 3
  1.1.2 任务分析 3
  1.1.3 任务准备 3
  1.1.4 知识链接 3
  1.1.5 任务实施 8
  1.1.6 任务总结 8
  1.1.7 任务评价 8
  1.1.8 巩固自测 9
  1.1.9 任务拓展 10

 任务 1.2 工业数据采集特点的认知 11
  1.2.1 任务描述 11
  1.2.2 任务分析 11
  1.2.3 任务准备 12
  1.2.4 知识链接 12
  1.2.5 任务实施 18
  1.2.6 任务总结 19
  1.2.7 任务评价 19
  1.2.8 巩固自测 19
  1.2.9 任务拓展 20

 任务 1.3 工业智能网关的认知 22
  1.3.1 任务描述 22

		1.3.2	任务分析	23
		1.3.3	任务准备	23
		1.3.4	知识链接	23
		1.3.5	任务实施	26
		1.3.6	任务总结	26
		1.3.7	任务评价	26
		1.3.8	巩固自测	27
		1.3.9	任务拓展	28

项目 2　节能减排—智能工厂能耗数据采集—绿色低碳 … 29

任务 2.1　电动机能耗数据采集 … 30

- 2.1.1　任务描述 … 30
- 2.1.2　任务分析 … 31
- 2.1.3　任务准备 … 31
- 2.1.4　知识链接 … 31
- 2.1.5　任务实施 … 42
- 2.1.6　任务总结 … 43
- 2.1.7　任务评价 … 43
- 2.1.8　巩固自测 … 43
- 2.1.9　任务拓展 … 44

任务 2.2　车间用水数据采集 … 46

- 2.2.1　任务描述 … 46
- 2.2.2　任务分析 … 47
- 2.2.3　任务准备 … 47
- 2.2.4　知识链接 … 47
- 2.2.5　任务实施 … 54
- 2.2.6　任务总结 … 55
- 2.2.7　任务评价 … 55
- 2.2.8　巩固自测 … 55
- 2.2.9　任务拓展 … 56

任务 2.3　车间甲烷排放数据采集 … 56

- 2.3.1　任务描述 … 56
- 2.3.2　任务分析 … 56
- 2.3.3　任务准备 … 57
- 2.3.4　知识链接 … 57
- 2.3.5　任务实施 … 62
- 2.3.6　任务总结 … 63
- 2.3.7　任务评价 … 64

		2.3.8 巩固自测	64
		2.3.9 任务拓展	65
	任务 2.4	车间二氧化碳排放数据采集	65
		2.4.1 任务描述	65
		2.4.2 任务分析	65
		2.4.3 任务准备	65
		2.4.4 知识链接	66
		2.4.5 任务实施	72
		2.4.6 任务总结	73
		2.4.7 任务评价	74
		2.4.8 巩固自测	74
		2.4.9 任务拓展	75

项目 3 安环管控—智能工厂安环数据采集—安全生产 ... 76

	任务 3.1	智能工厂安环监控设备的认知	78
		3.1.1 任务描述	78
		3.1.2 任务分析	78
		3.1.3 任务准备	78
		3.1.4 知识链接	78
		3.1.5 任务实施	84
		3.1.6 任务总结	85
		3.1.7 任务评价	85
		3.1.8 巩固自测	86
		3.1.9 任务拓展	87
	任务 3.2	车间温湿度数据采集	87
		3.2.1 任务描述	87
		3.2.2 任务分析	87
		3.2.3 任务准备	87
		3.2.4 知识链接	88
		3.2.5 任务实施	97
		3.2.6 任务总结	98
		3.2.7 任务评价	98
		3.2.8 巩固自测	99
		3.2.9 任务拓展	100
	任务 3.3	车间噪声数据采集	101
		3.3.1 任务描述	101
		3.3.2 任务分析	102
		3.3.3 任务准备	102

	3.3.4	知识链接	102
	3.3.5	任务实施	106
	3.3.6	任务总结	107
	3.3.7	任务评价	107
	3.3.8	巩固自测	108
	3.3.9	任务拓展	108

任务 3.4　车间安全光栅数据采集 …………………………………………… 109
    3.4.1　任务描述 …………………………………………………………… 109
    3.4.2　任务分析 …………………………………………………………… 109
    3.4.3　任务准备 …………………………………………………………… 109
    3.4.4　知识链接 …………………………………………………………… 109
    3.4.5　任务实施 …………………………………………………………… 117
    3.4.6　任务总结 …………………………………………………………… 118
    3.4.7　任务评价 …………………………………………………………… 118
    3.4.8　巩固自测 …………………………………………………………… 119
    3.4.9　任务拓展 …………………………………………………………… 120

项目 4　精采细算—智能工厂车间设备数据采集—精益生产 …………………… 122

任务 4.1　智能工厂现场设备的认知 ………………………………………… 124
    4.1.1　任务描述 …………………………………………………………… 124
    4.1.2　任务分析 …………………………………………………………… 124
    4.1.3　任务准备 …………………………………………………………… 124
    4.1.4　知识链接 …………………………………………………………… 124
    4.1.5　任务实施 …………………………………………………………… 128
    4.1.6　任务总结 …………………………………………………………… 129
    4.1.7　任务评价 …………………………………………………………… 129
    4.1.8　巩固自测 …………………………………………………………… 129
    4.1.9　任务拓展 …………………………………………………………… 130

任务 4.2　立体仓库数据采集 ………………………………………………… 133
    4.2.1　任务描述 …………………………………………………………… 133
    4.2.2　任务分析 …………………………………………………………… 133
    4.2.3　任务准备 …………………………………………………………… 134
    4.2.4　知识链接 …………………………………………………………… 134
    4.2.5　任务实施 …………………………………………………………… 147
    4.2.6　任务总结 …………………………………………………………… 148
    4.2.7　任务评价 …………………………………………………………… 148
    4.2.8　巩固自测 …………………………………………………………… 149
    4.2.9　任务拓展 …………………………………………………………… 149

目录

任务 4.3	AGV 数据采集	151
	4.3.1 任务描述	151
	4.3.2 任务分析	151
	4.3.3 任务准备	151
	4.3.4 知识链接	151
	4.3.5 任务实施	158
	4.3.6 任务总结	159
	4.3.7 任务评价	159
	4.3.8 巩固自测	159
	4.3.9 任务拓展	160
任务 4.4	工业机器人数据采集	160
	4.4.1 任务描述	160
	4.4.2 任务分析	161
	4.4.3 任务准备	161
	4.4.4 知识链接	162
	4.4.5 任务实施	175
	4.4.6 任务总结	176
	4.4.7 任务评价	176
	4.4.8 巩固自测	177
	4.4.9 任务拓展	178
任务 4.5	发那科数控机床数据采集	181
	4.5.1 任务描述	181
	4.5.2 任务分析	182
	4.5.3 任务准备	182
	4.5.4 知识链接	182
	4.5.5 任务实施	191
	4.5.6 任务总结	192
	4.5.7 任务评价	192
	4.5.8 巩固自测	192
	4.5.9 任务拓展	193

项目 5　智改数转—智能工厂数据互通—创新发展　　196

任务 5.1	智能产线的认知	198
	5.1.1 任务描述	198
	5.1.2 任务分析	198
	5.1.3 任务准备	198
	5.1.4 知识链接	198
	5.1.5 任务实施	202

  5.1.6 任务总结 ········· 202
  5.1.7 任务评价 ········· 203
  5.1.8 巩固自测 ········· 203
  5.1.9 任务拓展 ········· 204

任务 5.2 上料灌装工作站数据采集 ········· 207
  5.2.1 任务描述 ········· 207
  5.2.2 任务分析 ········· 207
  5.2.3 任务准备 ········· 207
  5.2.4 知识链接 ········· 208
  5.2.5 任务实施 ········· 215
  5.2.6 任务总结 ········· 216
  5.2.7 任务评价 ········· 216
  5.2.8 巩固自测 ········· 216
  5.2.9 任务拓展 ········· 217

任务 5.3 打标工作站数据采集 ········· 219
  5.3.1 任务描述 ········· 219
  5.3.2 任务分析 ········· 219
  5.3.3 任务准备 ········· 219
  5.3.4 知识链接 ········· 220
  5.3.5 任务实施 ········· 226
  5.3.6 任务总结 ········· 227
  5.3.7 任务评价 ········· 228
  5.3.8 巩固自测 ········· 228
  5.3.9 任务拓展 ········· 229

任务 5.4 仓储工作站数据采集 ········· 230
  5.4.1 任务描述 ········· 230
  5.4.2 任务分析 ········· 230
  5.4.3 任务准备 ········· 231
  5.4.4 知识链接 ········· 231
  5.4.5 任务实施 ········· 238
  5.4.6 任务总结 ········· 239
  5.4.7 任务评价 ········· 239
  5.4.8 巩固自测 ········· 240
  5.4.9 任务拓展 ········· 240

参考文献 ········· 242

项目 1 制造强国—智能工厂数据采集认知—提质增效

📘 项目情境

开学伊始,学校里各个社团、协会正在开展一系列纳新活动。工业互联网应用专业的新生小鹏一下就被工业互联网赋能制造业协会(以下简称工赋协会)的标语"云行齐鲁 工赋山东——加速山东工业智能化蝶变"吸引,于是毫不犹豫地加入了这个协会。

小鹏加入工赋协会的第一课是走进制造业。他在指导教师的带领下到两家企业进行参观学习调研,其中一家是制造业企业 a,如图 1-1 所示,另一家是数字化转型中的制造业企业 b,如图 1-2 所示。

图 1-1 企业 a

图 1-2 企业 b

指导教师给工赋协会成员提出了第一项工作任务:对比两家企业,分析数字化转型升级能给企业带来什么。

📘 项目要求

根据企业项目要求,通过查找资料、分析政策、成员协作开展工业数据采集体系特点、过程及工业数据可视化学习,完成对企业数字化转型的认知。

项目目标

1. 知识目标

（1）了解工业企业数字化转型的价值。
（2）了解工业数据采集技术在企业数字化转型中的作用。
（3）熟悉工业数据采集体系和工业数据。
（4）掌握工业数据采集的方式和工业智能网关的应用。

2. 能力目标

（1）能够完整描述工业企业数字化转型的过程。
（2）能够描述工业数据采集的过程。
（3）能够描述常见的工业数据采集设备和工业通信协议。
（4）能够描述工业智能网关的具体应用场景。

3. 素质目标

（1）具备良好的人文素养、职业道德、创新意识及精益求精的工匠精神。
（2）具备良好的沟通能力、团队协作能力、举一反三能力和实践创新能力。
（3）具备爱岗敬业的职业素养和数智化思维意识。

知识图谱

本项目的知识图谱如图 1-3 所示。

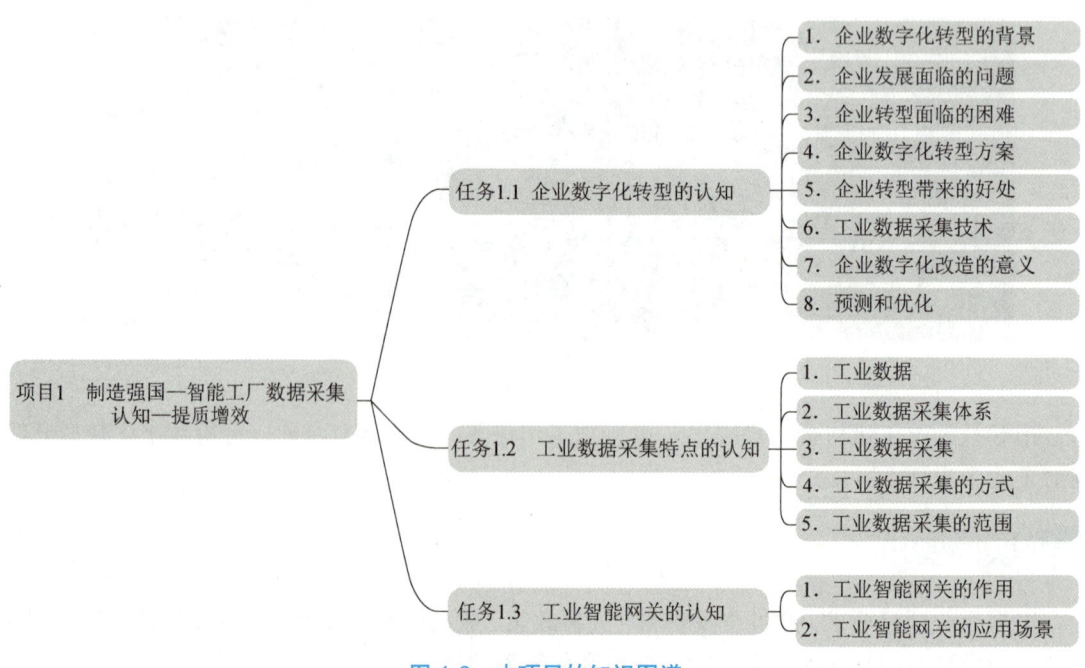

图 1-3　本项目的知识图谱

任务 1.1　企业数字化转型的认知

1.1.1　任务描述

在全球数字经济快速发展的时代背景下，企业数字化转型是大势所趋。数字化转型成为企业适应数字经济环境、赢得市场竞争优势、谋求生存发展的必然选择。工赋协会成立的初衷就是助力更多的企业实现数字化转型和智能化升级，推动传统工业向数字化、智能化、绿色化方向发展，提高工业制造的竞争力和可持续发展能力。

本任务通过介绍企业数字化转型的背景和原因，使学生认识工业数据采集技术与企业数字化转型的关系，最终使学生掌握工业数据采集技术在工业互联网中的角色和地位，以及企业数字化转型的过程。

1.1.2　任务分析

本任务引导学生通过查找相关资料，认识企业数字化转型的背景和原因，分析企业转型面临的困难，了解企业为什么要进行数字化转型、如何进行数字化转型，厘清工业数据采集技术与企业数字化转型的关系。

1.1.3　任务准备

任务准备表如表 1-1 所示。

表 1-1　任务准备表

任务编号	1.1	任务名称	企业数字化转型的认知
工具、设备、软件、耗材、资料			
类别	名称		
资料	党的二十大报告		
	《工业互联网创新发展行动计划（2021—2023 年）》		
	《"十四五"数字经济发展规划》《中小企业数字化转型指南》		

1.1.4　知识链接

1. 企业数字化转型的背景

工业互联网（Industrial Internet）是新一代信息通信技术与工业经济深度融合的新型基础设施、应用模式和工业生态，通过对人、机、物、系统等的全面连接，构建覆盖全产业链、全价值链的全新制造和服务体系，为工业乃至产业数字化、网络化、智能化发展提供了实现途径，是第四次工业革命的重要基石。

工业互联网的概念起源于互联网的发展，随着互联网技术的不断进步，其应用范围逐渐从消费领域扩展到生产领域。在这个过程中，工业互联网应运而生，旨在通过智能设备间的连接，实现人机交互，并结合大数据、云计算、人工智能等技术，对智能设备产生的海量数据进行处理和分析，以优化生产流程、提高运营效率。

工业互联网的发展背景主要包括两个方面：一方面是新一轮科技革命和产业变革的快速发展，互联网技术由消费领域向生产领域快速扩展；另一方面是传统制造业向数字化、网络化、智能化方向转型的迫切需求。工业互联网的应用和发展为制造业的转型升级提供了重要的实现途径。

《政府工作报告》连续多年对工业互联网做出部署。习近平总书记高度重视工业互联网发展，多次做出重要指示，强调"要深入实施工业互联网创新发展战略"。2022年10月，习近平总书记在中国共产党第二十次全国代表大会上指出，"当前，世界百年未有之大变局加速演进，新一轮科技革命和产业变革深入发展，国际力量对比深刻调整，我国发展面临新的战略机遇"。2023年9月，习近平总书记就推进新型工业化做出重要指示，指出"新时代新征程，以中国式现代化全面推进强国建设、民族复兴伟业，实现新型工业化是关键任务"。数字化转型的过程如图1-4所示。

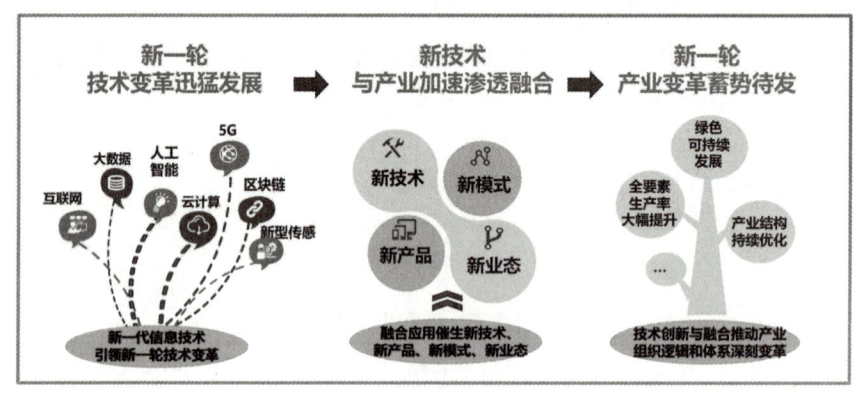

图1-4　数字化转型的过程

数字化转型是指利用数字化技术（如大数据、云计算、人工智能等）推动企业完成理念转变、技术融合、战略转型及管理变革。企业数字化转型是智能化时代的基础，数字化企业是数字经济的基础设施。

2. 企业发展面临的问题

（1）企业发展面临多重不确定性：外部环境的不确定性、产品本身的复杂性、生产过程的不确定性、市场需求的不确定性及供应链的不确定性等。

（2）经济从增量发展转为存量竞争：国家统计局数据显示，我国工业产能利用率自2018年以来就趋于饱和状态，产业发展亟须开辟新空间、创造新价值。

（3）行业边界越来越模糊：随着科技的发展，行业之间的互动和交叉日益增多，头部企业想要生存下来愈发困难，它们需要利用自己在产业链中的优势打通上下游企业。

（4）社会环境刚性约束日益增强：受到疫情冲击，企业盈利能力普遍下降；在国际大环境下，原材料等成本费用提升幅度较大；人口红利消失，招工难，人工成本迅速上升。

数字化转型的认知如图 1-5 所示。在"十四五"规划中，国家对制造行业提出了新要求。

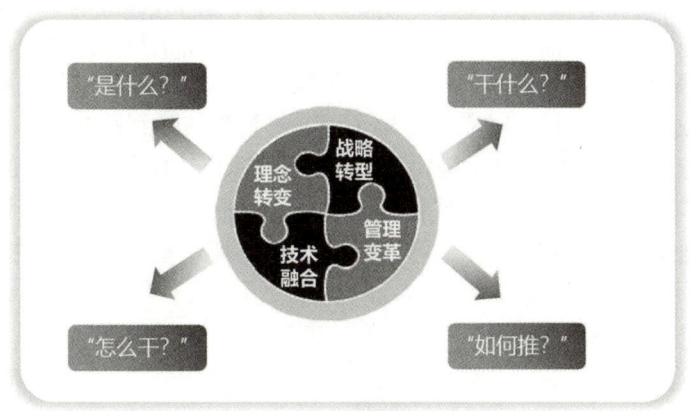

图 1-5　数字化转型的认知

数字化转型的出现为企业提供了新思路和方法：以智能制造为主攻方向，加快建设推广智能工厂、数字化车间等智能现场，推动装备、产线和工厂的数字化、网络化、智能化改造，着力提高生产设备数字化率和联网率。数字化转型是实现制造业高端化、智能化、绿色化发展的重要手段，也是推动产业转型升级、提高企业竞争力的关键举措。

3．企业转型面临的困难

（1）企业用工难：随着人口减少、老龄化加剧，劳动力市场出现供给不足现象。
（2）温室气体排放：碳达峰的目标要求减少温室气体排放，以推动低碳经济的发展。
（3）贸易保护主义：导致贸易壁垒提高，进出口贸易的限制增加。
（4）成本上升：劳动力成本、土地租赁价格上升，低端制造业开始向东南亚等国家迁移。

4．企业数字化转型方案

（1）通过自动化和人工智能手段，实现生产与服务过程的无人化操作和少人化管理。
（2）在生产过程中降低能源消耗、减少污染物排放，提供绿色制造解决方案。
（3）扩大国内市场需求和加强国内创新能力，推动国际国内经济发展的双循环模式。
（4）加强对关键性技术的研发和应用，提高自主创新能力，减少对进口技术的依赖。

5．企业转型带来的好处

制造业企业逐步认识到数字化转型的重要性，陆续开启转型之路。数字化转型正成为制造业企业应对危机的必要手段。

（1）成本控制：通过物联网、大数据分析和自动化控制等技术，实现企业生产过程的智能化，减少故障损失，降低运维成本和能耗，减少安全事故的发生及资源的浪费。
（2）效率改善：通过数据分析和智能化技术，优化业务流程，提高生产柔性，缩短交付周期，减少人工操作和错误，提高资源利用率和员工的工作效率，进而优化决策和管理。

（3）服务优化：企业可以实现在线销售和客户服务，在提供优质产品的同时，为客户提供良好的购物体验；还可以预测客户需求，缩短产品研发周期，加速产品创新迭代。

6. 工业数据采集技术

工业数据采集技术是指利用各种传感器、测量仪器和数据采集设备，对工业生产过程中的各种信号、参数、状态进行实时监测和采集，并将数据传输到数据处理平台进行存储、分析和应用的技术。工业数据采集技术是实现所有业务和功能的前提。利用工业数据采集技术，可以对智能工厂中的能耗设备、安全环保检测设备、仓储物流设备、加工设备、质检设备和自动化产线设备在运行过程中的数据进行监控。工业数据采集技术应用如图1-6所示。

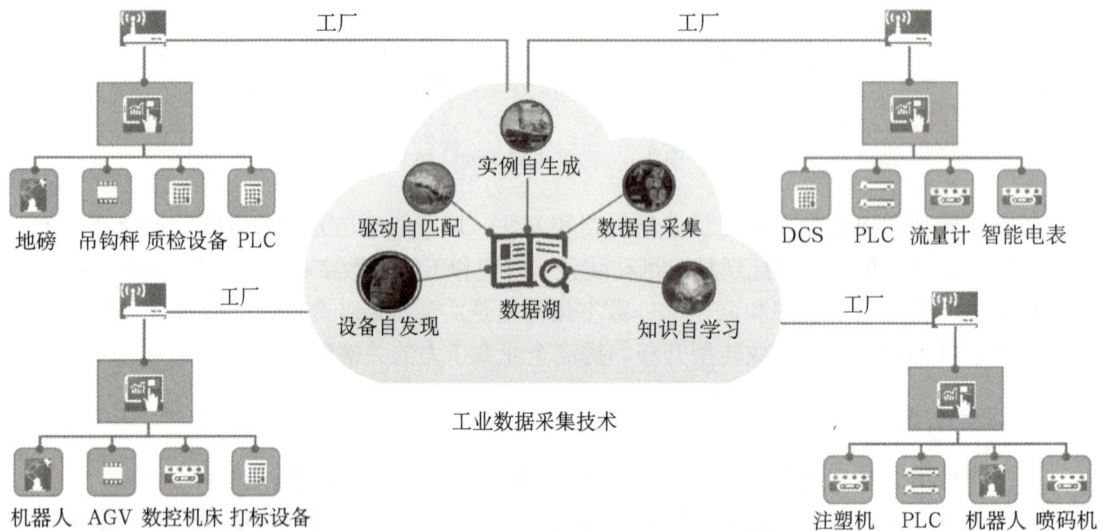

图1-6　工业数据采集技术应用

在企业实施数字化转型的过程中存在三个维度的难题。

（1）设备互连互通：将企业的设备和系统连接起来，收集和管理海量的工业数据。

（2）工业现场设备种类繁多：设备来自不同的厂商、型号各异，且具有不同的通信协议和接口形式，设备复杂程度不断提高，给企业带来了很多技术难题。

（3）数据挖掘：由于数据来源广泛、格式不统一、存在噪声和不确定性等，因此企业需要采用先进的数据分析和挖掘技术，如机器学习、深度学习等，才能提取出有价值的信息和知识。

7. 企业数字化改造的意义

工业互联中间件关系图如图1-7所示。通过对企业设备的数字化改造，为企业提供实时、精确的数据支持，实现生产控制和优化的自动化、智能化，同时为企业提供决策参考，降低风险和成本。

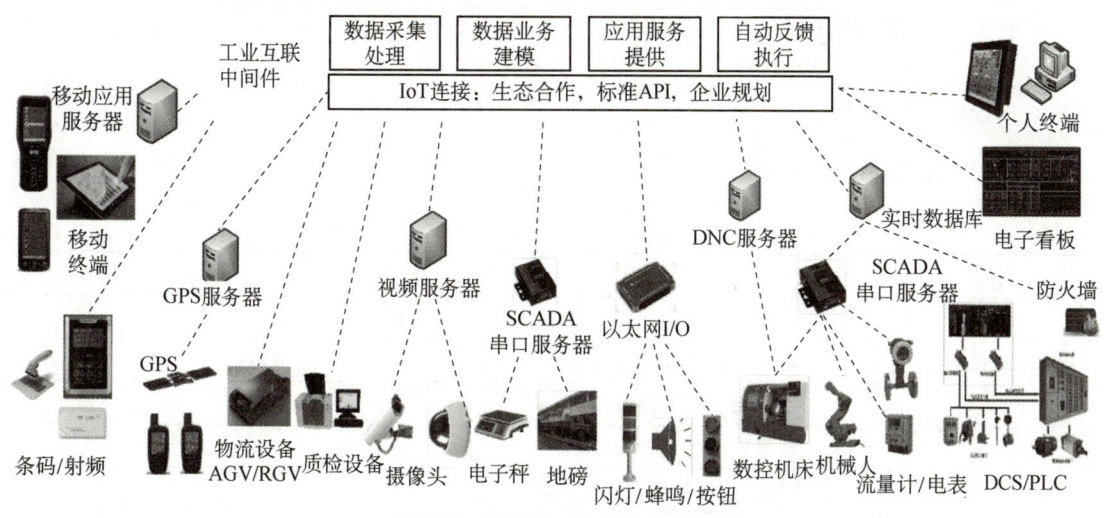

图 1-7 工业互联中间件关系图

（1）设备实时监测和远程监控：通过采集 DCS（Distributed Control System，分布式控制系统）、PLC（Programmable Logic Controller，可编程逻辑控制器）、数控机床、AGV（Automated Guided Vehicle，自动导引小车）、立体仓库、智能仪表、质检设备、计量仪表等设备和传感器的数据，将实时数据传输到云平台上进行存储和展示，实现对工业生产过程的实时监测和远程监控。用户可以通过云平台随时查看生产过程中的关键参数、状态和异常情况，及时进行处理和调控。同时，智能工厂系统也可以给 AGV、RGV（Rail Guided Vehicle，有轨制导车辆）下发指令。

（2）数据存储和分析：采集到的数据可以在云平台上进行存储，从而实现大规模、长期的数据存储。同时，通过云平台提供的数据分析功能，可以对采集到的数据进行处理和分析，挖掘出隐藏在数据背后的规律和趋势，为企业提供数据支持和决策参考。

（3）数据共享和协同：云平台可以将采集到的数据共享给相关人员或合作伙伴，实现多方面的数据协同和共享。通过共享数据，不同部门或企业之间可以更好地协同工作，提高生产效率和产品质量。

（4）数据可视化展示：云平台可以将采集到的数据通过图表、报表等方式进行可视化展示，使用户可以直观地查看数据变化趋势，从而判断生产过程中的问题和优化空间。

8．预测和优化

通过对采集到的历史数据进行分析，云平台可以根据算法与模型进行预测和优化。例如，可以通过数据分析预测设备的故障，提前进行维护，避免生产中断；可以通过数据分析优化生产过程，提高生产效率和产品质量。

1.1.5 任务实施

1. 任务分配

任务分配表如表 1-2 所示。

表 1-2 任务分配表

组名		日期	
组训		组长	
工作任务	任务分工	成员	
背景和原因分析	数字化转型的政策收集		
	政策分析、处理与归纳		
数字化转型的认知	分析现有企业转型遇到的问题		
	总结企业数字化转型过程		
	分析工业数据采集技术在工业互联网中的角色和地位		

2. 小组讨论

每个小组根据任务要求和分工情况进行小组研讨及任务实施，并整理任务资料。

3. 成果分享

每个小组将任务实施结果上传至线上教学平台，各小组分别汇报、展示和讲解任务实施成果。

1.1.6 任务总结

任务总结表如表 1-3 所示。

表 1-3 任务总结表

任务实施过程	存在的问题	解决办法
政策信息的收集		
信息文件的处理与分析		
团结协作、表达能力		
现场 7S 管理		

1.1.7 任务评价

任务评价表如表 1-4 所示。

表 1-4 任务评价表

序号	评价内容	自我评价	小组评价	教师评价	评分标准
1	态度端正，工作认真				5
2	遵守安全操作规范				5
3	能熟练、多渠道地查找参考资料				10
4	能熟练地完成项目中的工作任务				30
5	方案优化，选型合理				10
6	能正确回答指导教师的问题				10
7	能在规定时间内完成任务				20
8	能与他人团结协作				5
9	能做好 7S 管理工作				5
	合计				100
	总分				

1.1.8 巩固自测

1. 填空题

（1）工业互联网是（   ）与（   ）深度融合的新型基础设施。

（2）工业互联网旨在通过（   ）间的连接，实现人机交互。

（3）传统制造业向（   ）、（   ）、（   ）方向转型。

（4）随着科技的发展，行业之间的互动和交叉增多，头部企业想要生存下来愈发困难，它们需要利用自己在产业链中的优势打通上下游企业，导致（   ）越来越模糊。

（5）企业可以将实时数据传输到（   ）进行存储和展示，实现对工业生产过程的实时监测和远程监控。

2. 不定项选择题

（1）企业转型带来的好处有（   ）。
　　A．成本控制　　　　　　　　B．效率改善
　　C．服务优化　　　　　　　　D．提高质量

（2）在企业实施数字化转型的过程中存在三个维度的难题，分别是（   ）。
　　A．设备互连互通　　　　　　B．数据上云
　　C．工业现场设备种类繁多　　D．数据挖掘

3. 判断题

（1）工业互联网结合大数据、云计算、人工智能等技术，对智能设备产生的海量数据进行处理和分析，以优化生产流程、提高运营效率。（   ）

（2）数字化转型是实现制造业高端化、智能化、绿色化发展的重要手段，也是推动产业升级和转型升级、提高企业竞争力的关键举措。（   ）

（3）企业通过自动化和人工智能手段，仍然无法实现生产和服务过程的无人化操作和少人化管理。（　　）

（4）利用工业数据采集技术，我们能对智能工厂中的能耗设备、安全环保检测设备、仓储物流设备、加工设备、质量检测设备和自动化产线设备在运行过程中的数据进行监控。（　　）

（5）企业可以从采集到的工业数据中直接提取有价值的信息和知识。（　　）

4．简答题

（1）我国制造业企业在数字化转型过程中面临的主要困难有哪些？
（2）什么是企业的数字化转型？
（3）利用工业数据采集技术，可以完成哪些设备的数据采集？

1.1.9　任务拓展

企业案例：某智能工厂能耗管理项目。

1．项目概况

某智能制造有限公司规模大、产品产值高，厂区占地面积约为 $40\times10^4\ m^2$，从总进线到车间、产线、设备，有 1000 多个能源管理节点，具有精细化能源管理需求，亟须通过数字化转型降本增效，提升竞争力。

2．应用效果

工厂产能图如图 1-8 所示。

图 1-8　工厂产能图

图 1-8 工厂产能图（续）

应用效果如下。

（1）实现全厂区能耗与碳排放指标精细化统筹管控，全厂区用能设备远程自动抄表，能源管理效率提高 30%。

（2）具备配电系统安全隐患分析与管理能力，通过深度电能质量分析，实现设备用能安全在线预告警管理。

（3）基于系统智能算法分析，挖掘企业电费成本优化空间，实现基本电费降费收益 42.61 万元/月，降费率达到 18%。

任务 1.2 工业数据采集特点的认知

1.2.1 任务描述

工业数据采集是智能制造和工业互联网的基础，工业数据采集可以实现对生产现场各种工业数据的实时采集和整理。工赋协会的同学们对工业数据既熟悉又陌生，熟悉是因为他们知道通过对工业数据的深入挖掘，可以实现生产过程优化和智能化决策；陌生是因为他们从来没有在工业现场采集过工业数据。指导教师发现大家对数据采集认识水平不一，故决定从理论知识入手，带着大家一同学习。

本任务通过介绍工业数据采集的特点、工业数据采集体系，使学生认识工业互联网与工业数据采集体系架构，最终使学生掌握工业数据采集的过程。

1.2.2 任务分析

本任务引导学生通过资料的查找与学习，认识工业数据采集的特点，了解工业数据在工业 4.0 时代的重要性和价值，了解如何有效地管理和利用工业数据，根据数据特点分析工业数据采集的方式和范围。

1.2.3 任务准备

任务准备表如表 1-5 所示。

表 1-5 任务准备表

任务编号	1.2	任务名称	工业数据采集特点的认知
工具、设备、软件、耗材、资料			
类别	名称		
资料	企业数字化转型案例		
	工业互联网体系架构		
	工业数据采集资料		

1.2.4 知识链接

1. 工业数据

工业数据是指在工业领域中，企业在产品全生命周期各个阶段（研发、生产、销售、服务等）开展各类业务活动所产生的数据总和。它涵盖各种与工业生产相关的数据，包括生产设备的运行数据、生产工艺的参数和指标、产品质量数据、供应链和物流数据、销售和市场数据等，如图 1-9 所示。

图 1-9 多种多样的工业数据

工业数据可以来自各种数据采集和感知设备，如传感器、监控系统、产线的设备控制系统等；也可以来自企业内部的各种信息系统，如生产计划系统、ERP（Enterprise Resource Planing，企业资源计划）系统、质量管理系统等。

工业数据有如下特点。

（1）数据体量大：在大规模连续生产的工业企业中，设备产生的数据量呈指数级增长。

（2）数据种类多、来源多、分布广：工业数据形式多样，既包括来自各种管理系统的结构化数据，也包括来自产线、设备、工业产品等的非结构化数据。主流工业设备如图 1-10 所示。

　　（a）普通机床　　　　　（b）自动化产线　　　　　（c）数控系统　　　　　（d）人工产线

图 1-10　主流工业设备

（3）数据结构复杂、关联性强：结构化数据［产品需求、BOM（Bill of Materials，物料清单）等］、半结构化数据（设计图纸、技术文件等）和时序数据（工业设备、自动化产线等）之间有着很强的关联性。

（4）准确性要求高、地位重要：工业数据的准确性将会直接影响产品质量。同时，工业数据对于生产过程的监控和调整（维修、保养等）至关重要。

（5）实时性要求高：生产现场的运营和管控对数据的实时性要求高，需达到毫秒级别。

2．工业数据采集体系

1）工业互联网体系架构 1.0

工业互联网产业联盟提出的工业互联网体系架构 1.0 包含网络、数据和安全三大体系。其中，"网络"是工业系统互联和数据传输交换的支撑基础，"数据"是工业智能化的核心驱动，"安全"是网络、数据及工业融合应用的重要前提。

2）工业互联网体系架构 2.0

工业互联网体系架构 2.0 如图 1-11 所示，该体系架构继承了网络、数据、安全三大体系，并对业务视图、功能架构、实施框架三大部分进行了发展提升。

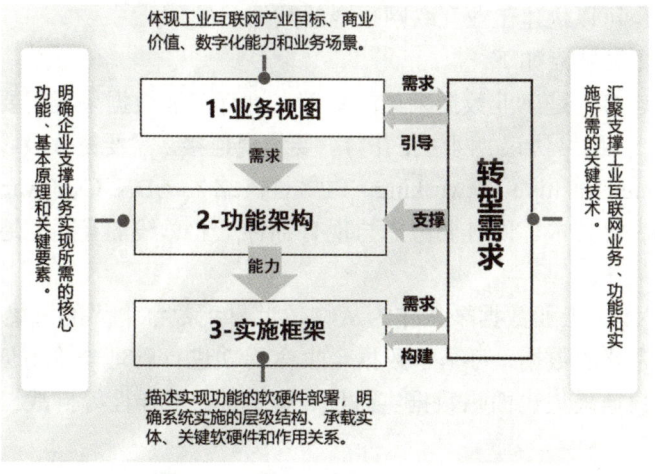

图 1-11　工业互联网体系架构 2.0

3）工业数据采集体系架构

工业数据采集体系架构如图1-12所示，该体系架构通常包括设备接入、协议转换、边缘数据处理三层。

（1）设备接入：通过工业以太网、工业光纤网络、工业总线、4G/5G等各类有线和无线通信技术，接入各种工业现场设备，采集工业数据。

（2）协议转换：运用各类工业通信协议，实现数据格式的转换和统一；将采集到的数据传输到云端数据应用分析系统。

（3）边缘数据处理：在靠近设备的边缘侧进行数据预处理、缓存/存储及智能分析应用。

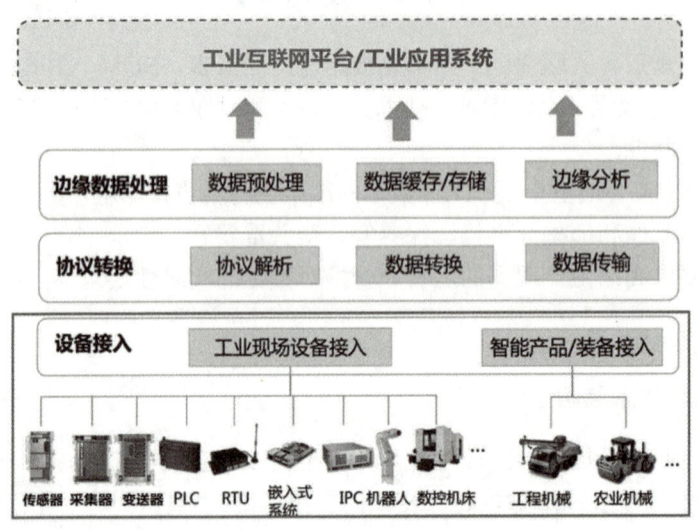

图1-12　工业数据采集体系架构

3. 工业数据采集

工业数据采集是指利用泛在感知技术对多源设备、异构系统、运营环境、人等要素信息进行实时高效采集和云端汇聚。通过各类通信手段接入不同设备、系统和产品，采集大范围、深层次的工业数据，可以构建工业互联网平台的数据基础。

工业数据采集主要特点如下：

（1）连接性：连接性是工业数据采集的基础。进行工业数据采集需要具备丰富的连接功能，如各种网络接口、网络协议、网络拓扑等。要实现连接，需要充分吸收网络领域先进研究成果，如TSN（Time-Sensitive Networking，时效性网络）、SDN（Software Defined Network，软件定义网络）、5G等技术，同时要考虑与现有各种工业总线的互联互通。常见的接口形式如图1-13所示。

（2）数据第一入口：工业数据采集作为从物理世界到数字世界的桥梁，是数据第一入口，拥有大量、实时、完整的数据，可基于数据全生命周期进行管理与价值创造。同时，作为数据第一入口，工业数据采集也面临数据实时性、确定性、多样性等挑战。数据源头如图1-14所示。

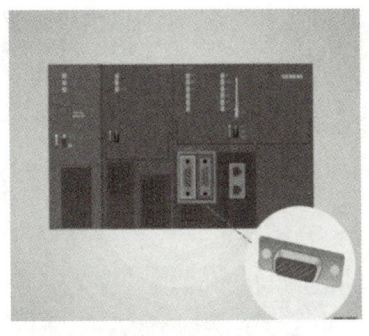 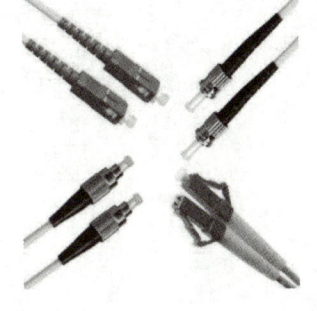

(a) DB9串口连接器（RS485）   (b) 光纤

图1-13　常见的接口形式

图1-14　数据源头

（3）数据量大：工业数据量高速增长，体量越来越大；智能化设备大量增加，工业数据采集范围不断扩大；智能化产线高速运转，数据量呈爆发式增长。数智引领未来如图1-15所示。

图1-15　数智引领未来

（4）实时性：产线的高速运转、精密生产和运动控制等场景对工业数据采集的实时性要求不断提高，重要信息需要实时采集和上传，以满足生产过程的实时监控需求；数据采集模块要将实时数据传送至系统集成模块，实现业务决策的实时性，以及信息集成的快速反应。工业企业生产现场如图1-16所示。

图 1-16　工业企业生产现场

（5）融合性：操作技术（Operational Technology，OT）与信息技术（Information Technology，IT）、通信技术（Communication Technology，CT）的融合是企业数字化转型的重要基础。工业数据采集作为"OICT"融合与协同的关键载体，需要支持在连接、管理、控制、应用、安全等方面的协同。工业数据采集既需要操作技术实现在工厂中对各种工业流程和机器的控制并且保证工业环境中的高可靠性，又需要信息技术支持工厂中大量数据的分析及促进工业生产数字化和智能化，还需要通信技术支持可靠、快速和低成本的数据传输以实现工业连接。

（6）多种工业协议并存：不同工业设备或系统的数据格式、接口协议不同，工业数据采集领域存在 PROFIBUS、Modbus、PROFINET、Modbus/TCP 等多种工业协议。常见的工业协议如图 1-17 所示。

图 1-17　常见的工业协议

4．工业数据采集的方式

从设备数据采集层上来看，工业数据采集的方式主要有以下四种。

（1）直接采集：具备通信接口的设备借助自身的通信协议、通信网口，不添加任何硬件，直接与车间的局域网进行连接，与制造执行系统（Manufacturing Execution System，MES）生产设备数据采集服务器或平台进行通信，如含有通信接口的数控系统、视觉检测系统和机器人等，以实现设备数据的实时监测和采集。具备通信接口的设备如图 1-18 所示。

(a) 机器人　　　　　　　　　　　　(b) 视觉检测系统

图 1-18　具备通信接口的设备

（2）利用工业智能网关采集：对于没有以太网通信接口或不支持以太网通信的工业设备，可以采用工业智能网关直连传感器或 PLC 的方式，实现对设备数据的采集。

（3）通过 I/O 模块采集：对于模拟量或数字量传感器，可以通过对应的模拟量或数字量 I/O 模块进行设备数据采集。此外，I/O 模块还可以实现异地分布设备的远程控制。图 1-19 所示为多串口服务器。

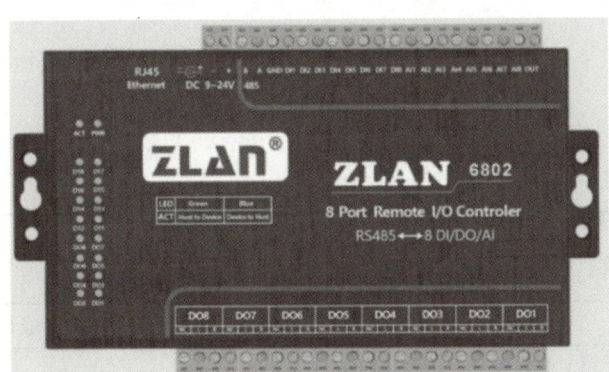

图 1-19　多串口服务器

（4）通过安装传感器采集：可以在老旧设备上安装压力传感器、湿度传感器、位移传感器、力转矩传感器等进行设备数据采集，应根据实际应用场景进行传感器的安装和配置，以保证数据采集的准确性。

常见的传感器如图 1-20 所示。

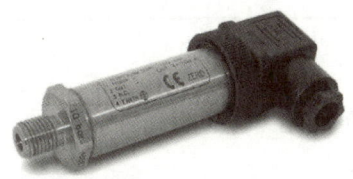　　　　

(a) 压力传感器　　　　　　(b) 氧传感器　　　　　　(c) 湿度传感器

图 1-20　常见的传感器

　　　(d) 位移传感器　　　　　　(e) 力转矩传感器　　　　　(f) 超声波传感器

图 1-20　常见的传感器（续）

5. 工业数据采集的范围

工业数据采集的范围非常广，通常可以分为以下三类。

（1）工业现场设备的数据采集：工业现场设备包括数控机床、PLC、智能设备等。

（2）工厂外智能产品/装备的数据采集：工厂外智产品/装备包括智能手表、智能家居等。

（3）应用系统的数据采集：应用系统包括 ERP 系统、MES 等。

1.2.5　任务实施

1. 任务分配

任务分配表如表 1-6 所示。

表 1-6　任务分配表

组名		日期	
组训		组长	
工作任务	任务分工	成员	
工业数据采集体系的认知	工业互联网体系架构		
	工业数据采集体系架构		
工业数据的认知	工业数据的形式		
	工业数据的特点		
工业数据采集的认知	工业数据采集的方式		
	工业数据采集的范围		
	工业数据采集采集面临的主要问题		

2. 小组讨论

每个小组根据任务要求和分工情况进行小组研讨及任务实施，并整理任务资料。

3. 成果分享

每个小组将任务实施结果上传至线上教学平台，各小组分别汇报、展示和讲解任务实施成果。

1.2.6　任务总结

任务总结表如表 1-7 所示。

表 1-7　任务总结表

任务实施过程	存在的问题	解决办法
政策信息的收集		
信息文件的处理与分析		
团结协作、表达能力		
现场 7S 管理		

1.2.7　任务评价

任务评价表如表 1-8 所示。

表 1-8　任务评价表

序号	评价内容	自我评价	小组评价	教师评价	评分标准
1	态度端正，工作认真				5
2	遵守安全操作规范				5
3	能熟练、多渠道地查找参考资料				10
4	能熟练地完成项目中的工作任务				30
5	方案优化，选型合理				10
6	能正确回答指导教师的问题				10
7	能在规定时间内完成任务				20
8	能与他人团结协作				5
9	能做好 7S 管理工作				5
	合计				100
	总分				

1.2.8　巩固自测

1. 填空题

（1）工业数据是指在工业领域中，企业在产品（　　）、研发、生产、销售、服务等阶段开展各类业务活动所产生的数据总和。

（2）工业数据可以来自各种数据采集和感知设备，如（　　）、监控系统、（　　）等。

（3）工业数据采集体系架构通常包括（　　）、（　　）、（　　）三层。

（4）通过（　　）、工业光纤网络、（　　）、4G/5G等各类有线和无线通信技术，接入各种工业现场设备，采集工业数据。

（5）工业数据采集的方式主要有（　　）、（　　）、（　　）和（　　）。

2. 不定项选择题

（1）工业数据的特点（　　）

  A．数据体量大　　　　　　　　B．数据种类多

  C．数据结构复杂　　　　　　　D．准确性要求高

  E．实时性要求高

（2）（　　）是工业智能化的核心驱动。

  A．网络　　　B．数据　　　C．安全　　　D．平台

（3）工业数据采集领域存在等多种工业协议，常见的有（　　）等工业协议。

  A．PROFIBUS　　　　　　　　B．Modbus

  C．PROFINET　　　　　　　　D．Modbus/TCP

3. 判断题

（1）工业数据可以来自企业内部的各种信息系统，如生产计划系统、ERP系统、质量管理系统等。（　　）

（2）在大规模连续生产的工业企业中，设备产生的数据量呈线性增长。（　　）

（3）工业数据的准确性将会直接影响产品质量。同时，工业设备数据对生产过程的监控和调整（维修、保养等）至关重要。（　　）

（4）在靠近设备的边缘侧利用大模型对采集的数据进行分析，并做出决策。（　　）

（5）产线的高速运转、精密生产和运动控制等场景对数据采集的实时性要求不高，目前的工业技术可以满足数据传输需要。（　　）

4. 简答题

（1）在企业生产现场需要重点关注的工业数据有哪些？

（2）请简要阐述工业互联网体系架构2.0。

（3）企业在对生产设备进行数据采集的过程中常用的采集方式有哪些？

1.2.9 任务拓展

企业案例：某汽车零部件生产企业数字化改造项目。

1. 项目概况

某企业从事汽车零部件的生产与制造，拥有国际先进的自动化铸造设备和加工设备，是气压盘式制动器和液压盘式制动器专业制造厂家，最大年生产能力达$3×10^4$t，主要产品包括刹车盘、刹车片、制动总成等。该企业已建成自动化加工产线5条。

2. 企业现状

（1）自动化改造：车间计划对 5 条产线进行自动化改造。

（2）生产实绩：对生产的实际数量、合格数量、生产数据集等，缺少进行实时上报的有效手段，缺少对生产情况进行实时监控的可视化方式。

（3）设备 TPM（Total Productive Maintenance，全员生产维护）：设备的维修、保养和点检工作都是由人工进行的，TPM 的过程缺少数据的记录及统计分析。

（4）设备联网：目前设备都是单机运行的，未联网，设备数据没有进行实时采集，设备的关键指标［如 OEE（Overall Equipment Effectiveness，设备综合效率）等］计算缺少真实的数据支撑。

（5）质量管理：自动化产线上有人工抽检工位，对抽检结果，缺少多维度的统计分析平台。

（6）信息化建设：已实施了 ERP、PLM（Product Lifecycle Management，产品生命周期管理）等，但生产过程缺少相应的信息化系统，对于生产过程中的数据，缺少实时的采集及分析手段，自动化产线缺少统一的管控及调度平台。

3. 解决方案

企业解决方案如图 1-21 所示。

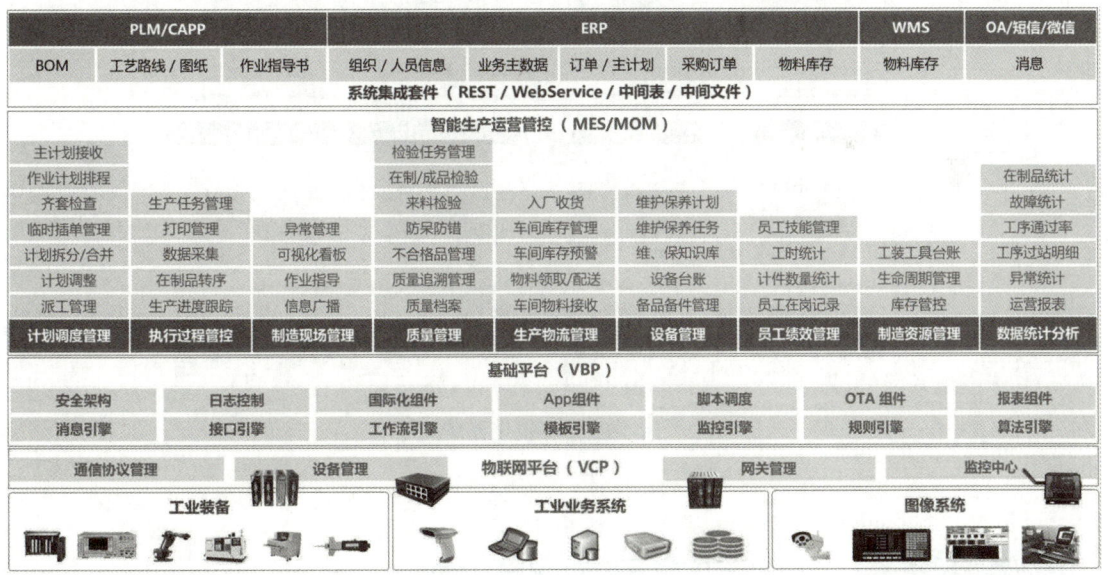

图 1-21　企业解决方案

4. 应用效果

（1）生产数据的实时采集：通过实时采集生产数据，大大减少了数据录入时间。通过 MES 终端实时采集生产数据，并进行数据实时传递，可实时看到生产进度等信息。

（2）生产数据的即时查询、历史查询和精细化数据分析：MES 终端采集到的生产数据，可直接通过系统的数据分析工具进行多维度、多角度分析，避免了人工通过 Excel 表格的方式进行分析导致分析维度及深度不够的情况出现。

（3）可视化展示：通过可视化看板，实现了生产过程的实时、可视化管理。

（4）系统化管理：通过设备 TPM，实现了设备的维修、保养及点检等的系统化管理，提高了设备运行的可靠性，降低了设备维护成本与维修成本；通过将设备说明书及设备保养、点检、维护等作业指导书上传到系统，实现了设备作业的无纸化。

（5）保障安全，提高生产效率：通过设备数据采集，结合设备可视化看板（见图 1-22），可实时获取设备运行的状态信息和产量信息，减少运营过程中因设备异常而导致的生产安全问题，保障企业安全、稳定地生产运行；通过设备数据的实时采集，可实时监控设备的运行状态，并在设备出现故障时及时把设备故障信息通过手机或可视化看板等方式发送给责任人员，督促设备管理人员及时进行设备故障的处理，保障设备的安全。

（6）数据支撑：通过对设备 TPM 数据和设备运行数据的实时采集，为设备关键指标的计算提供准确的数据支撑。

图 1-22 可视化看板

任务 1.3　工业智能网关的认知

1.3.1　任务描述

工业智能网关作为工业互联网的核心设备之一，不仅承担着连接设备、收集数据、分析数据、控制设备的重要任务，而且可以帮助企业实现设备的智能化管理，提高生产效率和产品质量。

本任务通过介绍工业智能网关的概念、特点和作用，使学生掌握不同形式工业智能网关的分类和功能，并能描述工业智能网关的具体应用场景。

1.3.2 任务分析

本任务引导学生通过查找资料，分析国内工业现场连接现状下主要面对的问题，了解工业智能网关的概念、特点和作用，掌握不同形式工业智能网关的分类和功能，清晰地描述工业智能网关的具体应用场景。

1.3.3 任务准备

任务准备表如表 1-9 所示。

表 1-9 任务准备表

任务编号	1.3	任务名称	工业智能网关的认知
工具、设备、软件、耗材、资料			
类别	名称		
资料	工业智能网关的实物图片		
	工业智能网关的认知材料		
	工业智能网关的应用场景资料		

1.3.4 知识链接

1. 工业智能网关的作用

工业智能网关是工业互联网的重要组成部分，能够实现不同设备之间的互连互通，同时具备数据采集、处理、传输等功能。常用的工业智能网关如图 1-23 所示。

图 1-23 常用的工业智能网关

在工业现场有大量种类不一的设备，包括各种仪器仪表、传感器、工业机器人、PLC、智能工业设备及上位机等，它们的通信接口种类多、协议繁杂、互不兼容。同时，还需要及时处理、存储、上传产生的大量工业数据。在工业智能网关的帮助下，企业可以更加便捷地实现设备之间的数据交互，提高生产效率和管理水平。工业智能网关的作用示意图如图1-24所示。

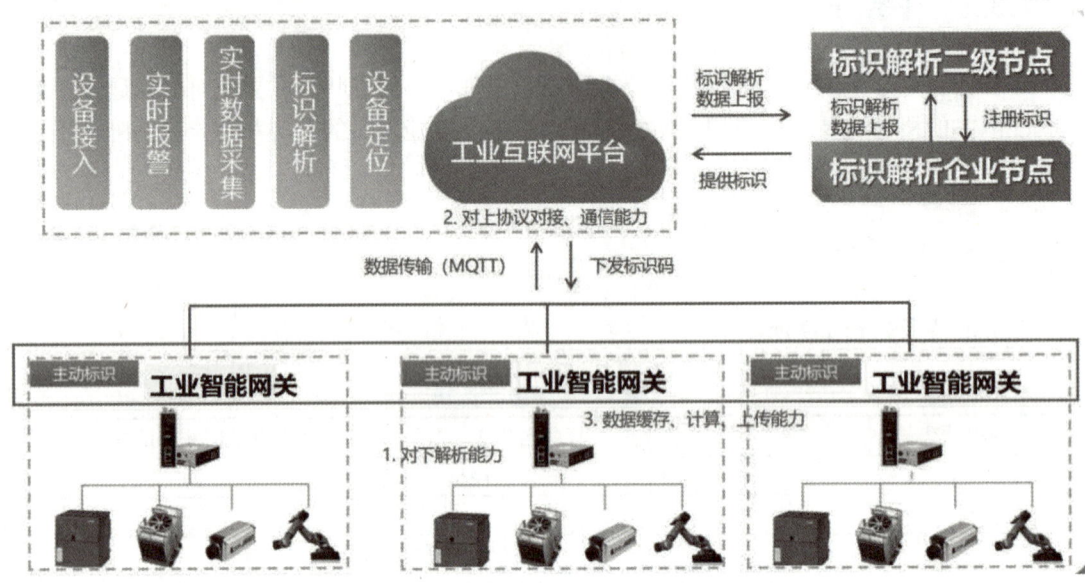

图1-24　工业智能网关的作用示意图

工业智能网关需要具备三个方面的能力。

（1）对下解析能力：工业智能网关需要具备对下（工业设备和自动化系统等）的协议解析能力，包括模拟量、数字量、现场总线协议（Modbus、PROFIBUS等）和工业以太网协议（PROFINET、CC-Link IE等）。工业智能网关的解析能力如图1-25所示。

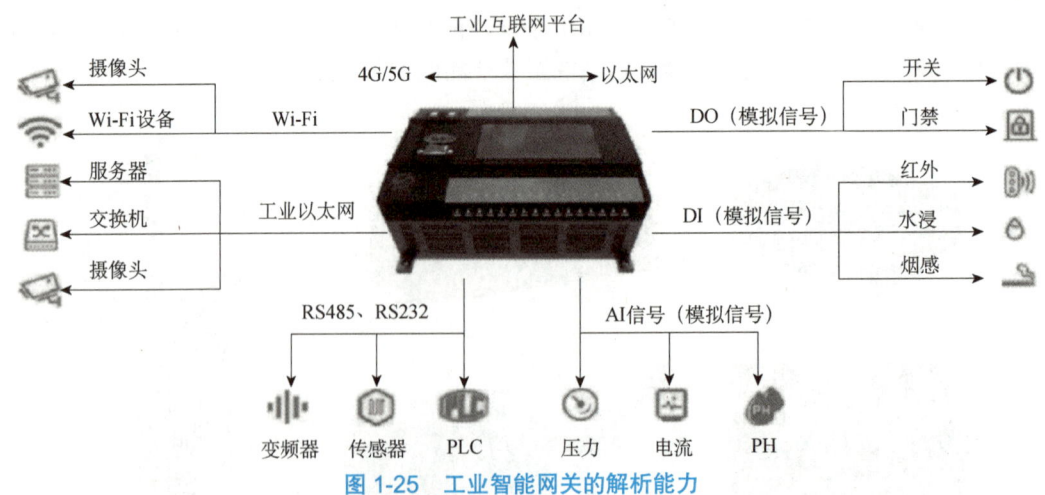

图1-25　工业智能网关的解析能力

（2）对上协议对接、通信能力：工业智能网关需要具备对上（IT系统）的协议对接能力和通信能力，包括工业以太网、Wi-Fi、4G、5G、NB-IoT等。

（3）数据缓存、计算、上传能力：工业智能网关需要具备数据缓存、本地计算（边缘计算）、数据上传的能力。工业智能网关的数据采集与传输能力如图1-26所示。

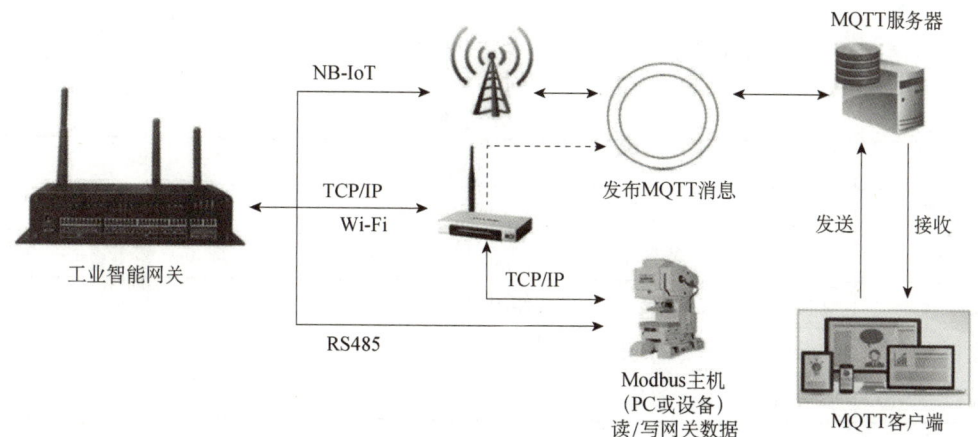

图1-26　工业智能网关的数据采集与传输能力

2. 工业智能网关的应用场景

在工业互联网时代，工业智能网关的应用场景越来越广泛，如智慧医疗、智慧工厂、无人驾驶、商业联网等，如图1-27所示。

（1）智慧医疗：工业智能网关可将医疗设备（如心电图仪、血压计等）的数据传输到云端，实现远程监测和诊断；还可将患者的基础生理数据存储在云数据库中，以便于医生及时进行健康管理和诊断。

（2）智慧工厂：工业智能网关可实时采集制造装备的各种数据并上传至云端，支持边缘数据处理、远程监测及预警。

（3）无人驾驶：通过接入遍布全车身的传感采集设备并进行数据上传，可实时同步传输车身360°的路况、车辆移动信息，实现无人驾驶，远程操控车辆。

（4）商业联网：工业智能网关可为超市、商场、企业、学校、车站等提供无线化、可移动化网络，具备插卡即用的功能，同时可充当有线网络接口或转化为Wi-Fi信号，以方便人们快速上网。

图1-27　工业智能网关的应用场景

1.3.5 任务实施

1. 小组分工

任务分配表如表 1-10 所示。

表 1-10 任务分配表

组名		日期	
组训		组长	
工作任务	任务分工	成员	
工业智能网关	工业智能网关的概念、特点和作用		
	工业智能网关的分类和功能		
	工业智能网关的具体应用场景		

2. 小组讨论

每个小组根据任务要求和分工情况进行小组研讨及任务实施，并整理任务资料。

3. 成果分享

每个小组将任务实施结果上传至线上教学平台，各小组分别汇报、展示和讲解任务实施成果。

1.3.6 任务总结

任务总结表如表 1-11 所示。

表 1-11 任务总结表

任务实施过程	存在的问题	解决办法
政策信息的收集		
信息文件的处理与分析		
团结协作、表达能力		
现场 7S 管理		

1.3.7 任务评价

任务评价表如表 1-12 所示。

表 1-12 任务评价表

序号	评价内容	自我评价	小组评价	教师评价	评分标准
1	态度端正,工作认真				5
2	遵守安全操作规范				5
3	能熟练、多渠道地查找参考资料				10
4	能熟练地完成项目中的工作任务				30
5	方案优化,选型合理				10
6	能正确回答指导教师的问题				10
7	能在规定时间内完成任务				20
8	能与他人团结协作				5
9	能做好 7S 管理工作				5
	合计				100
	总分				

1.3.8 巩固自测

1. 填空题

(1)(   )能够实现不同设备之间的互连互通。

(2)工业智能网关需具备三个方面的能力,主要包括(   ),(   )、通信能力,(   )、计算、上传能力。

(3)工业智能网关需要具备对上(IT 系统)的协议对接能力和通信能力,包括(   )、(   )、4G、(   )、NB-IoT 等。

(4)工业智能网关的应用场景越来越广泛,在(   )、(   )、(   )、(   )等领域都有广泛的应用。

2. 不定项选择题

(1)工业智能网关需要具备对下(工业设备和自动化系统等)的协议解析能力,包括(   )、(   )、(   )(Modbus、PROFIBUS 等)和(   )(PROFINET、CC-Link IE 等)。

  A.模拟量   B.数字量
  C.现场总线协议   D.工业以太网协议

(2)工业智能网关实时采集制造装备各种数据并上传云端,支持(   )、(   )及(   )。

  A.模拟量   B.边缘数据处理   C.远程监测议   D.预警

(3)通过接入遍布全车身的(   )并进行数据上传,可实时同步传输车身 360°的路况、车辆移动信息,实现无人驾驶,远程操控车辆。

  A.RFID   B.激光雷达
  C.摄像头   D.传感采集设备

3. 判断题

（1）在工业现场，有大量种类不一的设备，包括各种仪器仪表、传感器、工业机器人、PLC、智能工业设备及上位机等，它们的通信网络接口种类多、协议繁杂、互不兼容。（　　）

（2）工业智能网关具备数据采集、处理、传输等功能。（　　）

（3）工业智能网关需要具备数据缓存和数据上传的能力，但是不具备本地计算（边缘计算）的能力。（　　）

4. 简单题

（1）在工业互联网数据采集过程中，工业智能网关的作用是什么？

（2）请举例说明工业智能网关的常用类型，并进行简单对比。

（3）请举例说明工业智能网关的企业应用场景。

1.3.9　任务拓展

请同学们收集智能制造数字化转型的典型案例，一起学习制造业产业案例，进一步了解工业智能网关的角色，期待大家将学习心得分享到线上教学平台。

项目 2　节能减排—智能工厂能耗数据采集—绿色低碳

项目情境

工厂要运行，就要用到电，大部分工厂只有在交电费时才知道用了多少度电。如果能对每台设备的用电耗能情况进行实时监控，就能根据数据做出有针对性的调整，实现节能降耗。

工赋协会本次的任务就是到某板材加工企业协助其完成智能工厂建设能耗数据采集项目。根据项目规划，小组成员需要制订企业用电、用水、甲烷排放、二氧化碳排放等能耗数据的智能采集监测方案，并选择合适的工业数据采集设备进行实施。

项目要求

本项目以绿色低碳为主题，对工厂能耗数据进行采集。通过本项目的学习，学生能够认识智能电表、流量计、甲烷传感器、二氧化碳传感器等能耗数据采集设备，了解它们的组成结构，合理选择产品型号，正确配置相关采集参数，实现对企业用电、用水、甲烷排放、二氧化碳排放等能耗数据的采集。本项目可为企业深入实施节能减排、助力绿色低碳发展提供可靠的技术支持。

项目目标

1. 知识目标

（1）认识智能电表的组成结构及功能，了解其工作原理。
（2）了解流量计的工作原理及分类，学会硬件电气接线，掌握采集参数配置。
（3）了解甲烷传感器的工作原理及分类，学会硬件电气接线，掌握采集参数配置。
（4）了解二氧化碳传感器的工作原理及分类，学会硬件电气接线，掌握采集参数配置。

2. 能力目标

（1）能理解智能工厂能耗数据采集的重要意义。
（2）能利用智能电表采集电动机运行实时数据。
（3）能利用流量计采集瞬时流量、累积流量。

（4）能利用甲烷传感器采集甲烷排放实时数据。
（5）能利用二氧化碳传感器采集二氧化碳排放实时数据。

3. 素质目标

（1）养成科学严谨的工作态度，培养精益求精的工匠精神。
（2）理解数据采集过程的复杂程度，增强社会责任感。
（3）体验工作的成就感，树立热爱劳动的意识。
（4）强化节能减排意识，践行绿色低碳发展理念。

知识图谱

本项目的知识图谱如图 2-1 所示。

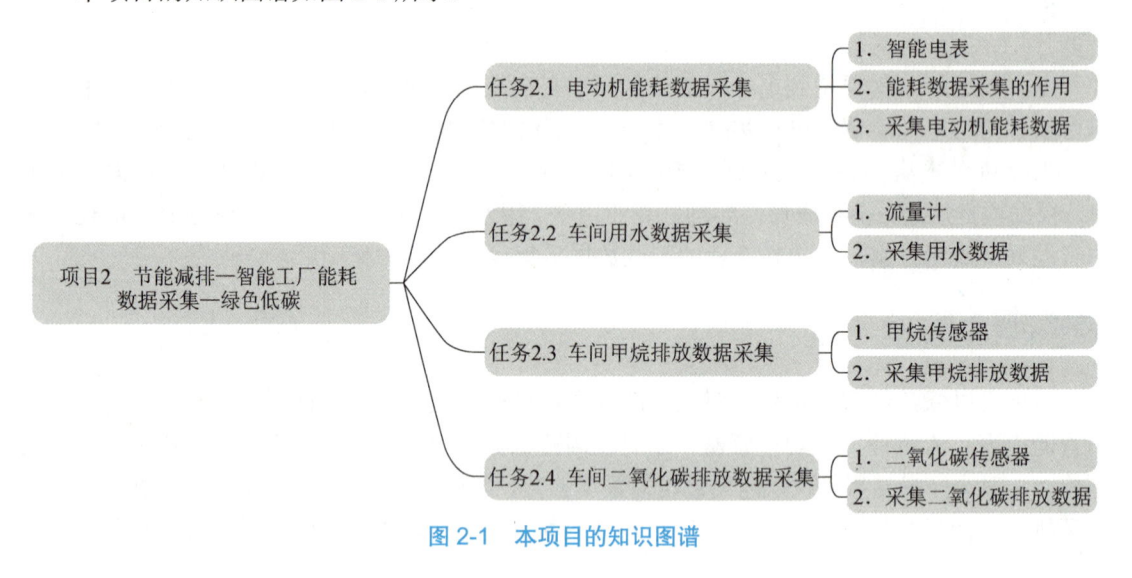

```
项目2  节能减排—智能工厂能耗      ├─ 任务2.1 电动机能耗数据采集 ─┬─ 1. 智能电表
       数据采集—绿色低碳          │                            ├─ 2. 能耗数据采集的作用
                                 │                            └─ 3. 采集电动机能耗数据
                                 ├─ 任务2.2 车间用水数据采集 ───┬─ 1. 流量计
                                 │                            └─ 2. 采集用水数据
                                 ├─ 任务2.3 车间甲烷排放数据采集 ┬─ 1. 甲烷传感器
                                 │                            └─ 2. 采集甲烷排放数据
                                 └─ 任务2.4 车间二氧化碳排放数据采集 ┬─ 1. 二氧化碳传感器
                                                                 └─ 2. 采集二氧化碳排放数据
```

图 2-1　本项目的知识图谱

任务 2.1　电动机能耗数据采集

2.1.1　任务描述

某板材加工企业属于高耗能企业，消耗的能源主要是电和天然气。由于企业对班组的耗电量有考核，所以存在班组和班组之间由耗电量抄表时间而导致的扯皮等问题。企业对能耗数据的统计分析是基于抄表数据由人工进行的。在节能降耗方面，缺少数据分析挖掘工具。电动机是智能工厂生产设备的主要动力来源，也是主要用电设备。工赋协会将电动机能耗数据采集作为本项目第一个任务，借助智能电表对电动机运行数据进行实时监测和采集，帮助企业实现能耗精准管理，以达到节能减排的目的。

2.1.2 任务分析

本任务引导学生观察智能电表的结构,了解其各部分的作用,严格遵守电气接线安全守则,使学生能够将智能电表与电动机、工业智能网关等相关设备正确连接,并根据产品手册合理配置采集参数,利用工业智能网关采集电动机运行的电压、电流、频率、功率等参数。

2.1.3 任务准备

任务准备表如表 2-1 所示。

表 2-1 任务准备表

任务编号	2.1	任务名称	电动机能耗数据采集
工具、设备、软件、耗材、资料			
类别	名称		
设备	24V 稳压电源、智能电表、交流电动机、变频器、计算机		
网关	工业智能网关 ECU-1152		
耗材	导线若干、网线 1 根		
工具	接线工具		
软件	Advantech EdgeLink Studio		
资料	智能电表产品手册		

2.1.4 知识链接

1. 智能电表

智能电表是指具有自动计量、计费和数据传输功能的电表的统称,是智能电网(特别是智能配电网)数据采集的重要设备之一,承担着原始电能数据采集、计量和传输的任务,是实现信息集成、分析优化和信息展现的基础。常见的智能电表如图 2-2 所示。

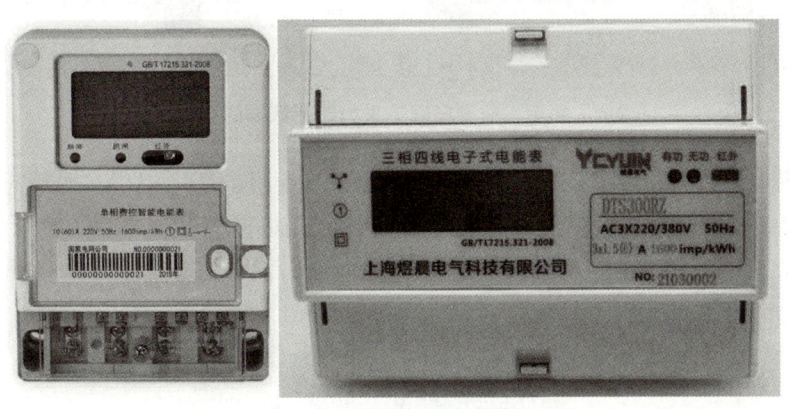

图 2-2 常见的智能电表

智能电表可对单相或三相电压、电流、频率、有功功率、无功功率、视在功率、功率因数进行实时测量,具有可扩展开关量输入/输出、直流变送输出、RS485 通信等功能,支持 Modbus RTU 协议,可以方便地实现与各种智能配电系统集成。

从组成上来说,智能电表主要由电源模块、计量模块、显示模块、通信模块、安全模块、时钟模块、存储模块、通断电模块等组成,各部分的名称及功能如图 2-3 所示。

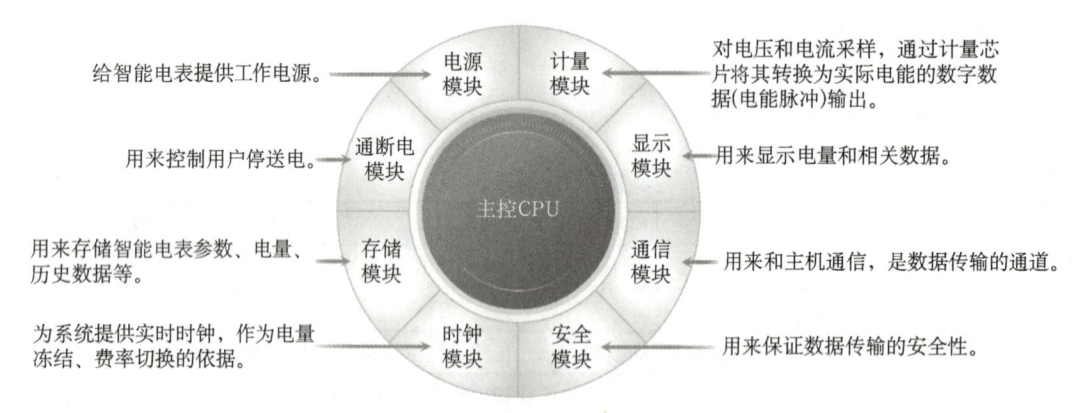

图 2-3 智能电表组成模块

利用物联网、大数据和通信技术,采用智能电表和工业智能网关,通过对电动机工作状态参数及工况参数的实时采集和监测,将能耗数据上传到云平台或本地上位机,操作人员在手机端或计算机端即可进行用电数据的实时监测、分析。利用工业智能网关采集能耗数据的基本架构如图 2-4 所示。

图 2-4 利用工业智能网关采集能耗数据的基本架构

智能电表能够为智能工厂、化工厂、火电厂等重点用电场所提供实时动态的能耗监测、报警、管理、分析等功能,达到对各区域、各设备能耗数据的全面掌握,排查能耗漏洞,更好地挖掘节能空间,实现降低能耗和成本的目标。某园区智慧用能管理服务平台如图 2-5 所示。

智能电表一般安装在主要配电节点、重点用能设备处,如图 2-6 所示。

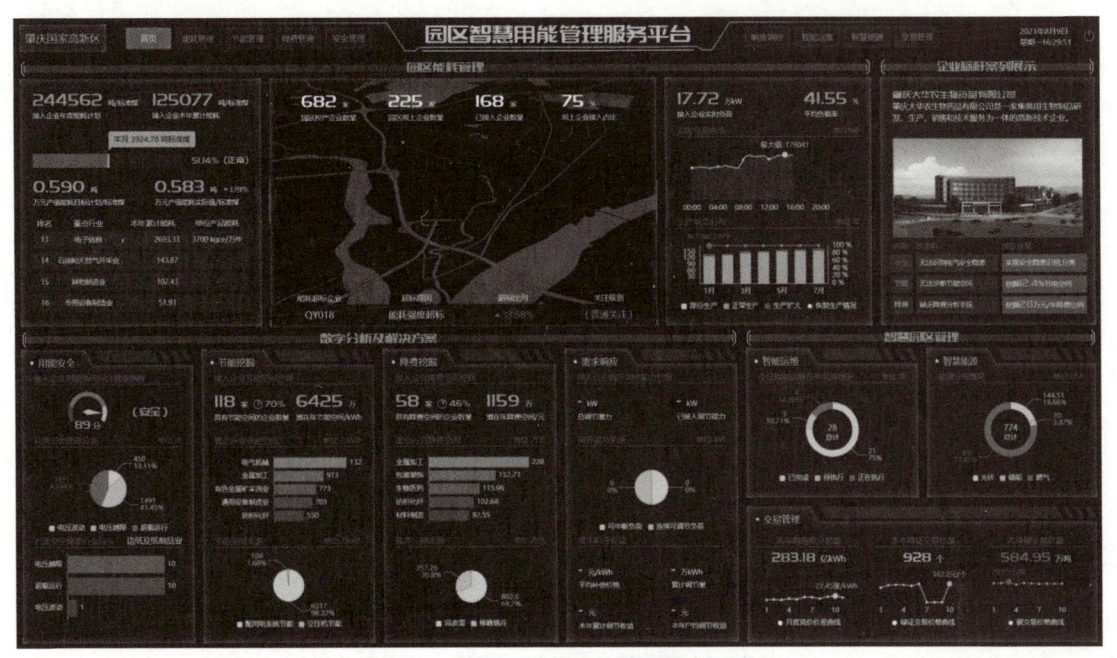

项目 2　节能减排—智能工厂能耗数据采集—绿色低碳

图 2-5　某园区智慧用能管理服务平台

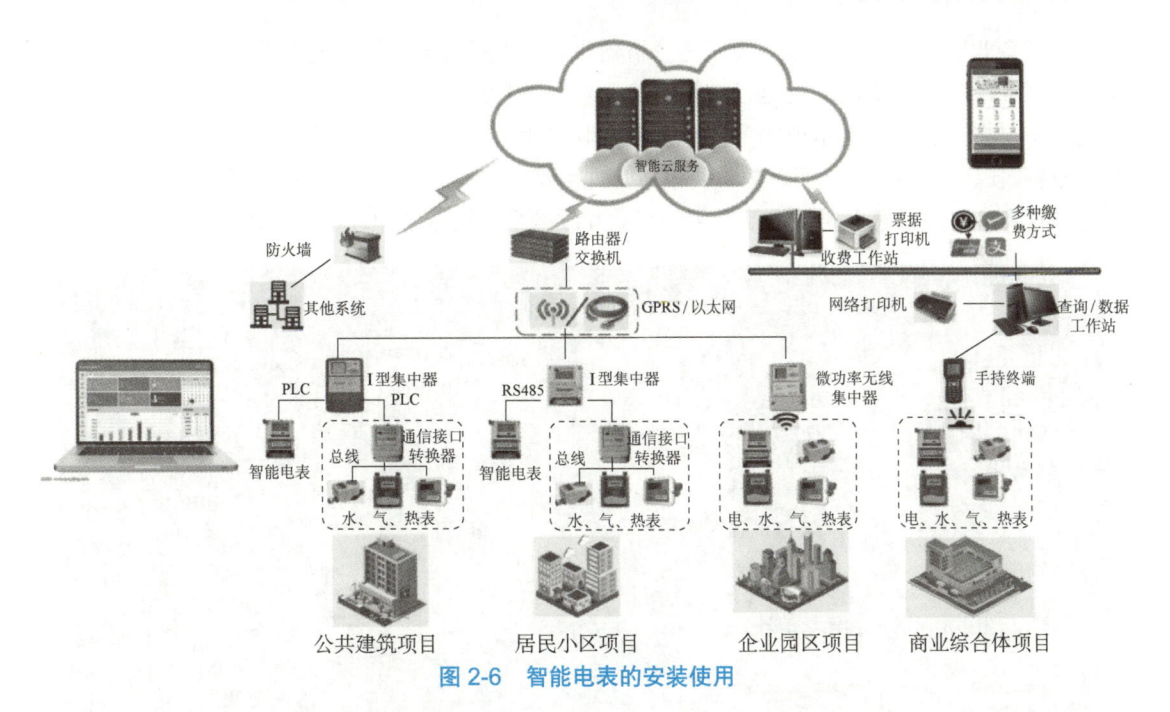

图 2-6　智能电表的安装使用

通过企业能源管控平台可以实时采集用电数据，监测日尖峰平谷用电，获取变压器实时负荷状态和最大需求量，对用电数据进行逐时、逐日、逐月分析，并结合国家、行业标准统计企业整体能源消耗，为节能减排提供基础数据服务。企业用电数据分析如图 2-7 所示。

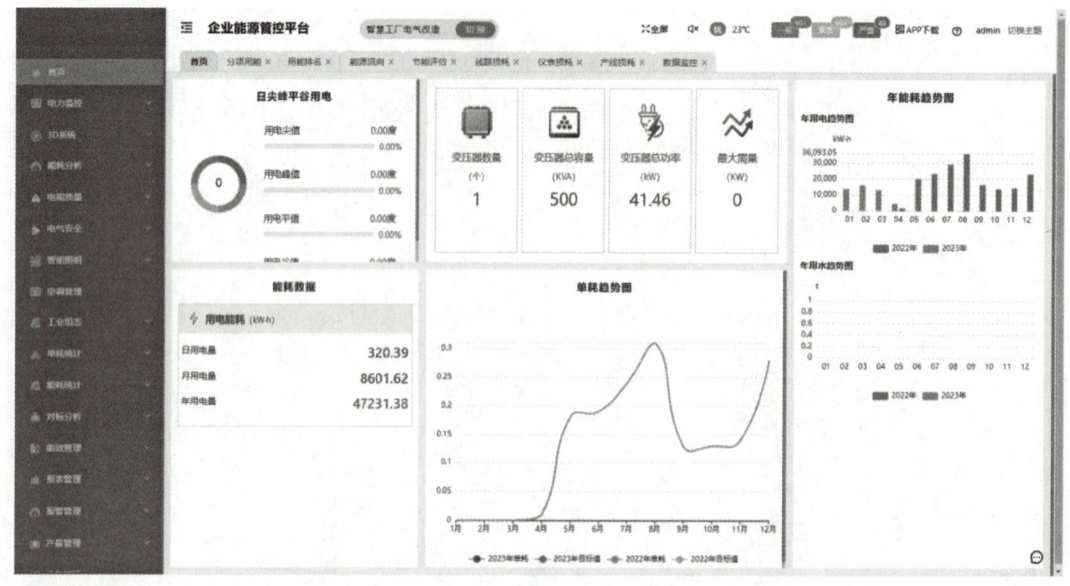

图 2-7 企业用电数据分析

2. 能耗数据采集的作用

针对企业现场电动机运行环境恶劣、机器设备分散等现状，可以通过为电动机设备搭载工业智能网关，实时采集电动机运行数据，实现对电动机运行的监测和能耗数据采集，并通过工业通信协议将数据上传到本地服务器或工业互联网平台，实现电动机运行数据的可视化展示、故障报警、远程控制等，从而有效解决设备管理困难、故障无法快速知晓等问题，这对工业企业实现提质降本增效有着重要的推动作用。工业互联网平台展示的电动机运行数据如图 2-8 所示。

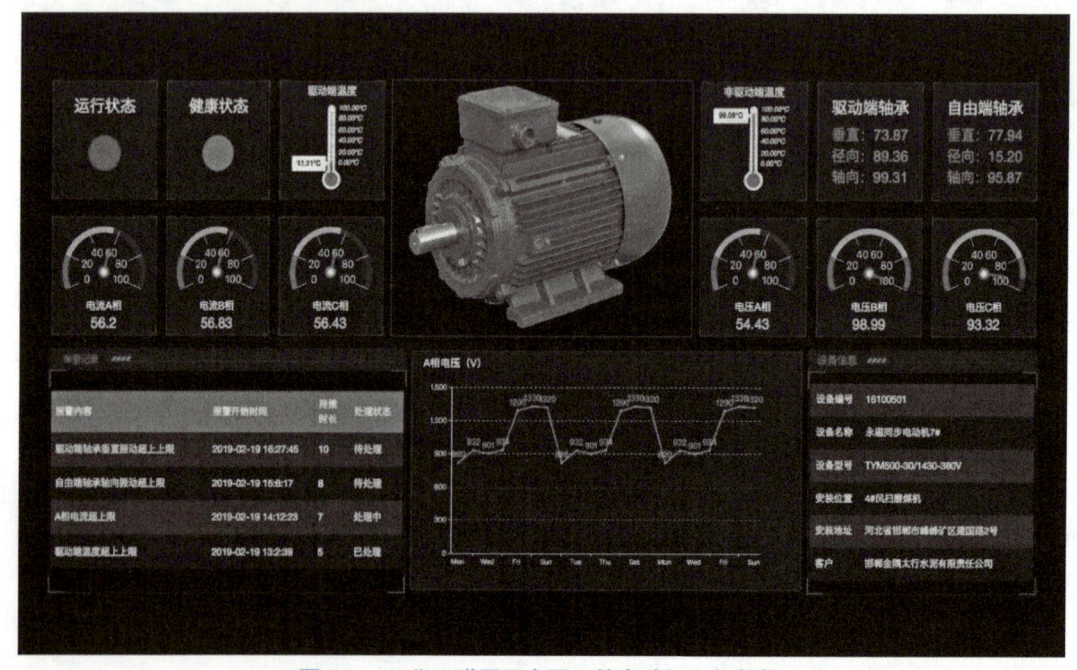

图 2-8 工业互联网平台展示的电动机运行数据

3. 采集电动机能耗数据

1）工业智能网关选型

根据电动机能耗数据采集需求，选用工业智能网关 ECU-1152，该工业智能网关支持以太网有线通信、Wi-Fi/3G/GPRS/4G 无线通信方式，支持 Modbus RTU、Modbus TCP、DNP 3.0 等协议。工业智能网关的外形和各部分说明如图 2-9 所示。

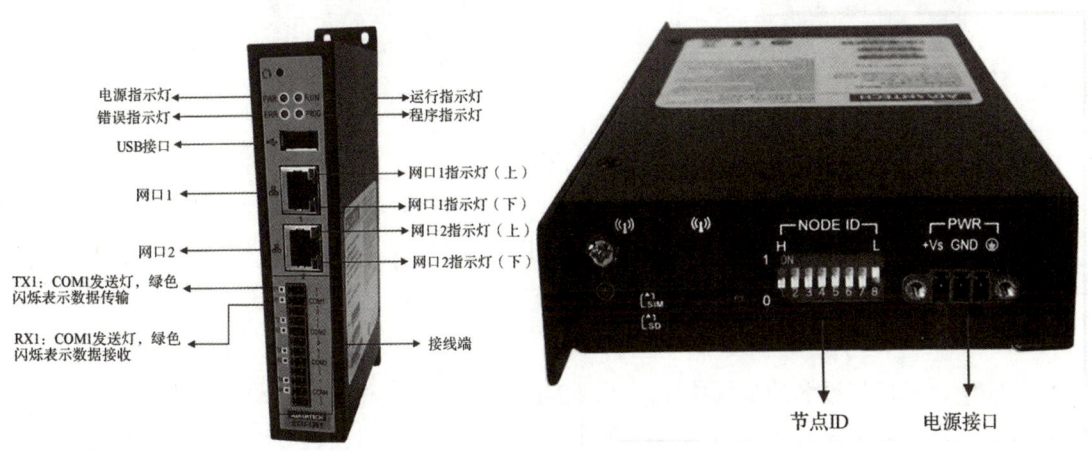

图 2-9 工业智能网关的外形和各部分说明

2）硬件连接

本任务选用的智能电表如图 2-10 所示。该智能电表的额定电压为 220V、额定频率为 50Hz、额定电流为 80A，具有有功电能计量及电压、电流、功率、功率因数、频率等用电参数测量功能，具有 RS485 通信接口，支持 Modbus RTU 协议，由 LED 段码显示数值。

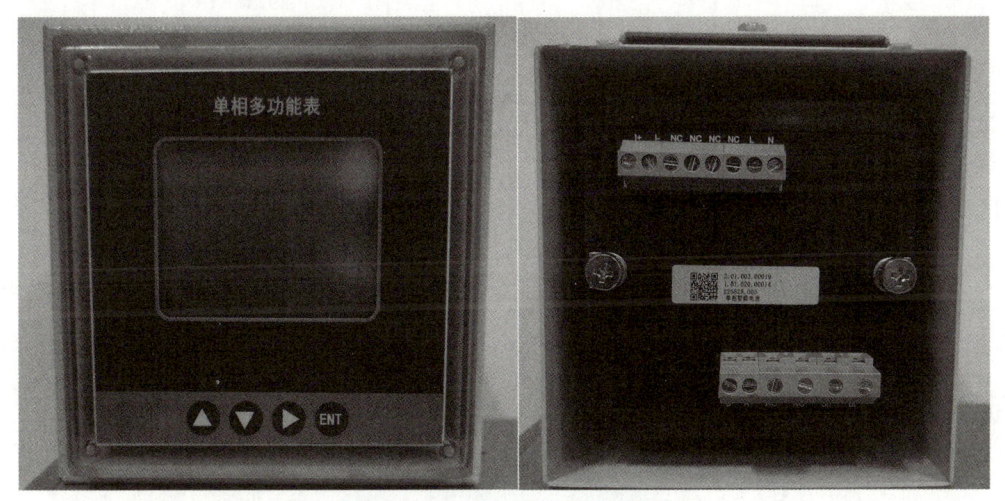

图 2-10 本任务选用的智能电表

智能电表接口信息如图 2-11 所示。其中，L、N 分别为智能电表工作电源火线和零线接口，U_L、U_N 分别为电压输入信号火线和零线接口，I+、I− 分别为感应电流信号接口，A+、B−

分别为与工业智能网关通信的 RS485 接口。

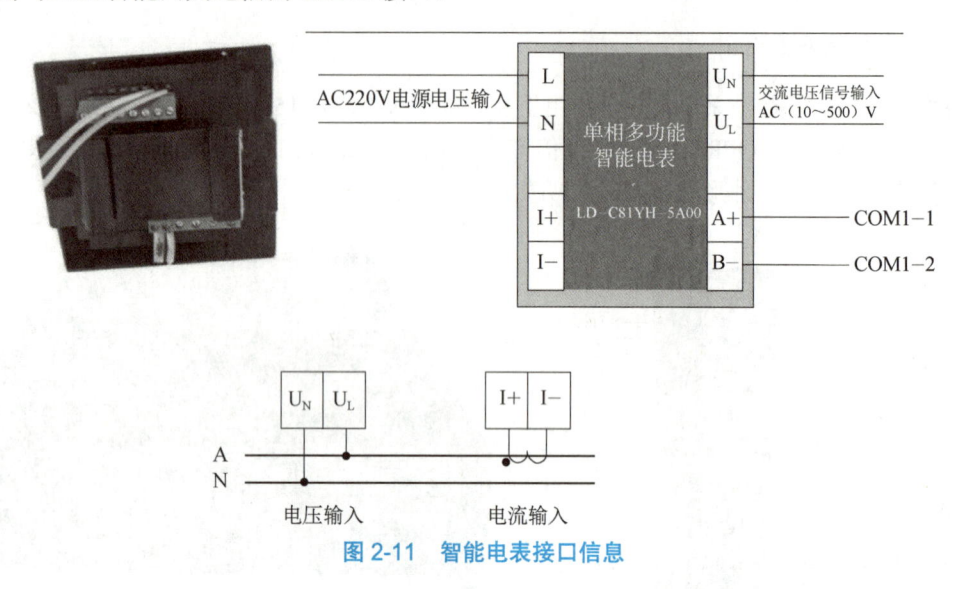

图 2-11　智能电表接口信息

智能电表及用电设备的电气接线图如图 2-12 所示。将三相交流电动机、变频器、智能电表等设备布置在安装面板上，如图 2-13 所示。作为工科学生，在进行电路连接时要发扬精益求精、一丝不苟的工匠精神，严格遵守电气操作规范，接线前要断电，确保线路连接无误后再通电运行。

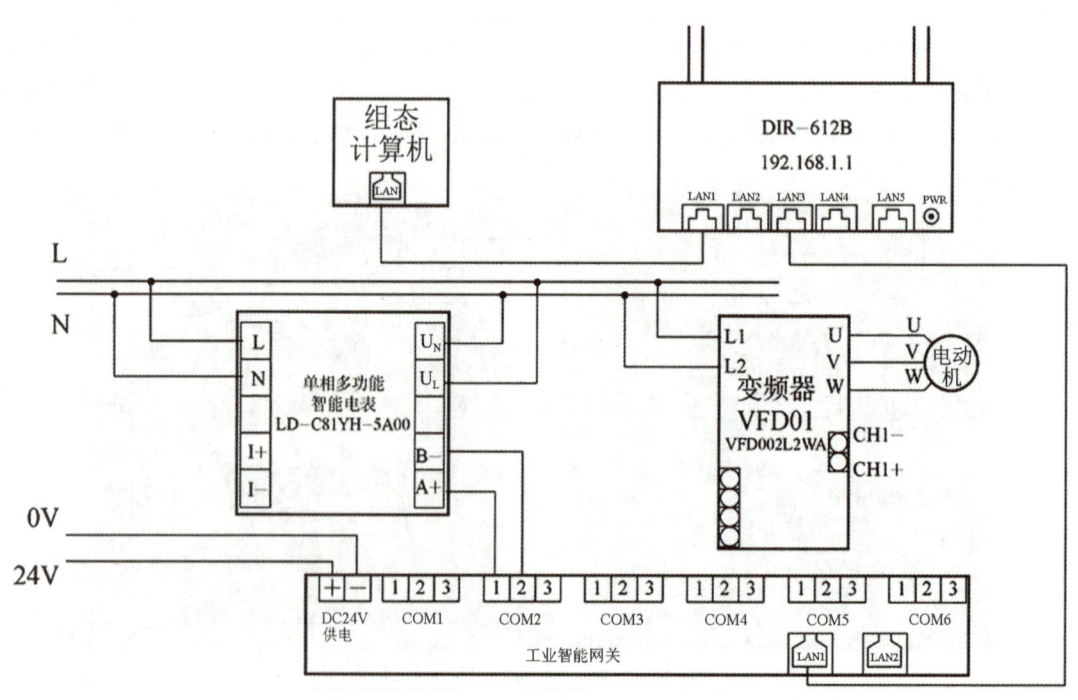

图 2-12　智能电表及用电设备的电气接线图

图 2-13 硬件设备安装图

3）软件配置

（1）智能电表参数配置。

智能电表在使用前需要合理配置其参数，否则无法精准计量用电数据。根据智能电表使用说明书，对通信地址、波特率、电压比、电流比等关键参数进行设置。初始参数设置：电压比为 1，电流比为 1，通信地址为 1，波特率为 9600bit/s，如图 2-14 所示。

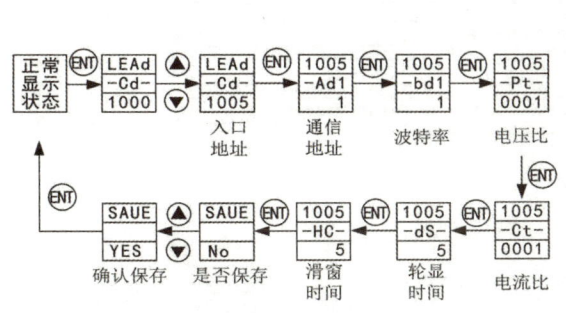

字符	面板显示	文字说明	字符	面板显示	文字说明
Cood	Cood	密码	Pt	Pt	电压倍率
Ct	Ct	电流倍率	U 1N	U-1N	电压输入范围
I-1N	I-1N	电流输入范围	NET	NEt	输入信号网络
3P4L	3P4L	三相四线网络	3P3L	3P3L	三相三线网络
CYLE	CYLE	显示切换方法选择	OFF	oFF	关
on	on	开	data	dAtA	背光开关
addr	Addr	仪表地址	WH	EP	有功电能
Hz	HZ	频率	VarH	Eq	无功电能

图 2-14 智能电表参数配置

（2）智能电表通信协议。

智能电表可采集用电设备的电压、电流、频率、功率等用电参数，并将相应数据存储在内部寄存器中，通过 Modbus RTU 协议进行数据传输。智能电表采集用电参数地址表如表 2-2 所示。

表 2-2 智能电表采集用电参数地址表

起始地址	参数	数值范围	数据类型	读写属性
0x4000	电压	0～9999999	Dword	R
0x4002	电流	0～9999999	Dword	R
0x4004	频率	0～9999	Dword	R
0x4006	功率因数	−1000～1000	Integer	R
0x4008	有功功率	−99999999～99999999	Integer	R
0x400A	无功功率	−99999999～99999999	Integer	R
0x400C	视在功率	0～99999999	Dword	R
0x400E	正向有功电能	0～4000000000	Dword	R
0x4010	反向有功电能	0～4000000000	Dword	R
0x4012	正向无功电能	0～4000000000	Dword	R
0x4014	反向无功电能	0～4000000000	Dword	R

4）运行调试

（1）新建工程。

打开工业智能网关的配置和管理软件 Advantech EdgeLink Studio，在任务栏中的"工程"选项卡下单击"新建工程"按钮，弹出如图 2-15 所示的对话框，输入对应的名称、存放路径和描述，单击"确定"按钮。创建成功后会在存放路径下生成以 acproj 为扩展名的文件。

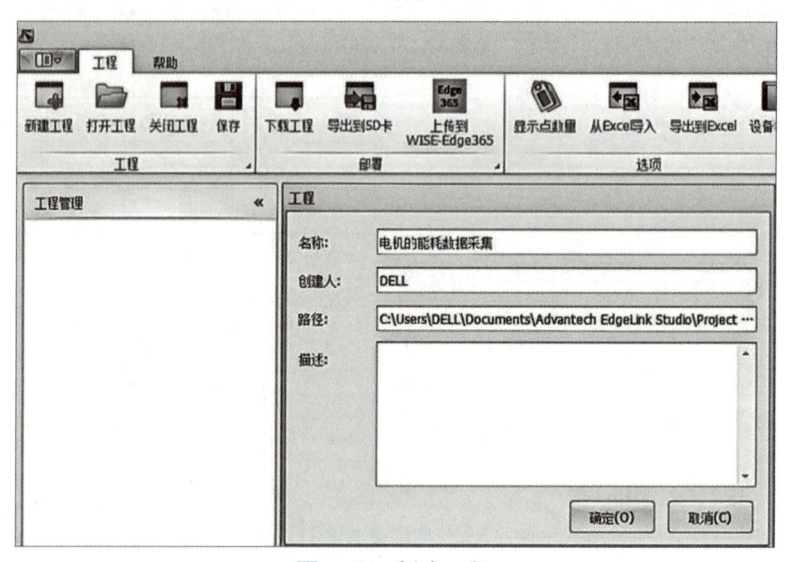

图 2-15 新建工程

（2）添加网关端口设备。

① 添加工业智能网关：在"工程管理"窗格中右击工程，在弹出的快捷菜单中选择"添加设备"选项，添加工业智能网关 ECU-1152。在弹出的设备属性页中，配置设备基本属性，节点识别方式可选择"IP 地址"，此处的 IP 地址要与计算机 IP 地址处在同一网段中，其他参

数默认即可，配置完成后单击"应用"按钮，完成工业智能网关的添加，如图2-16所示。本任务设置的工业智能网关临时IP地址、子网掩码、网关地址如图2-17所示。

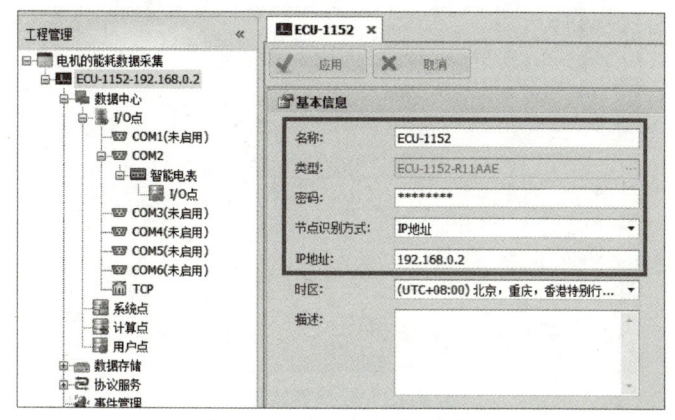

图2-16 添加工业智能网关

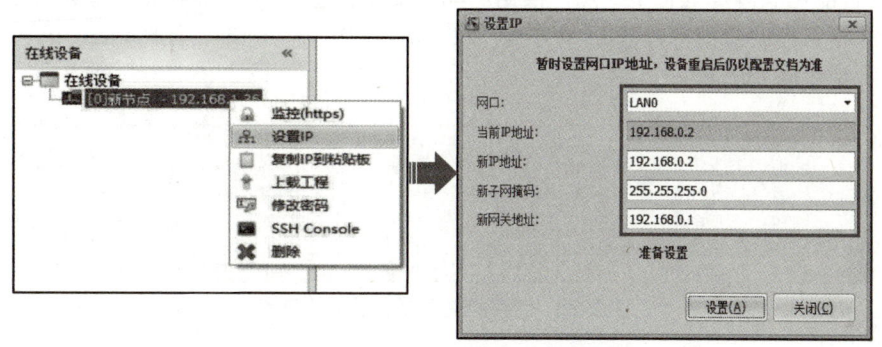

图2-17 工业智能网关IP地址设置

② 启用COM2端口：双击"COM2"端口，在弹出的窗格中勾选"启用"复选框，完成端口启用操作。启用端口后需要对端口参数进行配置。按照配置参数表进行端口参数配置，配置完成后单击"应用"按钮。端口配置如图2-18所示。

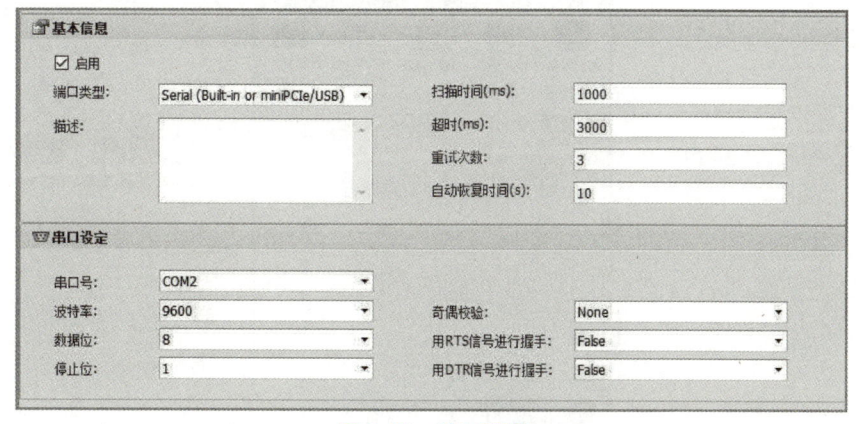

图2-18 端口配置

③ 添加智能电表：在 COM2 端口下添加智能电表终端设备，智能电表的单元号为 2，采用单点写入方式，其他参数默认即可，配置完成后单击"应用"按钮。添加智能电表如图 2-19 所示。

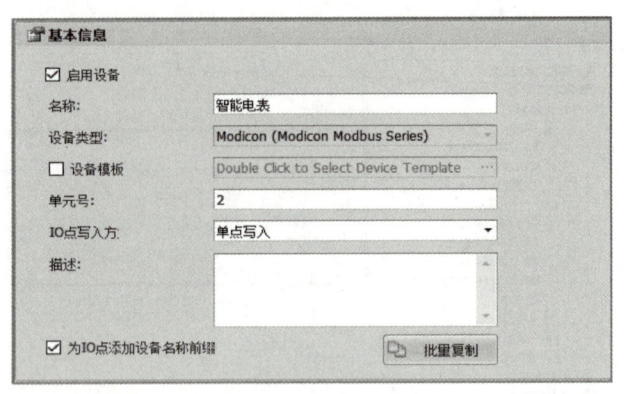

图 2-19　添加智能电表

④ 为智能电表添加通信 I/O 点：根据产品手册中提供的寄存器地址完成智能电表数据寄存器映射转换。根据数据寄存器映射关系，创建电压、电流、频率、有功功率、正向有功电能等参数的 I/O 地址，如图 2-20 所示。

点名称	数据类型	I/O点来源	缺省值	扫描倍率	地址	转换类型	缩放类型
智能电表:电压	Analog	自定义添加	0.0	1	416385	Double Precision	Linear Scale, MX+B
智能电表:电流	Analog	自定义添加	0.0	1	416387	Double Precision	Linear Scale, MX+B
智能电表:频率	Analog	自定义添加	0.0	1	416389	Double Precision	Linear Scale, MX+B
智能电表:有功功率	Analog	自定义添加	0.0	1	416393	Double Precision	No Scale
智能电表:正向有功电能	Analog	自定义添加	0.0	1	416399	Double Precision	No Scale

图 2-20　为智能电表添加通信 I/O 点

（3）在线采集、监控。

① 搜索在线设备：单击"搜索设备"下拉按钮，在弹出的下拉菜单中选择"在 IP 范围内搜索"选项，软件会自动搜索计算机连接的局域网设备中的网关设备，搜索出来的设备显示在"在线设备"列表中，如图 2-21 所示。

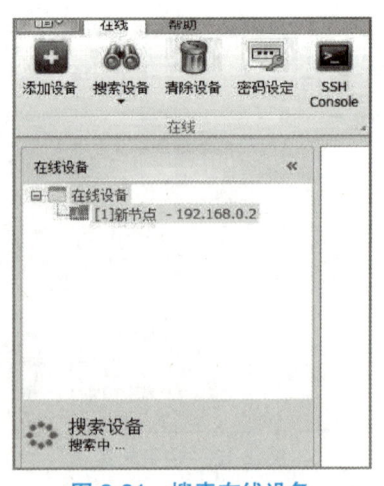

图 2-21　搜索在线设备

② 下载工程至工业智能网关：在"工程管理"窗格中单击设备，在任务栏中的"工程"选项卡下单击"下载工程"按钮，弹出"工程下载"窗口。等待工程自动编译，编译完成后，状态显示为"编译成功"，单击"下载"按钮，当最终状态为"重启成功"时，单击"关闭"按钮，如图 2-22 所示。

图 2-22　下载工程至工业智能网关

③ 在线监测电动机运行数据：在"在线设备"列表中右击设备，在弹出的快捷菜单中选择"监控"选项，打开"监控"窗口，输入设备初始密码"00000000"，单击"登录"按钮，进入 I/O 点监控界面，即可显示电动机运行的实时数据，如图 2-23 所示。

点名称	值	质量	时间戳
温湿度传感器:湿度	58.30	Good	2021-05-08T13:44:12(+08:00)
温湿度传感器:温度	26.30	Good	2021-05-08T13:44:12(+08:00)
电表:电量	7.50	Good	2021-05-08T13:44:12(+08:00)
电表:电压	231.40	Good	2021-05-08T13:44:12(+08:00)
电表:频率	50.00	Good	2021-05-08T13:44:12(+08:00)

图 2-23　在线监测电动机运行数据

2.1.5 任务实施

1. 任务分配

任务分配表如表 2-3 所示。

表 2-3 任务分配表

组名		日期	
组训		组长	
成员	任务分工	成员	任务分工

2. 拟定方案

小组成员共同拟定数据采集方案，列出本任务需要用到的设备、参数。任务方案表如表 2-4 所示。

表 2-4 任务方案表

序号	设备	参数	备注

3. 运行测试与验证

运行测试表如表 2-5 所示。

表 2-5 运行测试表

任务名称		测试小组	
测试名称	测试结果	测试人员	存在的问题
安装测试			
硬件测试			
软件测试			
采集测试			

2.1.6 任务总结

任务完成后,学生根据任务实施情况分析存在的问题及其原因,填写任务总结表,指导教师对任务实施情况进行点评。任务总结表如表 2-6 所示。

表 2-6 任务总结表

任务实施过程	存在的问题	解决办法
硬件连接		
软件配置		
数据采集与调试		
其他		

2.1.7 任务评价

任务评价表如表 2-7 所示。

表 2-7 任务评价表

序号	评价内容	自我评价	小组评价	教师评价	评分标准
1	态度端正,工作认真				5
2	遵守安全操作规范				5
3	能熟练、多渠道地查找参考资料				10
4	能熟练地完成项目中的工作任务				30
5	方案优化,选型合理				10
6	能正确回答指导教师的问题				10
7	能在规定时间内完成任务				20
8	能与他人团结协作				5
9	能做好 7S 管理工作				5
	合计				100
	总分				

2.1.8 巩固自测

1. 填空题

(1) 智能电表一般安装在(   ),综合能源管理平台可实时采集用电数据。
(2) 智能电表一般采用的通信协议是(   )。
(3) 电动机按照输入电流的不同可分为(   )、(   )。
(4) 通过改变电动机工作电源频率的方式来控制交流电动机的电力控制设备是(   )。
(5) 电动机能耗数据采集中智能电表的额定电压通常为(   )。

2. 判断题

（1）电动机能耗数据采集只能采用有线传输方式。（   ）

（2）智能电表设备应定期校准，以确保测量结果的准确性。（   ）

（3）电动机能耗数据采集后，可以直接用于能源管理决策，无须进行进一步分析。

（   ）

（4）在工业智能网关的通信参数配置中，要将工业智能网关的 IP 地址与计算机 IP 地址设置在不同网段中，数据才能正常通信。（   ）

3. 不定项选择题

（1）下列选项中是智能电表组成模块的有（   ）。

　　A．计量模块　　　　　　　　　　　B．通信模块
　　C．时钟模块　　　　　　　　　　　D．存储模块

（2）在智能电表的接口中，通常标注 L 的为（   ）接口。

　　A．工作电源零线　　　　　　　　　B．工作电源火线
　　C．电压输入信号火线　　　　　　　D．电压输入信号零线

（3）在智能电表的参数配置中，常用的波特率是（   ）。

　　A．1200bit/s　　　　　　　　　　　B．2400bit/s
　　C．4800bit/s　　　　　　　　　　　D．9600bit/s

（4）利用智能电表采集的电动机运行数据可用于（   ）。

　　A．设备管理　　　　　　　　　　　B．状态分析
　　C．远程控制　　　　　　　　　　　D．能耗监测

2.1.9　任务拓展

企业案例：某板材加工企业能耗管理项目。

1. 项目概况

某板材加工企业属于高耗能企业，消耗的能源主要是电和天然气，年平均电费在 4000 万元左右，年平均天然气费用在 1000 万元左右。该企业有 87 块电表，电量耗用数据由产线上的每个班组（该企业分 2 个班次：白班和夜班）进行抄表获得。由于企业对班组的耗电量有考核，所以存在班组和班组之间由耗电量抄表时间而导致的扯皮等问题。企业对能耗数据的统计分析是基于抄表数据由人工进行的。在节能降耗方面，缺少数据分析挖掘工具。企业在能耗管理方面的问题如图 2-24 所示。

2. 应用效果

（1）能耗精细化管控，提升整体能效：实现 7×24 h 全方位、多维度监测，展示对应监测节点的实时数据、历史曲线，从不同角度对能源的消耗情况进行监测，全方位提高各个用能环节的安全性、可靠性。能耗综合监控如图 2-25 所示。

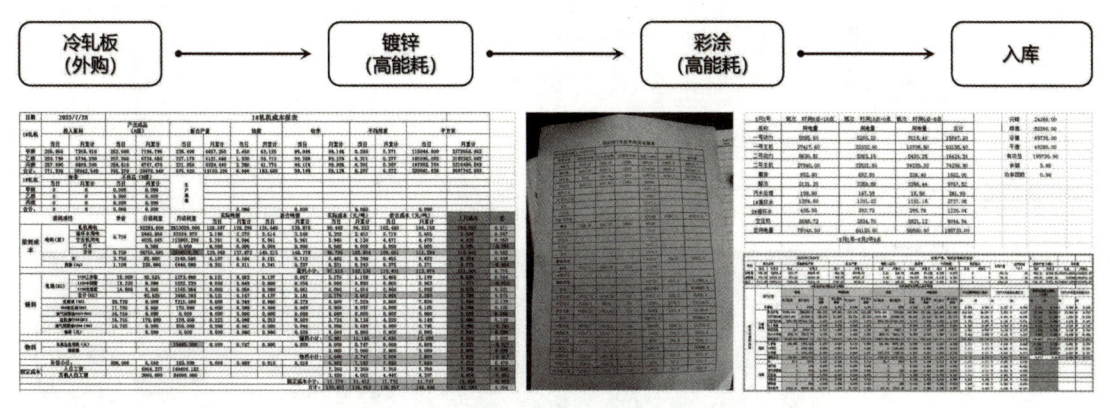

项目 2　节能减排—智能工厂能耗数据采集—绿色低碳

图 2-24　企业在能耗管理方面的问题

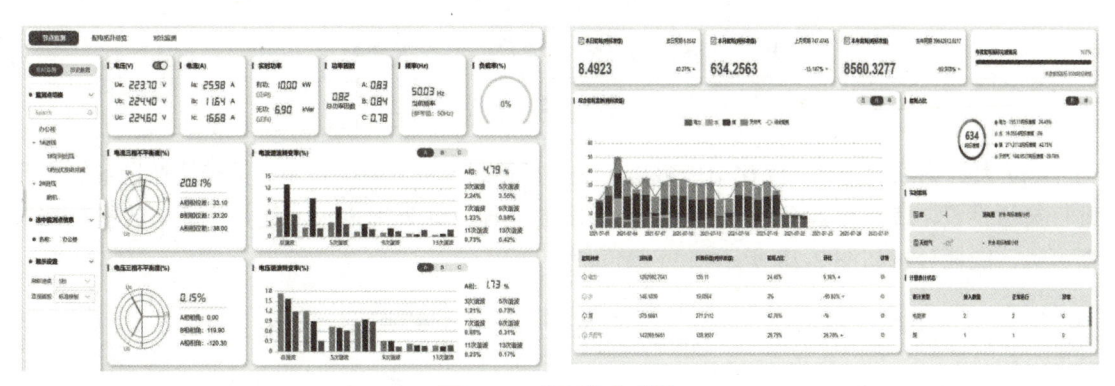

图 2-25　能耗综合监控

（2）优化能源结构，推动成本优化配置：基于对能源数据的实时采集，对每个班组的能耗数据进行在线抄表；通过对天然气的进气量等进行控制，帮助企业达到节能降耗的目的。在线抄表、流量控制如图 2-26 所示。

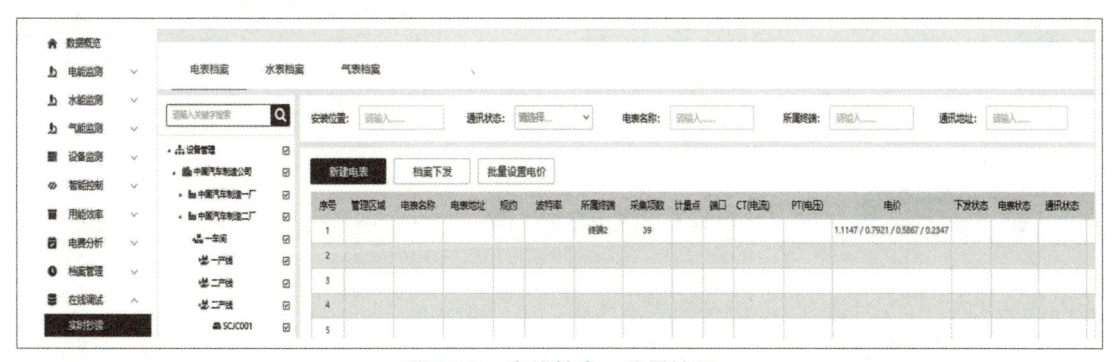

图 2-26　在线抄表、流量控制

（3）过程实时控制，协助企业实现节能降耗：企业管理人员可根据具体需求，自定义各参数预警告警值，进行针对性管理。异常信号通过计算机端/手机端即时到达管理员处，实现快速响应，避免事故发生，保障运行安全。实时监控如图 2-27 所示。

45

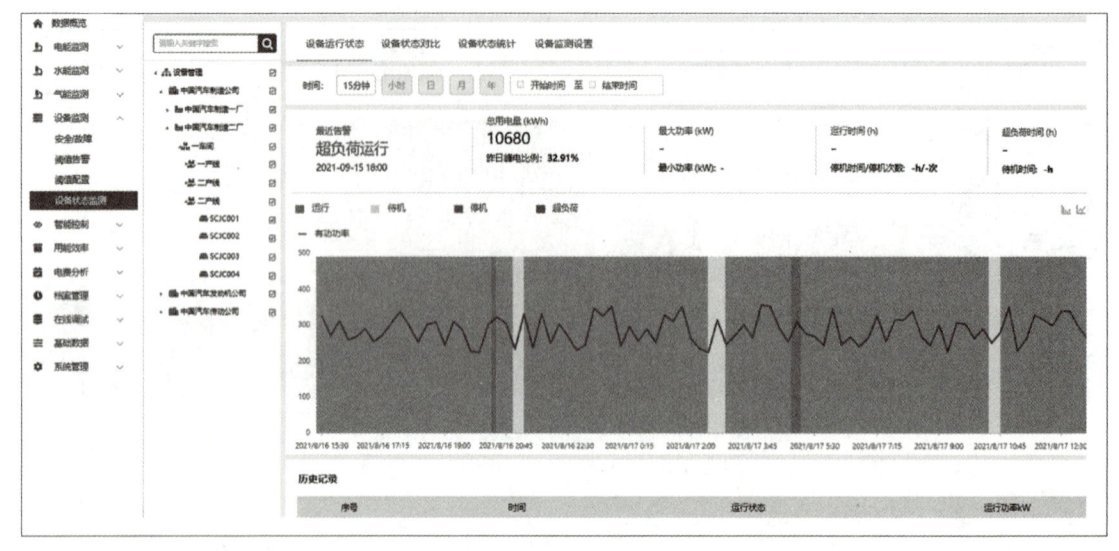

图 2-27　实时监控

（4）大数据深度挖掘，深化节能减碳：从能耗管理单元、生产班组、重点能耗设备等维度进行灵活设置，满足企业多维度、多时间尺度的能耗统计管理需求，让每个环节的能耗都清晰可见。能耗分析如图 2-28 所示。

图 2-28　能耗分析

任务 2.2　车间用水数据采集

2.2.1　任务描述

工业企业是用水大户，在工业企业推广用水精准计量、管网漏损智能化监测是缓解我国供水压力的有效措施。工赋协会因为在采集电动机能耗数据的过程中表现出色，所以很快又接到了企业采集用水数据的任务。智能水表和流量计是常用的水量监测、计量设备，将它们应用于用水数据采集，能实时监测用水数据，统计分析用水趋势，为企业节水控水提供数据支持。工赋协会成员小王将以流量计为例,带领大家了解流量计的结构及分类,分析流量计的主要技术参数、接线方式,借助工业智能网关实时采集和监测用水数据。

2.2.2 任务分析

本任务引导学生认识用水数据采集设备,了解流量计的结构、分类,使学生学会分析主要技术参数、接线方式,掌握在工业智能网关中配置采集参数的方法,严格遵守电气接线安全守则,能够将流量计与工业智能网关正确连接,实时采集、监测瞬时流量、累积流量等数据。

2.2.3 任务准备

任务准备表如表 2-8 所示。

表 2-8 任务准备表

任务编号	2.2	任务名称	车间用水数据采集
工具、设备、软件、耗材、资料			
类别	名称		
设备	24V 稳压电源、流量计、ADAM4017+模拟量模块、计算机		
网关	工业智能网关 ECU-1152		
耗材	导线若干、网线 1 根		
工具	接线工具		
软件	Advantech EdgeLink Studio		
资料	流量计产品手册		

2.2.4 知识链接

1. 流量计

本任务中的用水数据是指供水系统中的瞬时流量、累积流量等数据。常用的用水数据采集设备有智能水表、流量计等。智能水表如图 2-29 所示,流量计如图 2-30 所示。

图 2-29 智能水表　　　　图 2-30 流量计

本任务主要介绍使用流量计采集、监测用水数据的方法。流量计是供水系统中常见的设备，通过对其进行数据采集和远程监测，可以实时反馈设备瞬时流量、累积流量等信息变化，及时预警并采取措施，从而保证供水系统安全有序地运行。

目前，市面上常见的流量计按检测原理可分为涡轮流量计、电磁流量计、涡街流量计、超声波流量计等。电磁流量计如图 2-31 所示，其使用方法可参考产品手册。

利用流量计采集用水数据有多种方案，如图 2-32 所示。方案一：把流量计采集的数据传送至 LoRa 采集终端，不同的 LoRa 采集终端把数据通过无线方式上传至 LoRa 集中器，LoRa 集中器把数据集中传送至工业智能网关，工业智能网关通过通信协议将数据传送至工业互联网平台。方案二：把流量计采集的数据通过数据采集模块传送到工业智能网关，工业智能网关通过有线形式将数据传送至工业互联网平台。方案三：工业智能网关将接收的数据通过 4G 无线形式上传至工业互联网平台。

图 2-31 电磁流量计

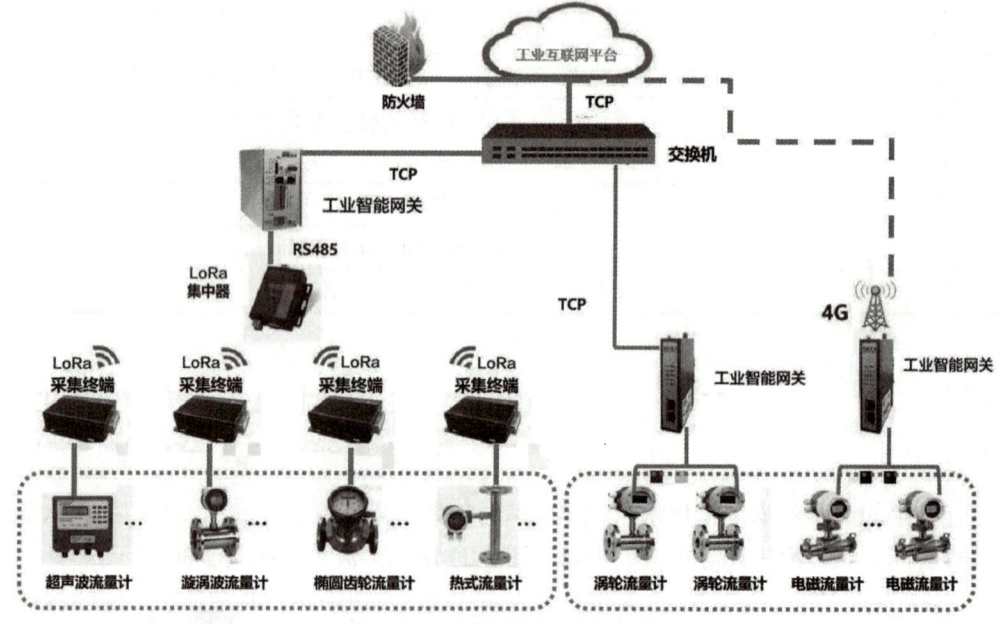

图 2-32 流量计数据采集方案

2．采集用水数据

1）硬件连接

本任务采用的涡轮流量计如图 2-33 所示，采用 24V 直流电源供电，两线制 4～20mA 电流输出，采用方案二进行瞬时流量数据采集。

图 2-33 本任务采用的涡轮流量计

（1）主要技术参数。

根据流量计产品手册分析技术参数信息可知，对于数据采集任务而言，需要重点关注的参数如下。

① 口径：流量计口径的选择主要依据实际连接管道的直径进行，具体参考产品手册。
② 输出信号：本任务选择 4～20mA 电流输出。
③ 网络功能：流量计自带 Modbus 协议。
④ 供电电源：流量计采用 24V 直流供电。

其他参数可根据实际采集任务确定。流量计的主要技术参数如表 2-9 所示。

表 2-9 流量计的主要技术参数

技术参数	说明
口径	DN3-DN1000
精度	±0.5%、±1.0%
电极材料	316、316L、HB、HC、Ti、Ta、Pt
内衬材料	聚氯丁橡胶、聚氯醋橡胶、聚四氟乙烯（F4）、F46、PFA、PE
介质	导电性液体（含固液两相）
测量误差	±0.5%、±1.0%流量（按口径分）
介质电导率	>5μS/cm（水>20μS/cm）
流速范围	0.3～10.0m/s（流量单位可选）
连接法兰	HG/T 20592—2009、GB/T 9124.1—2019、GB/T 9124.2—2019、DIN、ANSI、JIS
介质温度	−25～+80℃（橡胶衬里为 65℃）
额定电压	0.6～4.0MPa（要想获得更高压力可定做流量计）
输出信号	4～20mA 电流输出、0～5kHz 频率/脉冲输出
防护等级	IP65、IP67、IP68（分体）
网络功能	Modbus、RS232、RS485、HART 通信接口
应用	酸、碱、给排水、食品、纸浆等
显示	流量、正反累积流量、正反累积量差、百分比、空管比、流速

续表

技术参数	说明
语言	中文/英文
供电电源	AC220V、DC24V
组装形式	一体式、分体式
安装方式	法兰式、夹持式

（2）流量计采用四线制接线方式。

棕色线接直流 24V 电源正，黑色线接直流 24V 电源负，蓝色线接电流信号正，绿色线接电流信号负，可一体式现场显示瞬时流量、累积流量等数据。流量计接线方式及表显信息如图 2-34 所示。

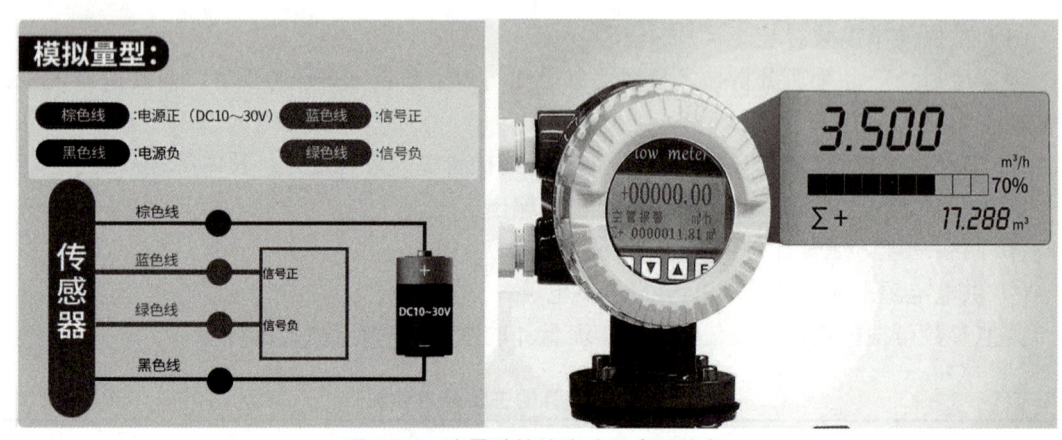

图 2-34 流量计接线方式及表显信息

2）软件配置

（1）创建瞬时流量数据采集工程：打开工业智能网关的配置和管理软件，在任务栏中的"工程"选项卡下单击"新建工程"按钮，弹出如图 2-35 所示的对话框，输入名称"瞬时流量数据采集"，其他参数根据实际需求设置，单击"确定"按钮。创建成功后会在存放路径下生成以 acproj 为扩展名的文件。

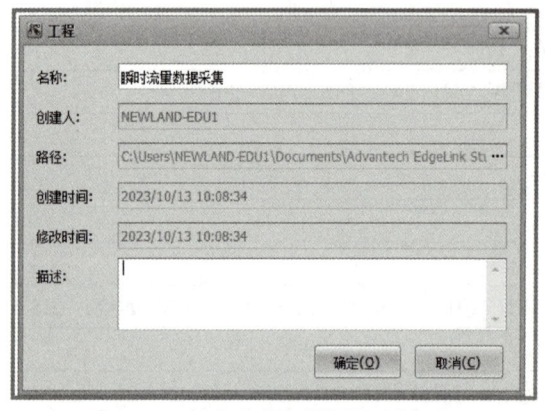

图 2-35 创建瞬时流量数据采集工程

（2）添加工业智能网关：在"工程管理"窗格中右击工程，在弹出的快捷菜单中选择"添加设备"选项，添加工业智能网关 ECU-1152。在弹出的设备属性页中，配置设备基本属性，节点识别方式可选择"IP 地址"，此处的 IP 地址要与计算机 IP 地址处在同一网段中，其他参数默认即可，配置完成后单击"应用"按钮，完成工业智能网关的添加。工业智能网关配置界面如图 2-36 所示。

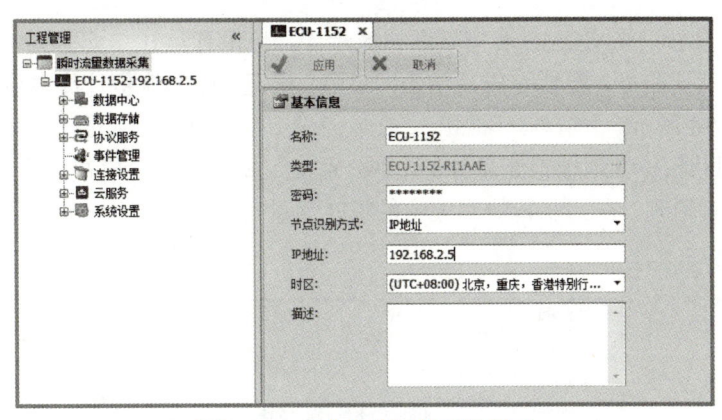

图 2-36 工业智能网关配置界面

工业智能网关配置信息如表 2-10 所示。

表 2-10 工业智能网关配置信息

序号	配置项	说明
1	名称	设备名称
2	类型	工业智能网关型号，这里选择 ECU-1152
3	密码	密码设定，可以为空
4	节点识别方式	设备识别方式，包括 Node ID 和 IP 地址，这里选择 IP 地址
5	Node ID	设备识别方式选择 Node ID 时使用
6	IP 地址	设备识别方式选择 IP 地址时使用，IP 地址根据网络规划设定
7	时区	选择设备所在的时区
8	描述	设备描述，选填

（3）设置端口参数：启用 COM 端口，并对端口参数进行设置，参数信息可参考流量计产品手册。端口号根据实际连接端口确定，本任务启用的是 COM2 端口。该流量计的端口参数：波特率为 9600bit/s，数据位为 8 位，停止位为 1 位。端口配置信息如图 2-37 所示。

图 2-37 端口配置信息

（4）添加流量计：在 COM2 端口下添加流量计，流量计默认单元号为 1，采用单点写入方式，其他参数默认即可，配置完成后单击"应用"按钮，保存流量计终端设备配置。流量计配置信息如图 2-38 所示。

（5）设置流量计：I/O 地址将流量计 I+、I-分别接入模拟量采集模块的 Vin1+、Vin1-接口，根据 I/O 地址设置原则，在工业智能网关中的瞬时流量数据地址应为 40002。瞬时流量地址设置如图 2-39 所示。

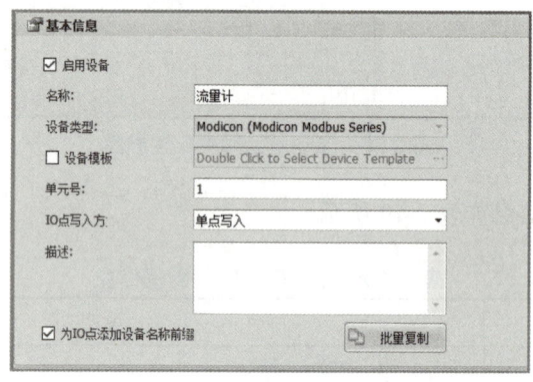

图 2-38 流量计配置信息

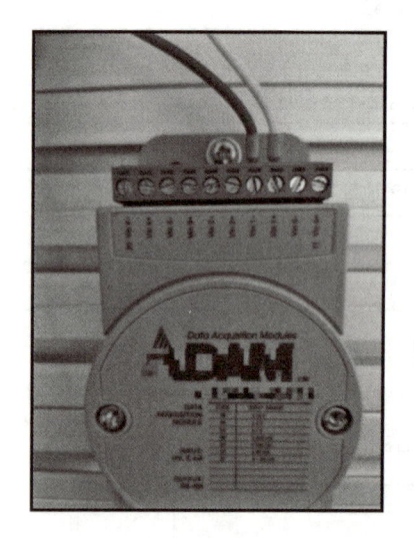

图 2-39 瞬时流量地址设置

（6）搜索在线设备：单击"搜索设备"下拉按钮，在弹出的下拉菜单中选择"在 IP 范围内搜索"选项，软件会自动搜索计算机连接的局域网设备中的网关设备，搜索出来的设备显示在"在线设备"列表中，如图 2-40 所示。

（7）下载工程至工业智能网关：在"工程管理"窗格中单击设备，在任务栏中的"工程"选项卡下单击"下载工程"按钮，弹出"工程下载"窗口。等待工程自动编译，编译完成后，状态显示为"编译成功"，单击"下载"按钮，当最终状态为"重启成功"时，单击"关闭"按钮，如图 2-41 所示。

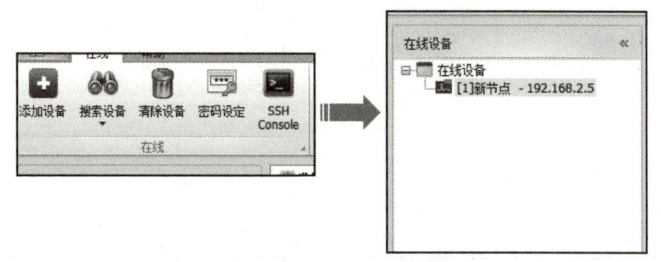

图 2-40　搜索在线设备

图 2-41　下载工程至工业智能网关

（8）在线监测瞬时流量数据：在"在线设备"列表中右击设备，在弹出的快捷菜单中选择"监控"选项，打开"监控"窗口。输入设备密码后，单击"登录"按钮，可在线监测瞬时流量数据，如图 2-42 所示。

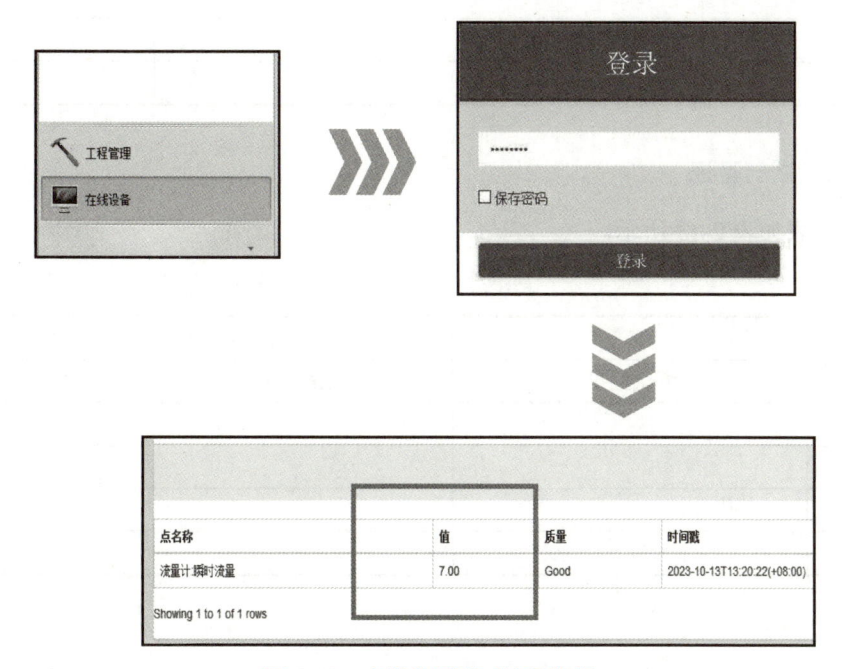

图 2-42　在线监测瞬时流量数据

2.2.5 任务实施

1. 任务分配

任务分配表如表 2-11 所示。

表 2-11 任务分配表

组名		日期	
组训		组长	
成员	任务分工	成员	任务分工

2. 拟定方案

小组成员共同拟定数据采集方案,列出本任务需要用到的设备、参数。任务方案表如表 2-12 所示。

表 2-12 任务方案表

序号	设备	参数	备注

3. 运行测试与验证

运行测试表如表 2-13 所示。

表 2-13 运行测试表

任务名称		测试小组	
测试名称	测试结果	测试人员	存在的问题
安装测试			
硬件测试			
软件测试			
采集测试			

2.2.6　任务总结

任务完成后，学生根据任务实施情况分析存在的问题及其原因，填写任务总结表，指导教师对任务实施情况进行点评。任务总结表如表 2-14 所示。

表 2-14　任务总结表

任务实施过程	存在的问题	解决办法
硬件连接		
软件配置		
数据采集与调试		
其他		

2.2.7　任务评价

任务评价表如表 2-15 所示。

表 2-15　任务评价表

序号	评价内容	自我评价	小组评价	教师评价	评分标准
1	态度端正，工作认真				5
2	遵守安全操作规范				5
3	能熟练、多渠道地查找参考资料				10
4	能熟练地完成项目中的工作任务				30
5	方案优化，选型合理				10
6	能正确回答指导教师的问题				10
7	能在规定时间内完成任务				20
8	能与他人团结协作				5
9	能做好 7S 管理工作				5
	合计				100
	总分				

2.2.8　巩固自测

1. 填空题

（1）在工业企业生产过程中，主要消耗的能源种类有（　　）、（　　）、（　　）。
（2）流量计的常见输出信号类型有（　　）、（　　）、（　　）。
（3）流量计的供电电源一般有（　　）、（　　）等不同形式。
（4）在本任务中，利用流量计采集用水数据的无线采集形式为（　　）和（　　）。
（5）采集水瞬时流量的单位一般为（　　）。

2. 判断题

（1）在用水数据采集监测中，当数据质量显示为 Good 时表示数据采集成功。（ ）
（2）在本任务中，流量计的单元号是固定不变的。（ ）
（3）在对工业智能网关进行参数配置时，节点识别方式可以选择 IP 地址。（ ）
（4）流量计的组装形式一般有一体式和分体式。（ ）

3. 不定项选择题

（1）常用的用水数据采集设备有（   ）。
  A．流量计   B．智能电表   C．智能水表   D．传感器
（2）流量计按监测原理可分为（   ）。
  A．涡轮流量计   B．电磁流量计
  C．超声波流量计   D．差压式流量计
（3）对本任务的端口参数进行配置时，数据位为（   ）位。
  A．8   B．16   C．32   D．64
（4）在流量计技术参数中，DN 代表流量计的（   ）。
  A．精度   B．压力   C．口径   D．流量

2.2.9 任务拓展

课后请同学们尝试对脉冲信号输出的流量计进行数据采集、监控操作。

任务 2.3　车间甲烷排放数据采集

2.3.1 任务描述

在工业生产中，除水和电以外，天然气也是重要的能源之一。甲烷是天然气的主要组成部分，约占 87%。在标准压力的室温环境中，甲烷无色、无味。家用天然气的特殊气味是为了安全而添加的人工气味，常用的添加物是甲硫醇或乙硫醇。甲烷检测广泛应用于石化、煤炭、冶金、化工、矿井、医院、钢铁、市政燃气、环境监测等领域。甲烷的检测不仅涉及能耗，而且对安全起到重要的监控作用。工赋协会本次将在生产现场安装甲烷传感器并对甲烷排放数据进行采集，为安全生产保驾护航。

2.3.2 任务分析

本任务引导学生认识甲烷传感器，了解其分类及接口信息，使学生学会分析主要技术参

数、接线方式,严格遵守电气接线安全守则,能够将甲烷传感器与工业智能网关正确连接,掌握在工业智能网关中配置采集参数的方法,根据产品手册合理配置采集参数,在工业智能网关中成功采集甲烷排放数据。

2.3.3 任务准备

任务准备表如表 2-16 所示。

表 2-16 任务准备表

任务编号	2.3	任务名称	车间甲烷排放数据采集
工具、设备、软件、耗材、资料			
类别	名称		
设备	24V 稳压电源、甲烷传感器、计算机		
网关	浪潮斥候工业智能网关		
耗材	导线若干、网线 1 根		
工具	接线工具		
资料	甲烷传感器产品手册		

2.3.4 知识链接

1. 甲烷传感器

甲烷传感器是用于检测环境中甲烷浓度的仪器,采用高灵敏度的气体检测探头作为核心器件,具有测量范围宽、精度高、线性度好、通用性好、使用方便、便于安装等特点。甲烷传感器及其应用场景如图 2-43 所示。

图 2-43 甲烷传感器及其应用场景

1)甲烷传感器的分类

市面上常见的甲烷传感器按检测原理可分为红外甲烷传感器、激光甲烷传感器、光干涉式甲烷传感器、催化燃烧式甲烷传感器、电催化式甲烷传感器等。不同类型的甲烷传感器如图 2-44 所示。甲烷传感器按输出信号类型可分为 RS485 型甲烷传感器、模拟量型甲烷传感器（4～20mA、0～5V）、无线型甲烷传感器（NB-IoT、LoRa、4G）等。

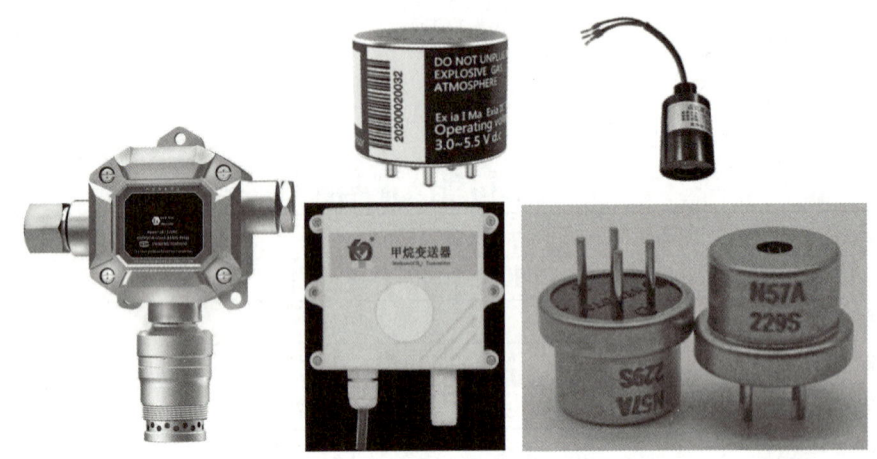

图 2-44 不同类型的甲烷传感器

2）甲烷传感器的应用场景

甲烷传感器广泛应用于工业厂房、煤矿井巷、交通隧道、工厂仓库、冶金工厂等需要监测、控制甲烷浓度的场合。甲烷传感器的应用场景如图 2-45 所示。

图 2-45 甲烷传感器的应用场景

3）接线方式

常见的 RS485 型甲烷传感器和模拟量型甲烷传感器均采用四线制，即两条电源线、两条信号线，如图 2-46 所示。RS485 型甲烷传感器的信号线在接线时需要注意 A、B 两条线不能接反,总线上多台设备间的地址不能冲突。

模拟量型甲烷传感器：
- 棕色线：电源正（DC10~30V）
- 蓝色线：信号正
- 黑色线：电源负
- 绿色线：信号负

RS485型甲烷传感器：
- 棕色线：电源正（DC10~30V）
- 黄色线：485A
- 黑色线：电源负
- 蓝色线：485B

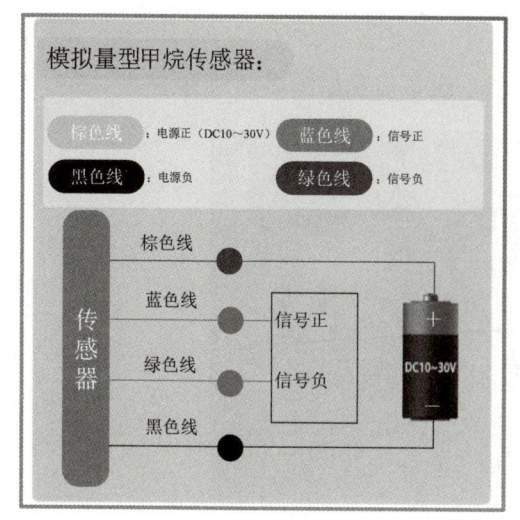

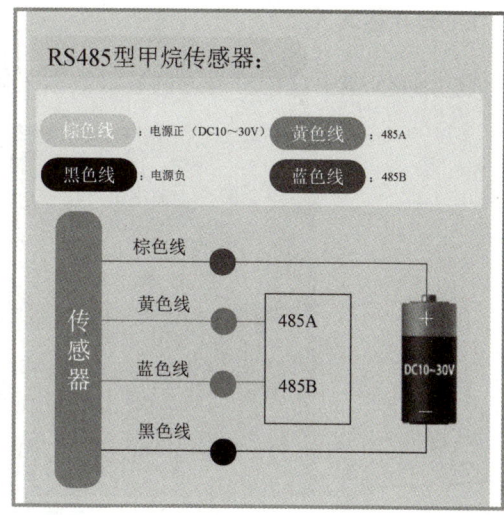

图 2-46　甲烷传感器接线

4）数据采集架构

本任务以 RS485 型甲烷传感器为例进行数据采集。甲烷传感器数据采集架构如图 2-47 所示。当检测到环境中的甲烷时，工业智能网关将接收的数据上传至本地上位机或监控云平台。用户可通过手机、计算机、微信小程序等方式对采集的甲烷排放数据进行实时查看，当数据异常时，系统自动报警通知用户及时处理。

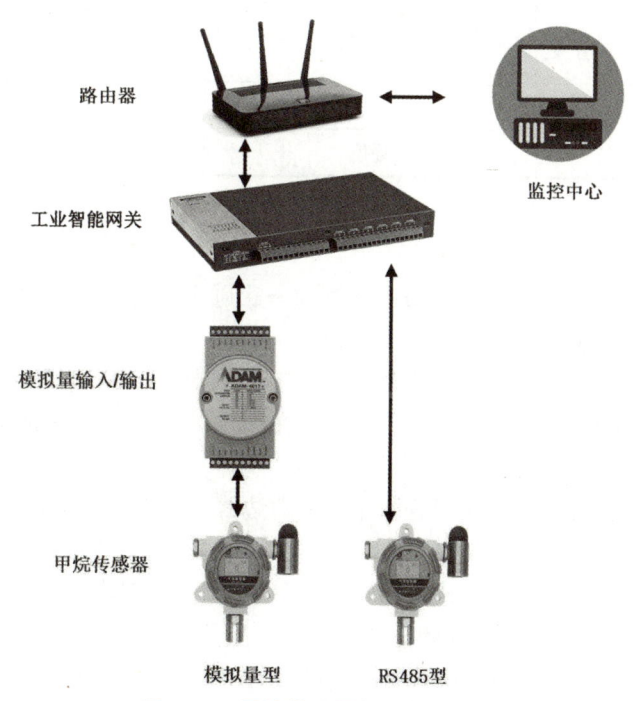

图 2-47　甲烷传感器数据采集架构

2. 采集甲烷排放数据

1）硬件连接

以 RS485 型甲烷传感器为例进行数据采集操作，设备信息如图 2-48 所示。

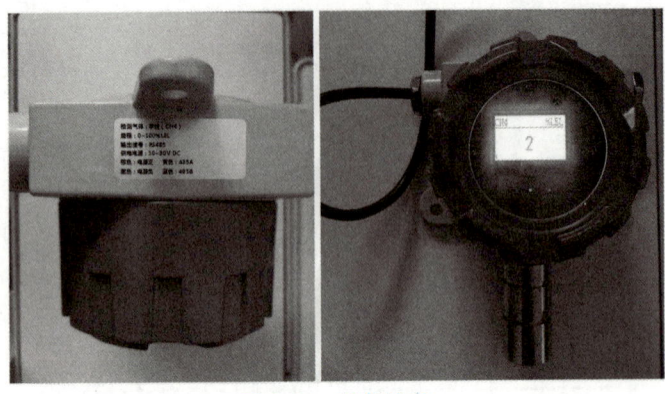

图 2-48　设备信息

电源接口为 10～30V 宽电压直流电源输入，棕色线接电源正，黑色线接电源负，黄色线接工业智能网关 485A，蓝色线接工业智能网关 485B，注意 RS485 两条信号线不能接反。甲烷传感器接线信息如表 2-17 所示。

表 2-17　甲烷传感器接线信息

分类	线色	说明
电源线	棕色	电源正（DC10～30V）
	黑色	电源负
信号线	黄色	485A
	蓝色	485B

2）软件配置

将甲烷传感器、工业智能网关、路由器等设备正确接入电路，登录工业智能网关的配置和管理界面，观测实时采集数据，关键步骤如下。

（1）网络设置：将工业智能网关的 WAN 口与路由器的 LAN 口相连，将工业智能网关的 LAN 口与计算机网口相连。WAN 口与 LAN 口处在不同的网段中，保证工业智能网关与计算机正常通信，如图 2-49 所示。

（2）开启边缘计算引擎：进入工业智能网关的边缘计算选项，选择 Python 边缘计算引擎并启动，如图 2-50 所示。

（3）添加甲烷传感器设备：单击"边缘计算"→"设备监控"，进入"设备列表"页面，在设备列表中单击"添加"按钮，在弹出的对话框中配置甲烷传感器的通信参数。单击"测点监控"右边的+号，增加控制器，填入甲烷传感器设备的通信协议及参数，详细配置信息如图 2-51 所示。

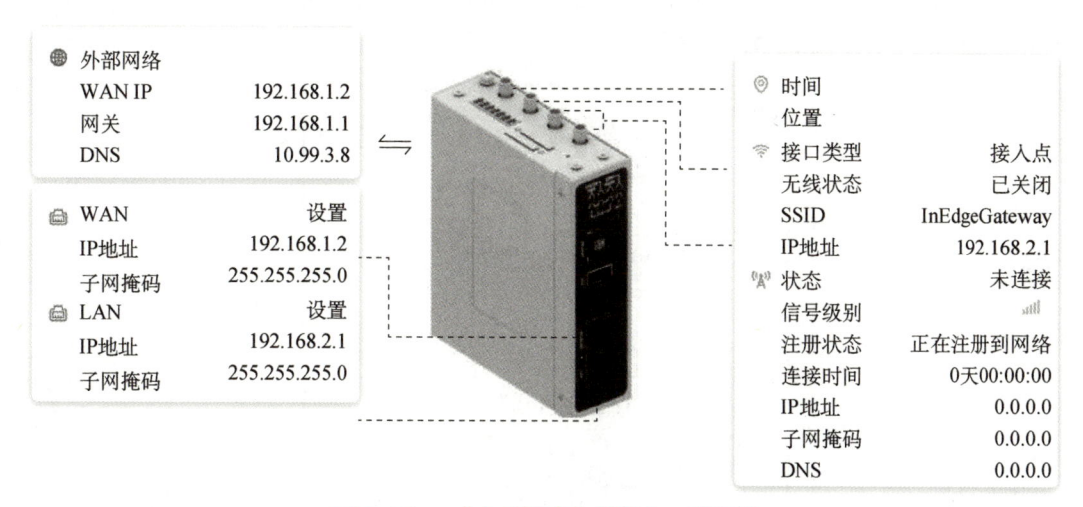

项目 2　节能减排—智能工厂能耗数据采集—绿色低碳

外部网络	
WAN IP	192.168.1.2
网关	192.168.1.1
DNS	10.99.3.8

WAN	设置
IP地址	192.168.1.2
子网掩码	255.255.255.0

LAN	设置
IP地址	192.168.2.1
子网掩码	255.255.255.0

时间	
位置	
接口类型	接入点
无线状态	已关闭
SSID	InEdgeGateway
IP地址	192.168.2.1

状态	未连接
信号级别	
注册状态	正在注册到网络
连接时间	0天00:00:00
IP地址	0.0.0.0
子网掩码	0.0.0.0
DNS	0.0.0.0

图 2-49　工业智能网关与计算机正常通信

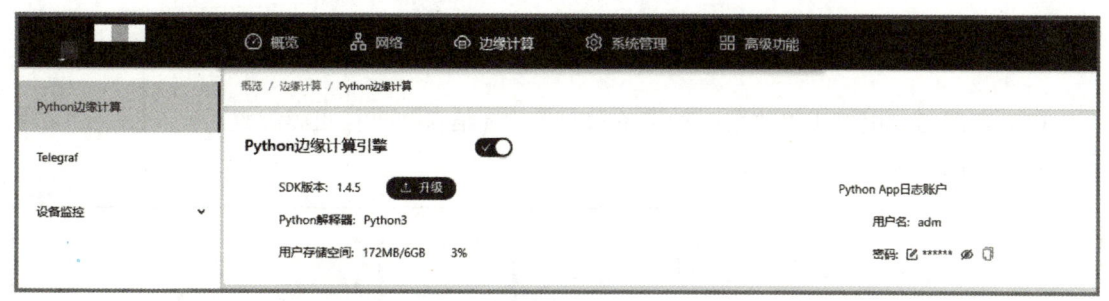

图 2-50　开启边缘计算引擎

图 2-51　甲烷传感器配置界面

（4）添加采集变量：在"设备列表"页面的变量列表中单击"添加"按钮，在弹出的对话框中配置变量参数，如图 2-52 所示。

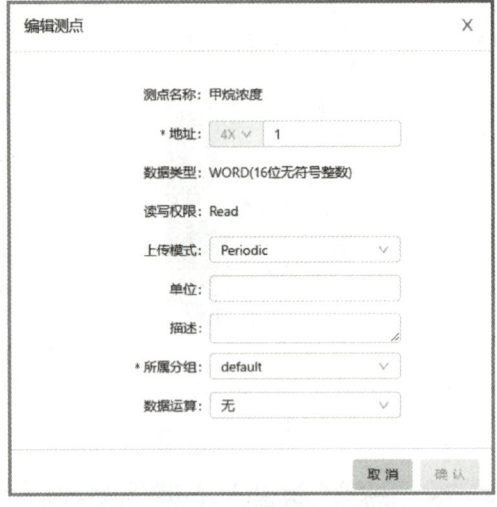

图 2-52　添加采集变量

（5）在线监测甲烷排放数据：对设备和变量的通信参数进行正确配置后，在测点列表中即可在线监测甲烷排放数据，如图 2-53 所示。

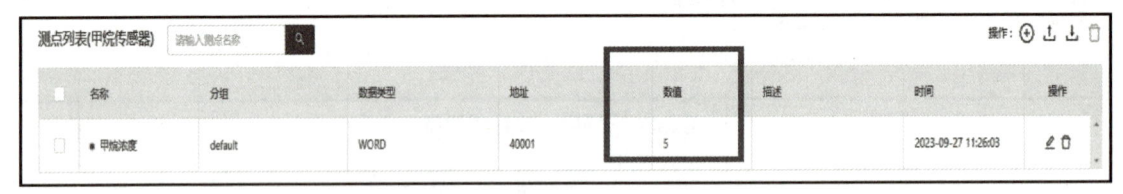

图 2-53　在线监测甲烷排放数据

2.3.5　任务实施

1. 任务分配

任务分配表如表 2-18 所示。

表 2-18　任务分配表

组名		日期	
组训		组长	
成员	任务分工	成员	任务分工

2. 拟定方案

小组成员共同拟定数据采集方案，列出本任务需要用到的设备、参数。任务方案表如表 2-19 所示。

表 2-19　任务方案表

序号	设备	参数	备注

3. 运行测试与验证

运行测试表如表 2-20 所示。

表 2-20　运行测试表

任务名称		测试小组	
测试名称	测试结果	测试人员	存在的问题
安装测试			
硬件测试			
软件测试			
采集测试			

2.3.6　任务总结

任务完成后，学生根据任务实施情况分析存在的问题及其原因，填写任务总结表，指导教师对任务实施情况进行点评。任务总结表如表 2-21 所示。

表 2-21　任务总结表

任务实施过程	存在的问题	解决办法
硬件连接		
软件配置		
数据采集与调试		
其他		

2.3.7 任务评价

任务评价表如表 2-22 所示。

表 2-22 任务评价表

序号	评价内容	自我评价	小组评价	教师评价	评分标准
1	态度端正，工作认真				5
2	遵守安全操作规范				5
3	能熟练、多渠道地查找参考资料				10
4	能熟练地完成项目中的工作任务				30
5	方案优化，选型合理				10
6	能正确回答指导教师的问题				10
7	能在规定时间内完成任务				20
8	能与他人团结协作				5
9	能做好 7S 管理工作				5
	合计				100
	总分				

2.3.8 巩固自测

1. 填空题

（1）用于检测环境中甲烷浓度的设备是（　　　　）。
（2）采集 RS485 通信格式的信号线有（　　　　）条。
（3）甲烷传感器的检测核心器件是（　　　　）。
（4）甲烷传感器的响应时间不应大于（　　　　）。

2. 判断题

（1）采集 RS485 通信格式的两条信号线没有顺序要求。（　　）
（2）甲烷传感器在井下连续运行 6～12 个月后，必须进行全面检修。（　　）
（3）甲烷传感器的零点调校和精度调校可以合并进行，无须分开操作。（　　）
（4）甲烷传感器可以用于检测煤矿中的其他可燃性气体。（　　）

3. 不定项选择题

（1）甲烷传感器按照检测原理可分为（　　　　）。
　　A．红外甲烷传感器
　　B．激光甲烷传感器
　　C．催化燃烧式甲烷传感器
　　D．电催化式甲烷传感器

（2）甲烷传感器按照输出信号类型可分为（　　）。
　　A．RS485 型甲烷传感器　　　　　　　B．有线型甲烷传感器
　　C．模拟量型甲烷传感器　　　　　　　D．无线型甲烷传感器
（3）RS485 型甲烷传感器的信号线有（　　）条。
　　A．1　　　　　　B．2　　　　　　C．3　　　　　　D．4
（4）在甲烷传感器的通信参数中，数据位通常为（　　）位。
　　A．4　　　　　　B．6　　　　　　C．8　　　　　　D．10

2.3.9　任务拓展

请同学们参考 RS485 型甲烷传感器的数据采集步骤，对 4～20mA 模拟量信号输出的模拟量型甲烷传感器进行数据采集。

任务 2.4　车间二氧化碳排放数据采集

2.4.1　任务描述

二氧化碳是温室气体的主要组成部分，减少其排放量被视为解决气候问题的主要途径，如何减少碳排放也成为全球性议题。2020 年 9 月，我国正式明确提出 2030 年"碳达峰"与 2060 年"碳中和"的目标，即到 2030 年，二氧化碳排放量不再增长，达到峰值；到 2060 年，实现二氧化碳排放量与二氧化碳吸收量的平衡。"双碳"目标是指碳达峰和碳中和。碳达峰就是指在某一个时间节点，二氧化碳排放量不再增长，达到峰值，之后逐步回落，即碳开始中和。工赋协会将本任务定为二氧化碳传感器的实施部署，使学生通过对二氧化碳排放数据进行采集切身感受"双碳"目标的推进实施。

2.4.2　任务分析

本任务引导学生认识二氧化碳传感器，了解其分类及接口信息，使学生学会分析主要技术参数、接线方式，掌握在工业智能网关中配置采集参数的方法，严格遵守电气接线安全守则，能够将二氧化碳传感器与工业智能网关正确连接，在工业智能网关中采集二氧化碳排放数据。

2.4.3　任务准备

任务准备表如表 2-23 所示。

表 2-23　任务准备表

任务编号	2.4	任务名称	车间二氧化碳排放数据采集
工具、设备、软件、耗材、资料			
类别	名称		
设备	24V 稳压电源、二氧化碳传感器、计算机		
网关	工业智能网关 ECU-1152		
耗材	导线若干、网线 2 根		
工具	接线工具		
软件	Advantech EdgeLink Studio		
资料	二氧化碳传感器产品手册		

2.4.4　知识链接

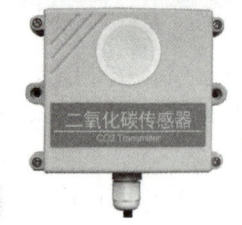

1. 二氧化碳传感器

二氧化碳传感器是用于检测环境中二氧化碳浓度的仪器，如图 2-54 所示。目前，二氧化碳传感器已广泛应用于工业、农业、国防、医疗卫生、环境保护、航空航天等领域。二氧化碳传感器的应用场景如图 2-55 所示。

二氧化碳传感器按照输出信号的不同可分为 RS485 型二氧化碳传感器、模拟量型二氧化碳传感器、Wi-Fi 型二氧化碳传感器、4G 型二氧化碳传感器、NB-IoT/LoRa 二氧化碳传感器等。不同信号类型的二氧化碳传感器如表 2-24 所示。具体每种类型二氧化碳传感器的特点可参考产品说明书，请同学们自行查阅。

图 2-54　二氧化碳传感器

图 2-55　二氧化碳传感器的应用场景

表 2-24 不同信号类型的二氧化碳传感器

信号类型	传输方式	特点
RS485 型	RS485	标准 Modbus RTU 通信协议，通信地址及波特率可设置，设备 10～30V 宽电压供电，外壳防护等级高
模拟量型	4～20mA、0～10V、0～5V	模拟量信号输出，4～20mA、0～10V、0～5V 可选，设备 10～30V 宽电压供电，外壳防护等级高，能适应现场各种恶劣条件
Wi-Fi 型	Wi-Fi	利用已架设好的 Wi-Fi 通信网络实现数据采集和传输，以达到数据集中监控的目的
4G 型	4G	支持移动/联通/电信，4G 信号传输，信号稳定
NB-IoT/LoRa	无线网络	无线传输、低功耗，可随时登录平台查看数据

数据采集系统架构主要由设备层、采集控制层、网络层、监控层四部分构成。方案一：二氧化碳传感器将采集到的数据通过有线方式传送至相应的 LoRa 采集终端，LoRa 采集终端将数据汇总至 LoRa 集中器，LoRa 集中器将数据统一转发至工业智能网关，工业智能网关通过交换机将数据上传至工业互联网平台。方案二：二氧化碳传感器将采集到的数据通过模拟量采集模块上传至工业智能网关，工业智能网关通过有线形式将数据上传至工业互联网平台。方案三：工业智能网关将接收的数据通过 4G 无线形式上传至工业互联网平台。二氧化碳排放数据采集方案如图 2-56 所示。

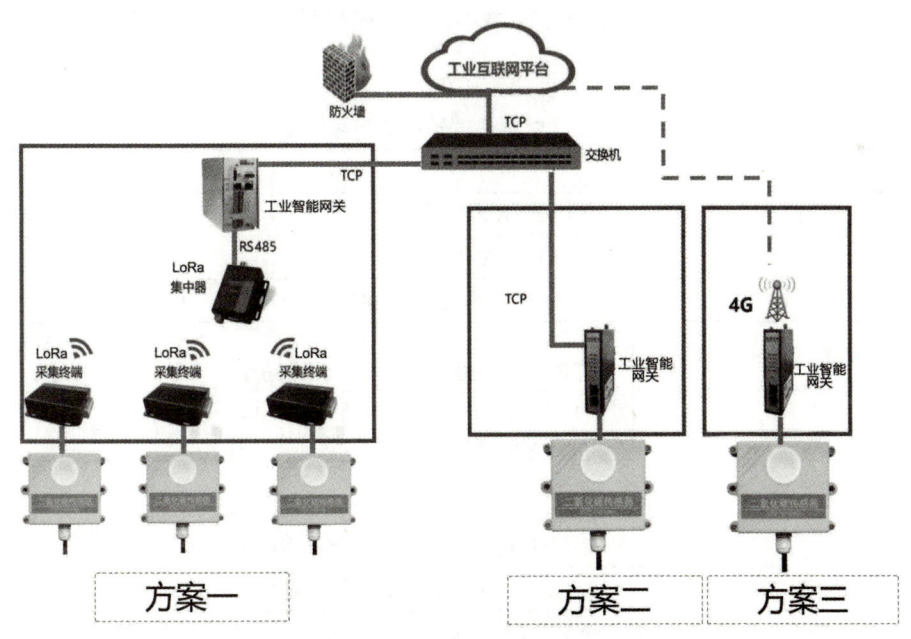

图 2-56 二氧化碳排放数据采集方案

2. 采集二氧化碳排放数据

1）硬件连接

以红外二氧化碳传感器为例，该传感器采用模拟量信号输出形式，需要通过模拟量采集模块采集数据并将其传送至工业智能网关。以方案二为例进行数据采集操作。本任务采用的采集终端设备如图 2-57 所示。

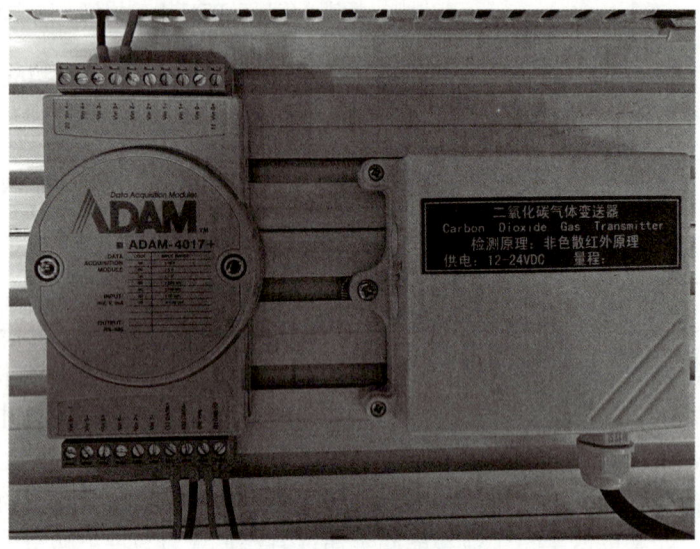

图 2-57 本任务采用的采集终端设备

本任务采用的红外二氧化碳传感器准确度高、漂移小、寿命长、测量范围宽（默认为 0～5000ppm），自带温度补偿功能，受温度影响小，采用模拟量 4～20mA 电流输出形式。二氧化碳传感器的技术参数如表 2-25 所示。

表 2-25 二氧化碳传感器的技术参数

技术参数	说明
功耗	0.3W（DC24V）
供电	DC10～30V（平均电流<85mA）
输出方式	0～10V（24V 及以上供电）/0～5V/4～20mA
测量范围	0～5000ppm（默认） 可选：0～2000ppm，0～10000ppm
精度	0～1000ppm：±(50ppm+5% F·S)（25℃） 0～5000ppm：±(50ppm+3% F·S)（25℃） 高精度： 0～1000ppm：±(50ppm+5% F·S)（25℃） 0～5000ppm：±(50ppm+3% F·S)（25℃）
系统预热时间	2min（可用）、10min（最大精度）
响应时间	90%阶跃变化时一般小于 90s
稳定性	<2%F·S
非线性	<1%F·S
分辨率	1ppm
工作环境	−10～+50℃，0～95%RH 非结露
数据更新时间	2s

二氧化碳传感器采用三线制输出形式,红色线接直流 24V 电源正,黑色线接直流 24V 电源负,黄色线为二氧化碳信号线,连接模拟量采集模块端口 Vin2+,如图 2-58 所示。

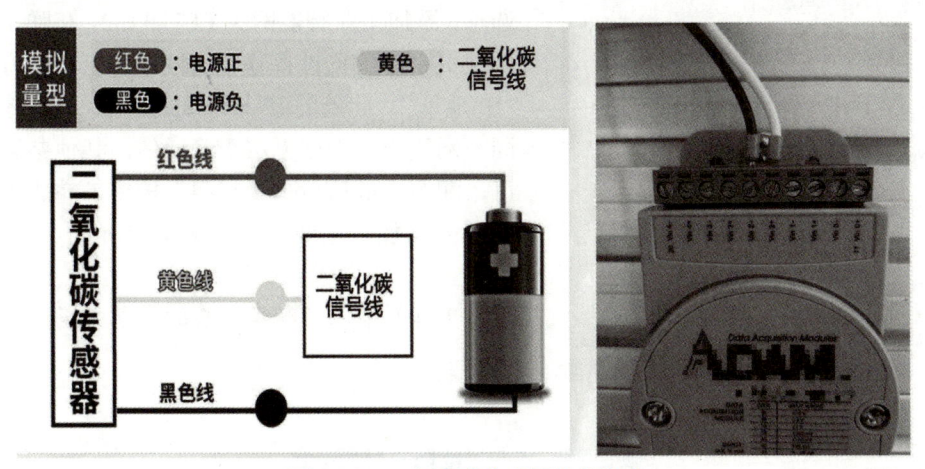

图 2-58 二氧化碳传感器接线方式

注意:接线前要关闭电源,只有按照正确的方式接线才可建立通信;要确保电源线与信号线不要接错,否则不仅无法采集数据,而且可能会损坏设备。

2)软件配置

在 Advantech EdgeLink Studio 软件中采集二氧化碳排放数据,关键步骤如下。

(1)新建二氧化碳传感器数据采集工程:在任务栏中的"工程"选项卡下单击"新建工程"按钮,在弹出的对话框中输入工程名称"二氧化碳传感器数据采集",其他参数默认即可,如图 2-59 所示。创建成功后会在存放路径下生成以 acproj 为扩展名的文件。

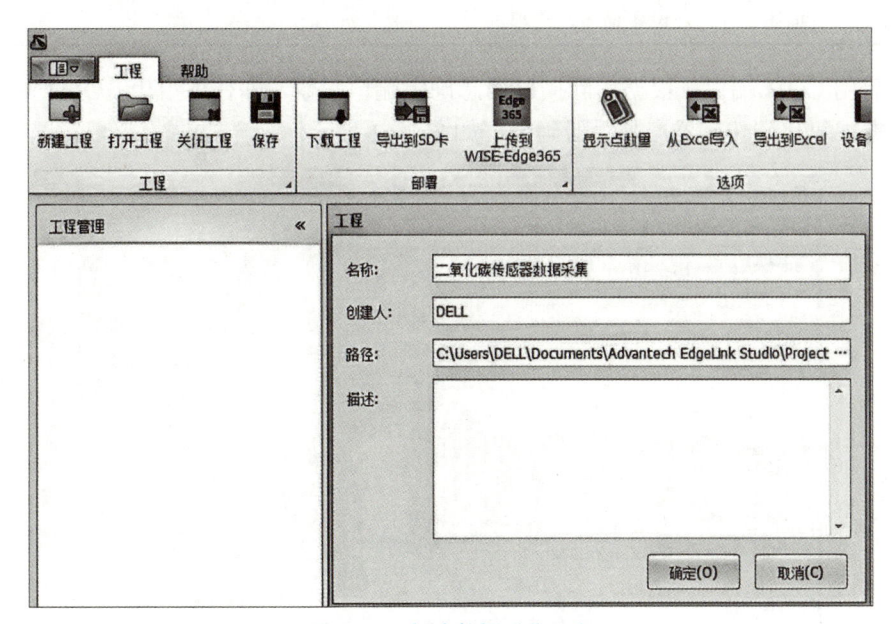

图 2-59 新建数据采集工程

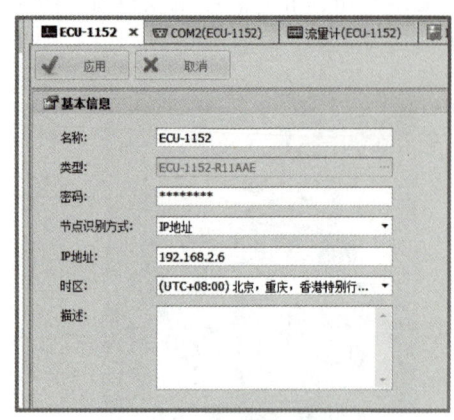

图 2-60 工业智能网关配置界面

（2）添加工业智能网关：在"工程管理"窗格中右击工程，在弹出的快捷菜单中选择"添加设备"选项，添加工业智能网关 ECU-1152。在弹出的设备属性页中，配置设备基本属性，节点识别方式选择"IP 地址"，此处的 IP 地址要与计算机 IP 地址处在同一网段中，否则无法正确通信，其他参数默认即可，配置完成后单击"应用"按钮，完成工业智能网关的添加。工业智能网关配置界面如图 2-60 所示。

工业智能网关配置参数如表 2-26 所示。

表 2-26 工业智能网关配置参数

序号	配置项	说明
1	名称	设备名称
2	类型	工业智能网关型号，这里选择 ECU-1152
3	密码	设定密码，可以为空
4	节点识别方式	设备识别方式，包括 Node ID 和 IP 地址，这里选择 IP 地址
5	Node ID	设备识别方式选择 Node ID 时使用
6	IP 地址	设备识别方式选择 IP 地址时使用，IP 地址根据网络规划设定
7	时区	选择设备所在的时区
8	描述	设备描述，选填

（3）启用 COM 端口：根据实际接口信息确定端口参数，本任务启用 COM1 端口。端口参数可根据二氧化碳传感器产品手册确定，如图 2-61 所示。

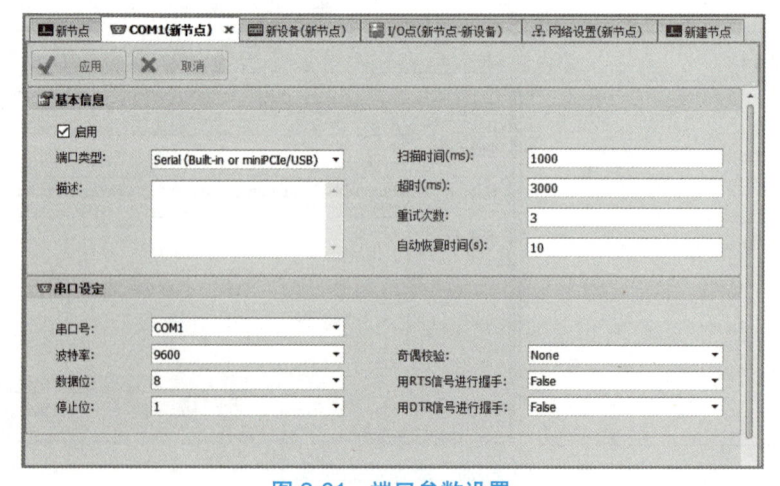

图 2-61 端口参数设置

(4）添加二氧化碳传感器设备：在 COM1 端口下添加二氧化碳传感器设备，二氧化碳传感器单元号为 2，采用单点写入方式，其他参数默认即可，如图 2-62 所示。

(5）设置采集地址：将二氧化碳传感器接到模拟量采集模块的 Vin2+、Vin2- 接口，工业智能网关中的二氧化碳数据寄存器地址应为 40003，如图 2-63 所示。

图 2-62　添加二氧化碳传感器

图 2-63　设置数据采集地址

(6）搜索在线设备：单击"搜索设备"下拉按钮，在弹出的下拉菜单中选择"在 IP 范围内搜索"选项，软件会自动搜索计算机连接的局域网设备中的网关设备，搜索出来的设备显示在"在线设备"列表中，如图 2-64 所示。

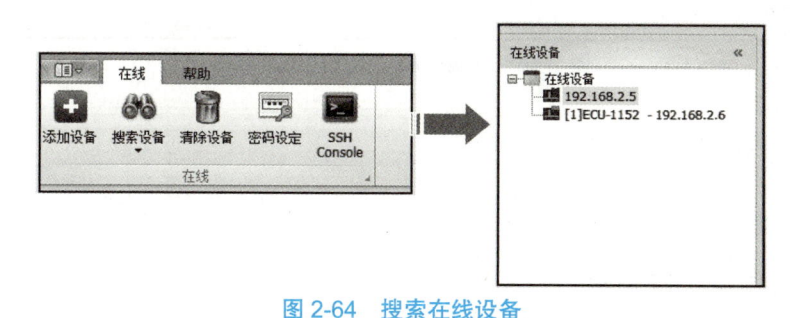

图 2-64　搜索在线设备

（7）下载工程至工业智能网关：在任务栏中的"工程"选项卡下单击"下载工程"按钮，弹出"工程下载"窗口。等待工程自动编译，编译完成后，状态显示为"编译成功"，单击"下载"按钮，当最终状态为"重启成功"时，单击"关闭"按钮，如图 2-65 所示。

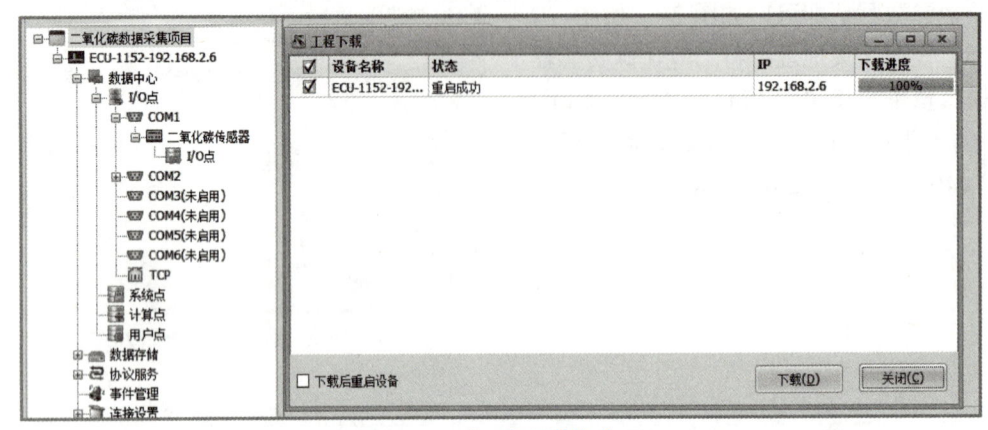

图 2-65　"工程下载"窗口

（8）在线监测二氧化碳排放数据：在"在线设备"列表中右击设备，在弹出的快捷菜单中选择"监控"选项，打开"监控"窗口。输入设备密码，单击"登录"按钮，进入 I/O 模块即可在线监测二氧化碳排放数据，如图 2-66 所示。

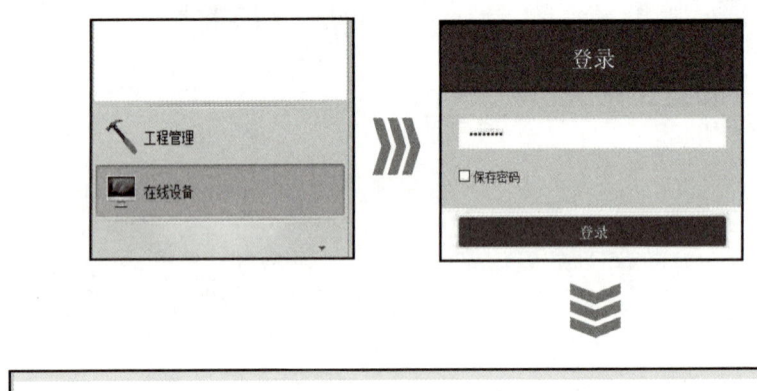

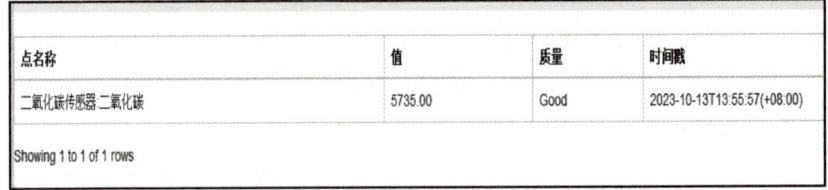

图 2-66　在线监测二氧化碳排放数据

2.4.5　任务实施

1. 任务分配

任务分配表如表 2-27 所示。

表 2-27　任务分配表

组名			日期	
组训			组长	
成员	任务分工		成员	任务分工

2. 拟定方案

小组成员共同拟定数据采集方案，列出本任务需要用到的设备、参数。任务方案表如表 2-28 所示。

表 2-28　任务方案表

序号	设备	参数	备注

3. 运行测试与验证

运行测试表如表 2-29 所示。

表 2-29　运行测试表

任务名称		测试小组	
测试名称	测试结果	测试人员	存在的问题
安装测试			
硬件测试			
软件测试			
采集测试			

2.4.6　任务总结

任务完成后，学生根据任务实施情况分析存在的问题及其原因，填写任务总结表，指导教师对任务实施情况进行点评。任务总结表如表 2-30 所示。

表 2-30 任务总结表

任务实施过程	存在的问题	解决办法
硬件连接		
软件配置		
数据采集与调试		
其他		

2.4.7 任务评价

任务评价表如表 2-31 所示。

表 2-31 任务评价表

序号	评价内容	自我评价	小组评价	教师评价	评分标准
1	态度端正，工作认真				5
2	遵守安全操作规范				5
3	能熟练、多渠道地查找参考资料				10
4	能熟练地完成项目中的工作任务				30
5	方案优化，选型合理				10
6	能正确回答指导教师的问题				10
7	能在规定时间内完成任务				20
8	能与他人团结协作				5
9	能做好 7S 管理工作				5
	合计				100
	总分				

2.4.8 巩固自测

1. 填空题

（1）我国提出的"双碳"目标是指（　　）、（　　）。
（2）二氧化碳传感器采用的通信协议为（　　）。
（3）由二氧化碳传感器的技术参数可知，稳定性应小于（　　）F·S。
（4）在标准通信协议中，寄存器地址一般采用（　　）进制。

2. 判断题

（1）二氧化碳传感器接线时，红色线一般接电源负极。　　　　　　　　　　（　　）
（2）二氧化碳传感器采用的通信协议为 Modbus-TCP。　　　　　　　　　　（　　）

（3）在对二氧化碳数据进行采集监测时，工业智能网关的 IP 地址和计算机 IP 地址要设置在不同网段中。（ ）

（4）在对二氧化碳数据采集工程进行参数修改后，需要将工程重新下载到工业智能网关中。（ ）

3. 不定项选择题

（1）RS485 型二氧化碳传感器采用（ ）线制。
  A．1   B．2   C．3   D．4

（2）二氧化碳传感器按照检测原理可分为（ ）。
  A．催化剂二氧化碳传感器 B．半导体二氧化碳传感器
  C．电化学二氧化碳传感器 D．红外二氧化碳传感器

（3）二氧化碳传感器按照输出信号类型可分为（ ）。
  A．RS485 型二氧化碳传感器 B．有线型二氧化碳传感器
  C．模拟量型二氧化碳传感器 D．无线型二氧化碳传感器

（4）工业数据采集架构通常分为四层，即（ ）。
  A．设备层 B．采集控制层 C．网络层 D．监控层

（5）二氧化碳的量程为 0～5000ppm，4～20mA 输出，当输出信号为 12mA 时，二氧化碳浓度为（ ）ppm。
  A．2000 B．2500 C．3000 D．3500

2.4.9 任务拓展

企业案例：某水泥企业数字化改造项目。

1. 项目概况

某水泥企业近期借助移动互联网、物联网等技术实现了材料、能源、工艺、设备运行、投入产出等数据的实时自动采集、生产运行智能监控与智能分析、生产资源集中调度管理，逐步建成了智能工厂，取得了显著的节能减排效果。

2. 应用效果

（1）节能减排：能源消耗减少 3%～5%，减排二氧化碳约 16.1×10^4 t、二氧化硫约 1060 t、粉尘约 1.61×10^4 t。

（2）智能物流：实现物流的无人值守，大大节省人力、降低企业成本，并且堵塞人为漏洞。

（3）实时采集：企业设备采用集中调度、远程智能监控方法，通过大数据智能分析实现预警。

项目 3　安环管控—智能工厂安环数据采集—安全生产

项目情境

安全生产是企业管理的重点任务。工厂的安全环境监测对员工人身安全和企业生产安全至关重要。工业数据的采集如何在安全生产和环境检测中发挥价值？工业企业的安全体系应该如何建立？本项目工赋协会将带着这些问题去现场解决工业企业的安全问题。某企业的智慧化工园区平台管理系统如图 3-1 所示。

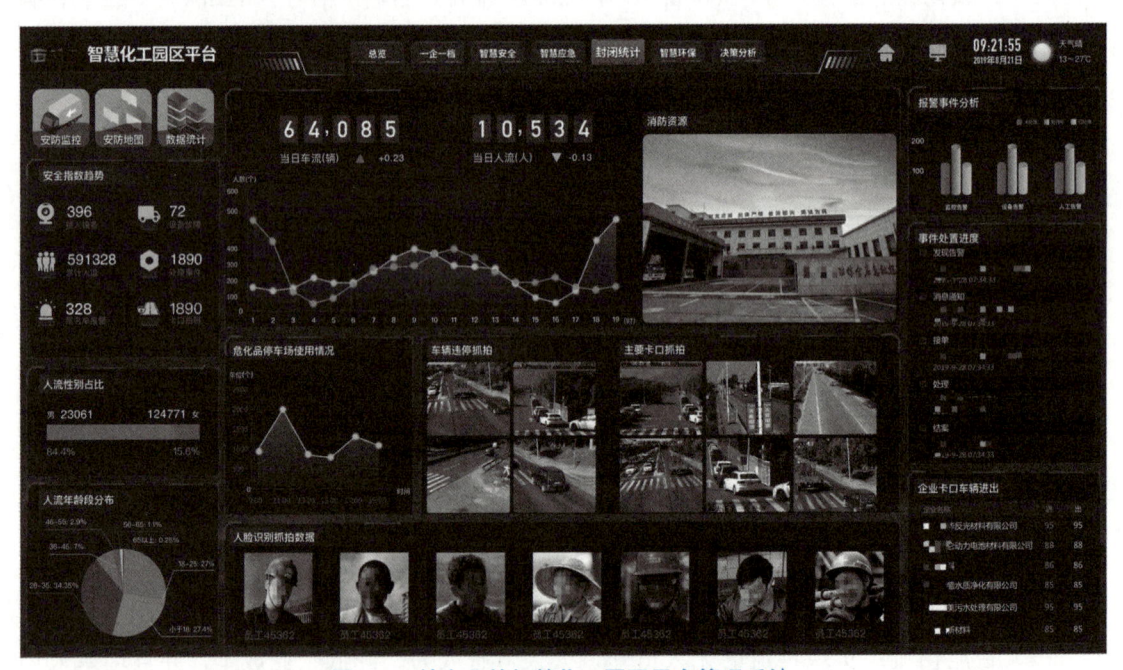

图 3-1　某企业的智慧化工园区平台管理系统

项目 3　安环管控—智能工厂安环数据采集—安全生产

项目要求

本任务引导学生了解制造业现场存在的安全和环境问题，并查找相应的解决方案，熟悉智能工厂中安环监控流程，能够利用常用的安环数据采集设备完成安环数据采集任务。

项目目标

1. 知识目标

（1）了解智能工厂中安环监控设备。
（2）掌握智能工厂中安环数据采集的方法。
（3）掌握智能工厂中安环数据采集的软件配置。

2. 能力目标

（1）能够正确识别智能工厂中安环数据采集设备。
（2）能够正确连接工业智能网关与传感器采集接口。
（3）能够完成智能工厂安环数据采集及存储。

3. 素质目标

（1）具备网络安全文明生产、现场精益管理、精益求精的工匠精神。
（2）具备沟通能力、团队协作能力、举一反三能力和实践创新能力。
（3）具备爱岗敬业的职业素养和数智化思维意识。

知识图谱

本项目的知识图谱如图 3-2 所示。

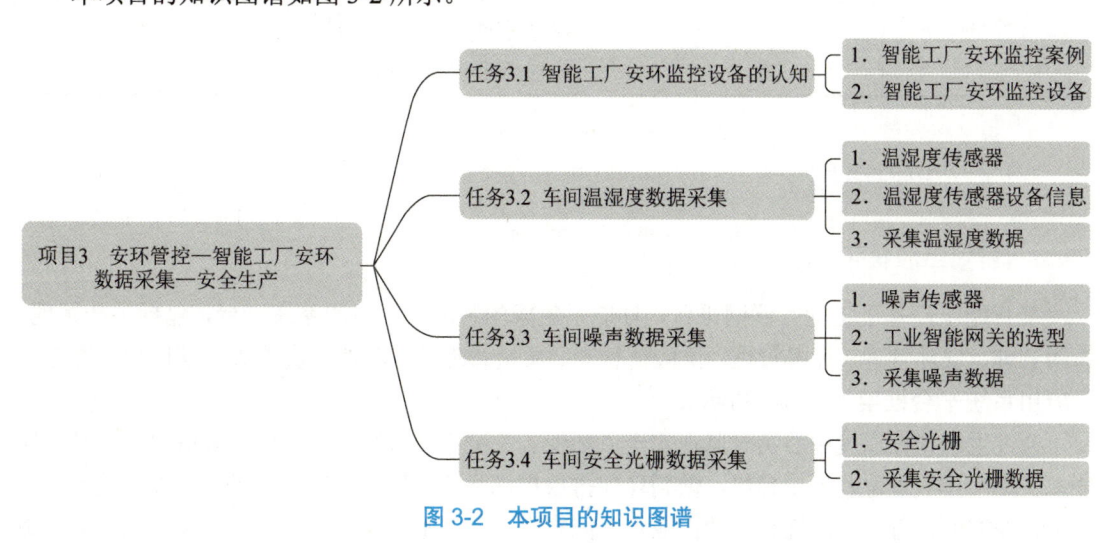

图 3-2　本项目的知识图谱

任务 3.1　智能工厂安环监控设备的认知

3.1.1　任务描述

对企业的安全和环境进行监测是智能工厂中的一个重要组成部分,它主要是指通过传感器和数据采集设备,对工厂安全和环境情况进行实时监测,并在发现异常时发出警告,确保人身安全。工赋协会成员在去企业实地考察前,需要对企业安环监控设备和典型案例有初步的了解。

3.1.2　任务分析

本任务引导学生学习数字化转型安环监控典型案例,关注安环监控的实施过程,了解加工车间的安环监控设备和安全告警装置,使学生对智能工厂安环监控设备有初步的认知。

3.1.3　任务准备

任务准备表如表 3-1 所示。

表 3-1　任务准备表

任务编号	3.1	任务名称	智能工厂安环监控设备的认知
工具、设备、软件、耗材、资料			
类别	名称		
资料	工业互联网设备数据采集教材		
	实训室安环监控设备及材料		
	安环监控案例素材		

3.1.4　知识链接

1. 智能工厂安环监控案例

某智能工厂基于工业互联网平台,打造了集成的智能工厂应用系统平台,包括生产管理、能源管理、安环管理、设备管理、供应链管理、质检管理、智能辅助决策等多端应用。智能工厂应用系统平台框架如图 3-3 所示。

通过生产指挥调度中心实时监视安全、环保、关键工艺参数、全厂概貌等情况,实时监控废水、废气排放点位及历史趋势,做到环保排放指标联防联控,杜绝环保风险事故的发生。在安全管控方面,每天危险性较大的作业点都能实时显示在地图上,对作业单位和安全防护措施落实进行监督,提高安全监管的时效性和针对性。生产指挥调度中心可视化看板如图 3-4 所示。

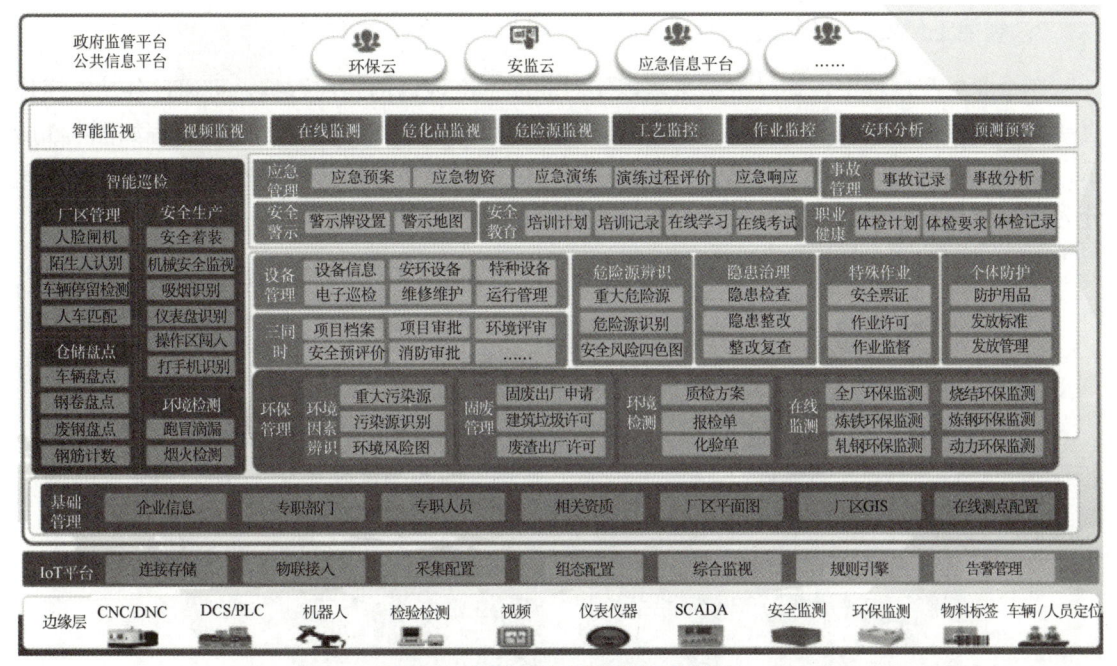

图 3-3 智能工厂应用系统平台框架

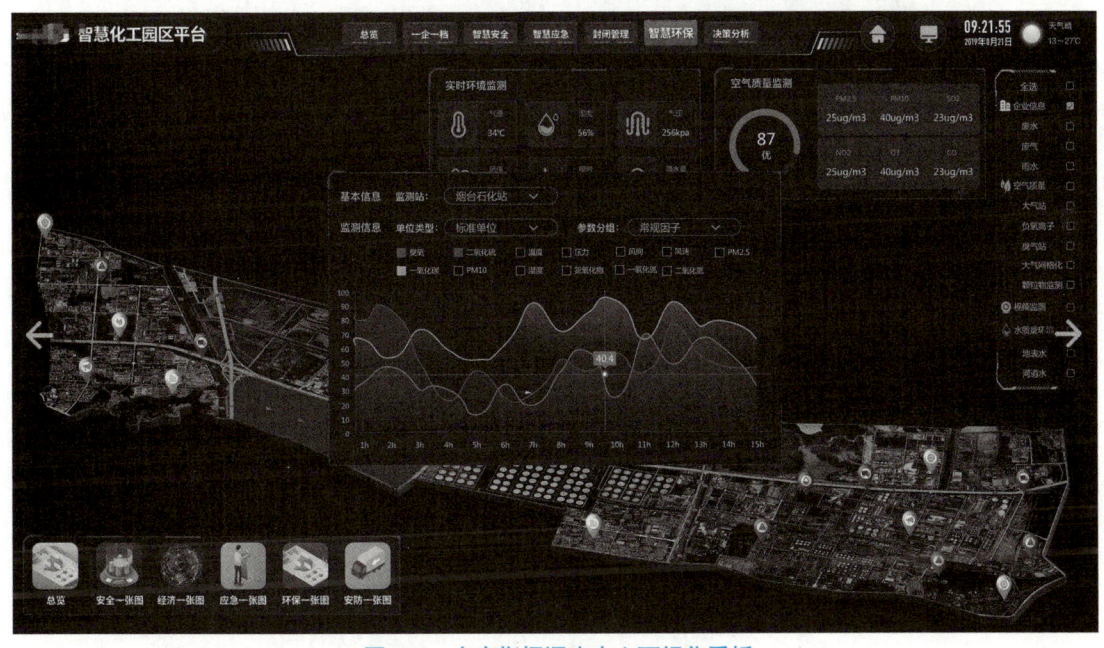

图 3-4 生产指挥调度中心可视化看板

结合 GIS 地图构建全厂重要安环监控点，异常自动报警；通过智能监视及安全环保检查等手段预防事故发生；通过对危险源及环境因素的管控确保安环要素受控；与设备、生产、库存、人力资源等企业生产经营活动有机融合，实现安全预防，减小事故发生的概率，让生产更安全可靠。安环管理数字化减小了安环事故发生的概率，提高了企业的应急反应能力。

2. 智能工厂安环监控设备

在企业生产过程中，通过数据采集能实时获取生产现场的当前数据，可通过各功能模块直接对各数据进行采集监控，实现现场数据的实时感知。某加工车间的生产流程如图 3-5 所示。该加工车间用到了哪些传感器？哪些属于环境监测设备？哪些属于安全告警装置？下面分为环境监测设备和安全告警装置两个部分进行介绍。

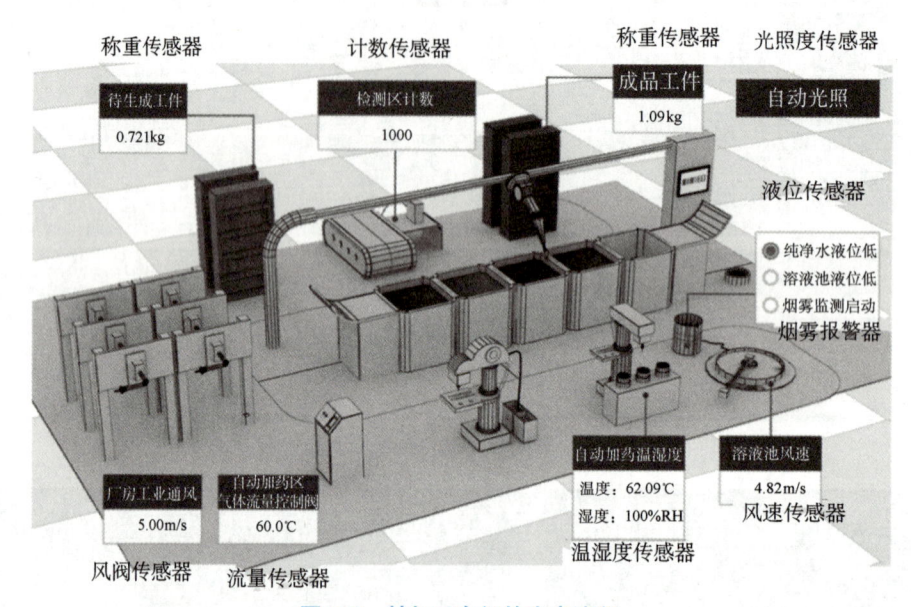

图 3-5 某加工车间的生产流程

1）智能工厂环境监测设备

（1）温湿度传感器：温湿度是日常生活和生产活动中非常重要的环境指标之一。人和设备都需要处于适当的温湿度环境，以确保人的舒适性和设备的良好运行。温湿度传感器是常用的温湿度检测设备。温湿度传感器通常通过模拟或数字接口与数据采集设备连接。模拟接口使用模拟电压输出来表示温度和湿度值，而数字接口提供数字信号输出。将采集的温湿度数据接入温湿度检测系统，可以完成智能控制、故障预警、远程管理等工作。温湿度检测系统如图 3-6 所示。

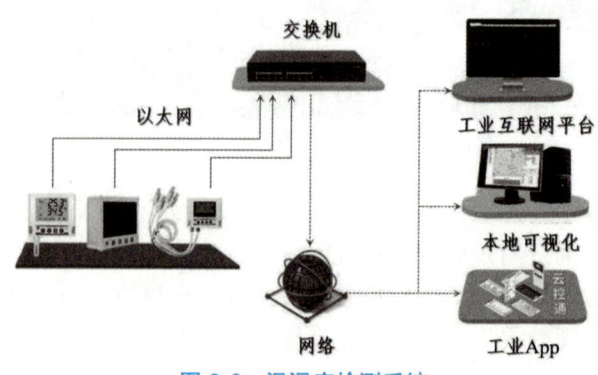

图 3-6 温湿度检测系统

（2）粉尘传感器：粉尘传感器是一种能够检测环境中粉尘浓度的仪器。在工业生产过程中，如果产生的粉尘浓度过高，则将对车间内环境和工人健康造成严重影响。不同厂房有不同的粉尘浓度要求，大部分场所要求粉尘浓度在 0.5～4mg/m^3，一般工作场所粉尘浓度不得超过 10mg/m^3。粉尘传感器能够帮助企业实时监控生产车间内的粉尘浓度，确保安全生产和方便进行环境保护。根据不同场所的需求，粉尘传感器有多种信号输出方式。粉尘浓度检测仪（传感器）是粉尘检测系统的数据采集层，它能够通过有线或无线通信方式对车间内的粉尘浓度进行快速、高精度检测，并通过液晶屏在现场高清显示数值。粉尘检测系统如图 3-7 所示。

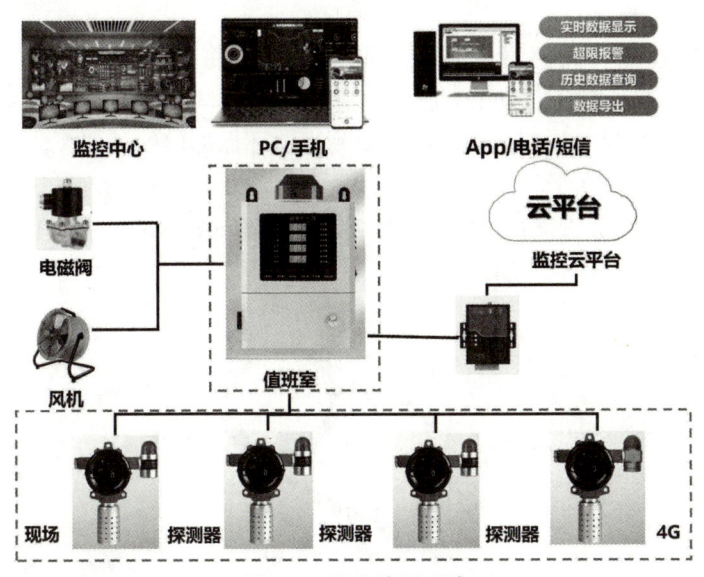

图 3-7　粉尘检测系统

（3）光照度传感器：光照度传感器是一种用于测量光线强度和照明水平的传感器，它可以将光信号转换为电信号输出，以便进行测量和控制。不同类型的光照度传感器如图 3-8 所示。

图 3-8　不同类型的光照度传感器

2）智能工厂安全告警装置

（1）振动传感器：任何一台运行着的机器、仪器和设备都存在振动现象。振动传感器是一种测量和检测机械设备或结构物振动的装置，它可以将振动信号转换成电信号进行处理和分析。振动传感器如图 3-9 所示。振动传感器因能够将机械振动转换成电信号的特性，被广泛应用于工业、交通、建筑、医疗、航空航天及消费电子产品等多个领域。振动监测精准化管理可以提高设备可靠性、降低维护成本、提高操作人员的安全性。

图 3-9　振动传感器

（2）噪声传感器：噪声传感器是用于检测噪声水平并将其转换成可用电信号输出的设备。工厂噪声超过规定标准，将会导致工人出现头痛、头晕、耳鸣、失眠、记忆力减退等症状，甚至会造成工人的永久性听力损伤，同时还会受到当地环保部门的处罚。为了保障人们的身心健康，必须实时监测噪声水平。当噪声超过预警值时，及时向相关方发送预警信息，提醒其采取措施。噪声传感器常见的输出类型有 RS485、4～20mA、DC0～5V/10V、LoRa、Wi-Fi、GPRS 等。噪声传感器如图 3-10 所示。

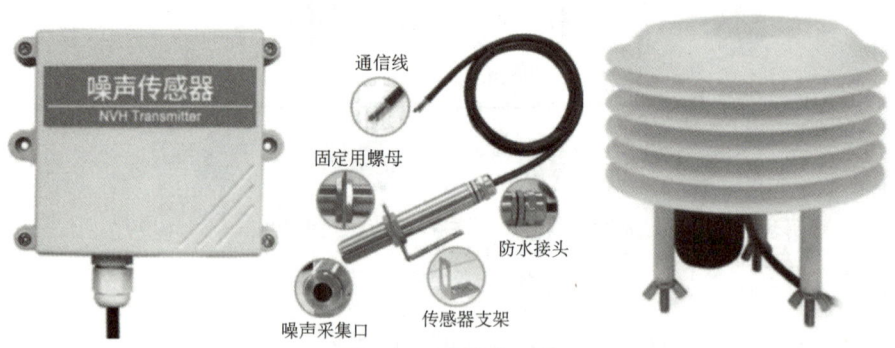

图 3-10　噪声传感器

（3）烟雾报警器：据统计，2023 年上半年全国共接报火灾 55 万起，死亡 959 人，直接财产损失达 39.4 亿元。多么令人痛心的数字！只有及时发现火灾，做到防患于未然，才能最大限度地降低火灾造成的损失。烟雾报警器是一种能够检测空气中烟雾浓度的安全警报器，它能够探测火灾发生时产生的大量烟雾，及时发出报警信号。烟雾报警器如图 3-11 所示。烟雾报警器可以通过有线和无线方式传输数据。有线烟雾报警器数据传输方式一般为 TCP/IP 或 RS485。无线烟雾报警器数据传输方式一般为 NB-IoT、4G、Wi-Fi、ZigBee 等。

图 3-11　烟雾报警器

通过烟雾报警器与各类火灾监测设备的联动，可以实时获取火灾发生的地点、时间、规模等信息，以便及时采取相应的措施，如图 3-12 所示。

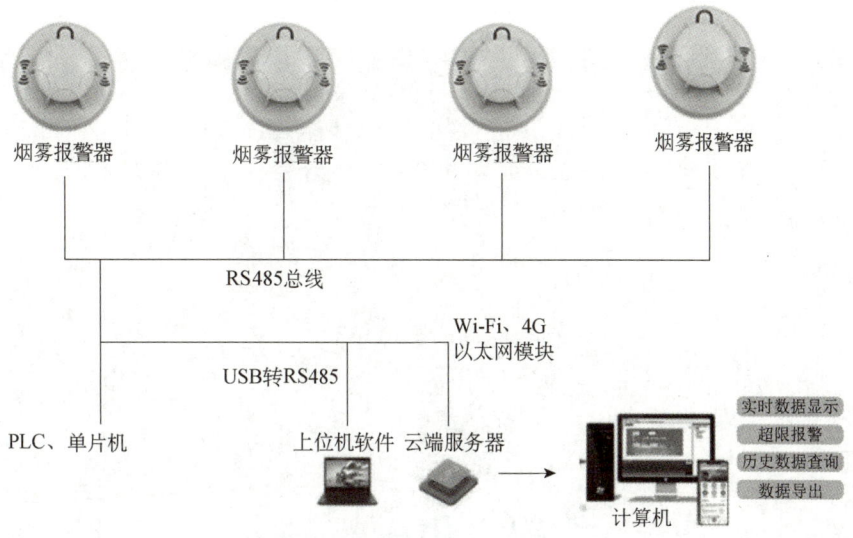

图 3-12　烟雾报警器实时监控

3）电子围栏和安全光栅

安全责任重于泰山，在工业现场只有安全意识是不够的，还要通过技术手段消除安全风险。通过车间电子围栏和安全光栅等设施对重点区域、关键工序、重要岗位的不安全行为、不按标准作业等风险进行智能识别，实现智能预警、联动闭锁，保障人身安全。

（1）电子围栏：电子围栏通过传感器检测周围环境的变化，将信号传输到控制中心或监控设备，并通过报警器触发报警信号，如图 3-13 所示。电子围栏可以实现对特定区域的实时监控和安全防护，广泛应用于住宅区、工业园区、商业场所等需要保护的区域。

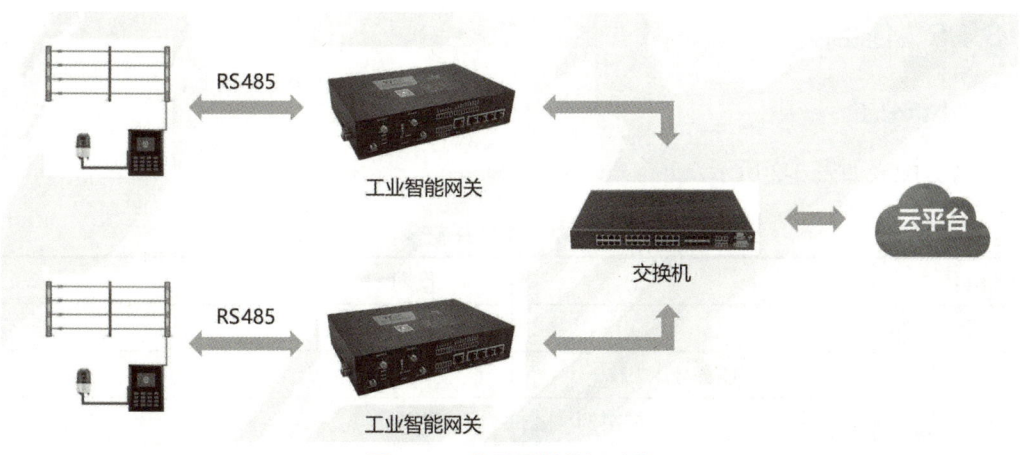

图 3-13　电子围栏数据采集

（2）安全光栅：安全光栅是避免人员接近移动机械的一种光电设备，可以避免人员伤亡，其使用场景如图 3-14 所示。安全光栅可以用来代替传统的机械屏障或其他方式的机械防护设施。当人员或物体接近安全光栅边界时，安全光栅会发出声音或光线等警示信号，防止发生事故。

图 3-14 安全光栅的使用场景

3.1.5 任务实施

1. 小组分工

任务分配表如表 3-2 所示。

表 3-2 任务分配表

组名		日期	
组训		组长	
工作任务	任务分工	成员	
安环监控设备	收集企业安环监控案例		
	智能工厂环境监测设备		
	智能工厂安全告警装置		

2. 小组讨论

每个小组根据任务要求和分工情况进行小组研讨及任务实施，并整理任务资料。

3. 成果分享

每个小组将任务实施结果上传至线上教学平台，各小组分别汇报、展示和讲解任务实施成果。

3.1.6 任务总结

任务总结表如表 3-3 所示。

表 3-3 任务总结表

任务实施过程	存在的问题	解决办法
政策信息的收集		
信息文件的处理与分析		
团结协作、表达能力		
现场 7S 管理		

3.1.7 任务评价

任务评价表如表 3-4 所示。

表 3-4 任务评价表

序号	评价内容	自我评价	小组评价	教师评价	评分标准
1	态度端正，工作认真				5
2	遵守安全操作规范				5
3	能熟练、多渠道地查找参考资料				10
4	能熟练地完成项目中的工作任务				30
5	方案优化，选型合理				10
6	能正确回答指导教师的问题				10
7	能在规定时间内完成任务				20
8	能与他人团结协作				5
9	能做好 7S 管理工作				5
	合计				100
	总分				

3.1.8 巩固自测

1. 填空题

（1）（　　）通常通过模拟或数字接口与数据采集设备连接。模拟接口使用模拟电压输出来表示温度和湿度值，而数字接口提供数字信号输出。

（2）振动传感器是一种测量和检测机械设备或结构物振动的装置，它可以将（　　）转换成（　　）进行处理和分析。

（3）烟雾报警器可以通过（　　）和（　　）传输其数据。传输方式为 TCP/IP、RS485、NB-IoT、4G 等。

2. 不定项选择题

（1）工业数据采集是指利用泛在感知技术对多源设备、异构系统、运营环境、人等要素信息进行（　　）和云端汇聚。

  A．实时处理　　　　　　　　　　B．实时分析
  C．实时计算　　　　　　　　　　D．实时高效采集

（2）传感器已广泛应用在生产和生活中的各个领域，下列关于传感器的说法正确的是（　　）。

  A．冰箱控温系统使用了温度传感器
  B．夜间自动打开的路灯使用了温度传感器
  C．计算机所用的光电鼠标主要采用了声波传感器
  D．霍尔元件把光照强弱这个光学量转换为电阻这个电学量

（3）温湿度传感器根据输出信号类型的不同，主要分为哪几类？（　　）

  A．RS485 型温湿度传感器　　　　B．模拟量型温湿度传感器
  C．网络型温湿度传感器　　　　　D．信号型温湿度传感器

（4）工业现场设备的数据采集主要采集哪些数据？（　　）

  A．设备数据　　B．产品数据　　C．过程数据　　D．环境数据
  E．作业数据

3. 判断题

（1）在工业互联网数据采集过程中，所有的数据都需要实时传输到云端。（　　）

（2）工业互联网数据采集的数据类型只有数字量和模拟量。（　　）

（3）电子围栏可以实现对特定区域的实时监控和安全防护，可通过报警器触发报警信号。（　　）

（4）安全光栅可以用来代替传统的机械屏障或其他方式的机械防护设施。当人员或物体接近安全光栅边界时，安全光栅会发出声音或光线等警示信号，防止发生事故。（　　）

4. 简答题

企业的智能安环监控系统主要由哪几部分组成？是如何实现的？

3.1.9　任务拓展

请查阅资料说明智能工厂还有哪些安环监控设备,并对其特点进行简要阐述。

任务 3.2　车间温湿度数据采集

3.2.1　任务描述

有了前面的理论铺垫,周一一早指导教师带领工赋协会的同学们来到企业,车间中各种各样的仪器仪表盘映入大家的眼帘。这家企业主营业务范围为生物医药领域,对于温湿度的把控有着很高的要求,故本任务要进行车间温湿度数据采集。

温度和湿度的测量与控制已成为工业生产过程的一个重要组成部分,许多工业应用中需要利用工业温湿度传感器连续、准确地进行温度和湿度的测量与控制。温湿度传感器在工业中的应用是非常广泛的,如用于智能工厂、采矿工业、石油化工、冷链运输、发电站等。

3.2.2　任务分析

温湿度数据采集是一个复杂的过程,需要考虑多方面的因素。只有在选购合适的温湿度传感器、正确连接工业智能网关、正确设置通信参数、进行充分的测试和调试等环节后,才能保证采集的温湿度数据的准确性和实时性。

3.2.3　任务准备

任务准备表如表 3-5 所示。

表 3-5　任务准备表

任务编号	3.2	任务名称	车间温湿度数据采集
工具、设备、软件、耗材、资料			
类别	名称		
设备	24V 稳压电源、温湿度传感器、计算机		
网关	工业智能网关 ECU-1152		
耗材	导线若干、网线 1 根		
工具	接线工具		
软件	Advantech EdgeLink Studio		
资料	工业互联网设备数据采集手册		
	智慧职教 MOOC:工业数据采集技术		

3.2.4　知识链接

1. 温湿度传感器

温湿度传感器以温湿度一体式的探头作为测温元件，采集温度和湿度信号，并将其转换成与温度和湿度成线性关系的电流信号或电压信号输出。不同类型的温湿度传感器如图 3-15 所示。

温湿度传感器根据输出信号的不同主要可分为三种。

图 3-15　不同类型的温湿度传感器

（1）模拟量型温湿度传感器：模拟量型温湿度传感器采用数字集成传感器作为探头，配以数字化处理电路，将环境中的温度和相对湿度转换成与之相对应的标准模拟信号，包括 DC4～20mA、DC0～5V、DC0～10V。模拟量温湿度传感器信号传输如图 3-16 所示。

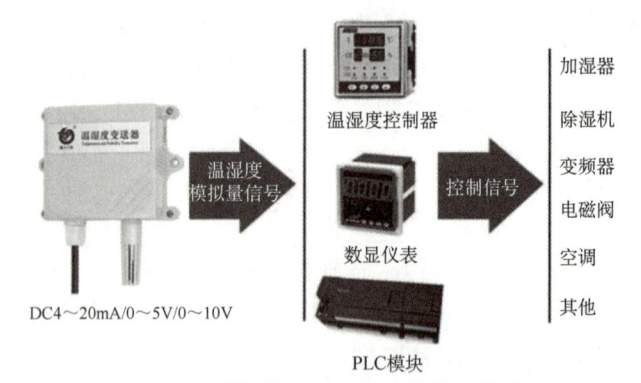

图 3-16　模拟量温湿度传感器信号传输

（2）RS485 型温湿度传感器：RS485 型温湿度传感器的信号类型为 RS485，能可靠地与上位机系统等进行集散监控，最远通信距离达 1000m，采用标准的 Modbus 协议，支持二次开发。RS485 型温湿度传感器实时监控过程如图 3-17 所示。

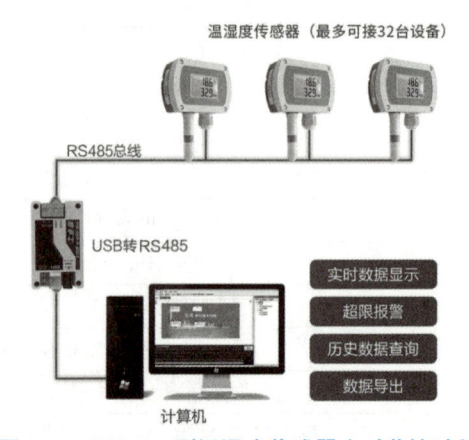

图 3-17　RS485 型温湿度传感器实时监控过程

（3）网络型温湿度传感器：网络型温湿度传感器通过以太网/Wi-Fi/GPRS 方式将数据上传到服务器。网络型温湿度传感器实时监控过程如图 3-18 所示。

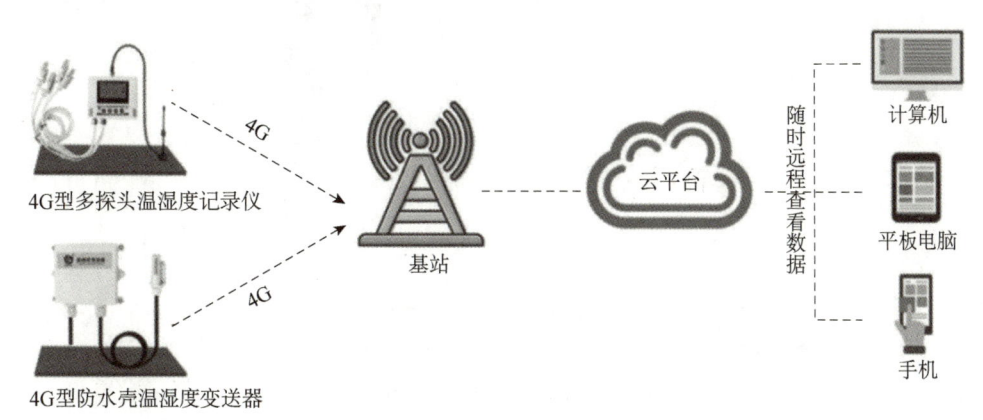

图 3-18　网络型温湿度传感器实时监控过程

2. 温湿度传感器设备信息

本任务采用的是 JWSK-5 系列高精度温湿度传感器，其技术参数如表 3-6 所示。

表 3-6　JWSK-5 系列高精度温湿度传感器的技术参数

序号	技术参数	说明
1	功耗	网络输出型：≤0.48W
2	准确度	温度：±0.5℃（25℃）。湿度：±3%RH（5~95%RH，25℃）
3	响应时间	温度：≤4s（1m/s 风速）。湿度：≤15s（1m/s 风速）
4	量程	温度：−20~60℃。湿度：0~100%RH
5	网络输出	RS485 总线输出
6	负载	电压输出阻抗≤250Ω，电流输出阻抗≤500Ω
7	工作电压	网络输出型：DC24V（12~24V）
8	接线方式	两线制
9	液晶显示	温度（℃），湿度（%RH）
10	分辨率	温度：0.1℃。湿度：0.1%RH
11	电路工作条件	温度：−20~60℃。湿度：0~100%RH

为了顺利地完成本次数据采集任务，需要查阅相应的参考说明书，确定相关信息，防止出现错误。温湿度传感器接线方式如图 3-19 所示。

接线说明：红色线接 24V（电源正）；黄色线接网络输出 RS485 信号线 A+或 RS232 信号线 TX；蓝色线接网络输出 RS485 信号线 B-或 RS232 信号线 RX；黑色线接 GND（地）。

JWSK-5 系列高精度温湿度传感器采用 Modbus RTU 协议进行主从站之间的通信传输，其通信地址如表 3-7 所示。

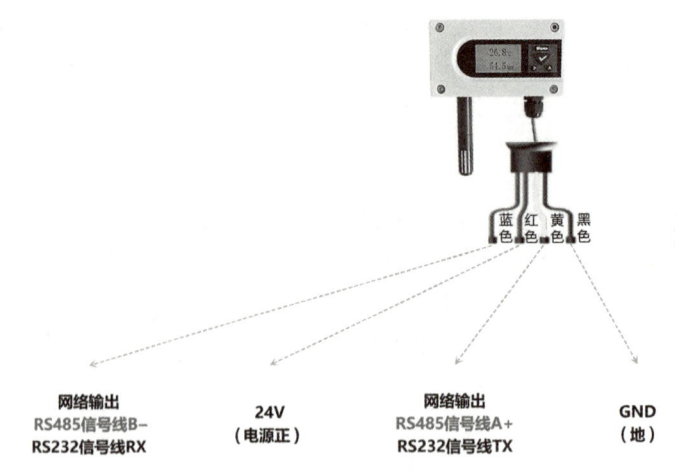

图 3-19 温湿度传感器接线方式

表 3-7 JWSK-5 系列高精度温湿度传感器通信地址

寄存器地址	映射地址	内容	操作
0000H	40001	湿度（分辨率为0.1%RH）	只读
0001H	40002	温度（分辨率为0.1℃）	只读

3．采集温湿度数据

1）硬件连接

利用 RS485 型温湿度传感器和工业智能网关完成温湿度数据采集，其接线图如图 3-20 所示。根据硬件接线图，温湿度传感器棕色线和工业智能网关 +VS 接+24V，温湿度传感器黑色线和工业智能网关 GND 接 GND，温湿度传感器黄色线接工业智能网关 COM1 的 1 口，温湿度传感器蓝色线接工业智能网关 COM1 的 2 口，工业智能网关 LAN1 口通过以太网线接计算机网口。在这里必须强调的是，在接线过程中必须断电操作。请同学们一定要规范操作，养成良好的职业习惯。

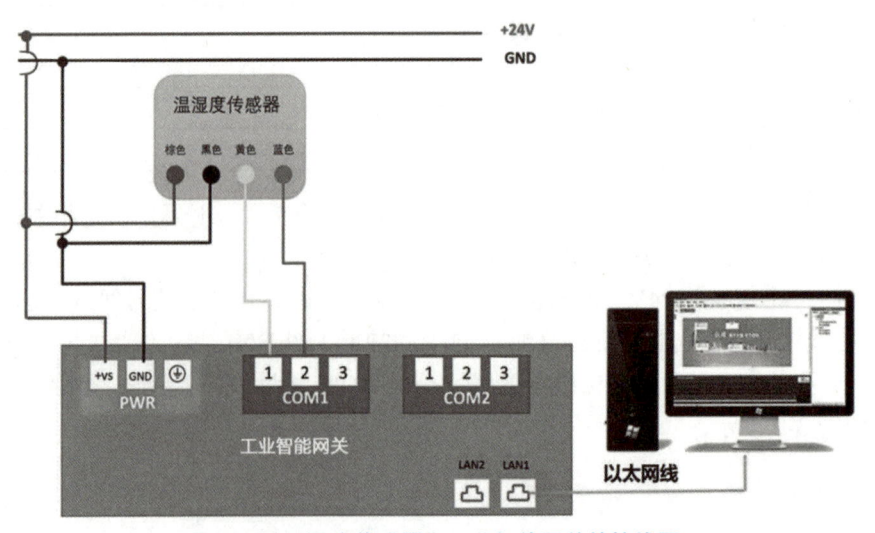

图 3-20 温湿度传感器和工业智能网关的接线图

2）软件配置

（1）网络设置：如果计算机与工业智能网关之间通过网线直连方式实现硬件连接，则需要配置 IPv4 静态 IP 地址与网关 IP 地址在同一网段中。

在计算机桌面上依次单击"开始"→"控制面板"→"网络和 Internet"→"网络和共享中心"→"更改适配器设置"，右击"本地连接"，在弹出的快捷菜单中选择"属性"选项，在弹出的对话框中选中"Internet 协议版本 4（TCP/IPv4）"选项，单击"属性"按钮，在弹出的对话框中单击"使用下面的 IP 地址"和"使用下面的 DNS 服务器地址"单选按钮，并进行参数设置，设置完成后单击"确认"按钮，如图 3-21 所示。

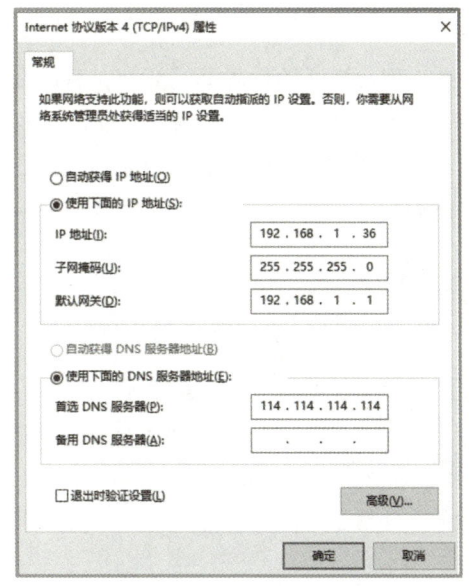

图 3-21 设置计算机 IP 地址

IP 地址：192.168.1.XXX（XXX 的范围为 2~99，101~254）。子网掩码：255.255.255.0。默认网关：192.168.1.1（可以忽略）。首选 DNS 服务器：114.114.114.114（可以忽略）。填写完毕后，单击"确定"按钮保存设置（通过交换机方式连接可以忽略该操作步骤，直接使用动态 IP 地址进行访问）。

打开 Advantech EdgeLink Studio 软件，在"在线设备"列表中搜索设备。单击"搜索设备"下拉按钮，在弹出的下拉菜单中选择"在 IP 范围内搜索"选项，搜索出来的设备以绿色状态显示，如图 3-22 所示。

在"在线设备"列表中右击设备，在弹出的快捷菜单中选择"设置 IP"选项，弹出"设置 IP"对话框。根据工程网络设置中 LAN1 口、LAN2 口的配置参数，设置"新 IP 地址"为 192.168.10.20，设置完成后单击"设置"按钮，如图 3-23 所示。

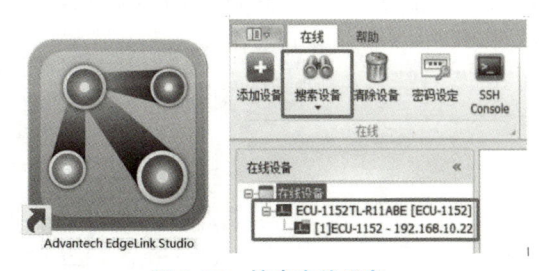

图 3-22 搜索在线设备

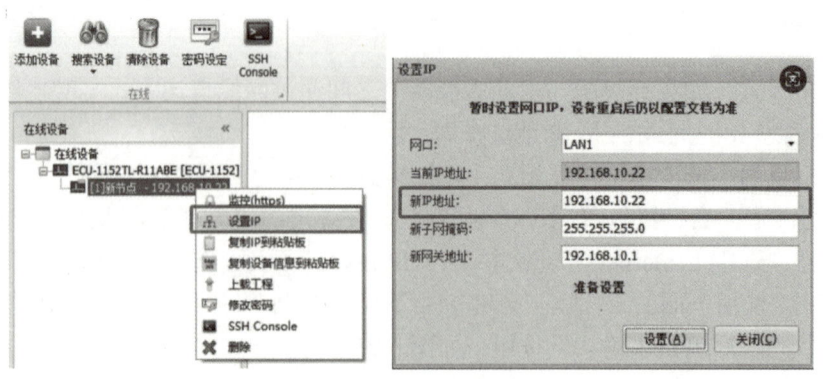

图 3-23 设置 IP 地址

（2）创建温湿度数据采集工程：打开软件界面，新建工程。在任务栏中的"工程"选项卡下单击"新建工程"按钮，弹出"工程"对话框，输入对应的名称、创建人、路径和描述，单击"确定"按钮，如图 3-24 所示。在"工程管理"窗格中右击工程，在弹出的快捷菜单中选择"添加设备"选项，添加新的设备，如图 3-25 所示。

图 3-24 新建工程　　　　　　　　　　图 3-25 添加设备

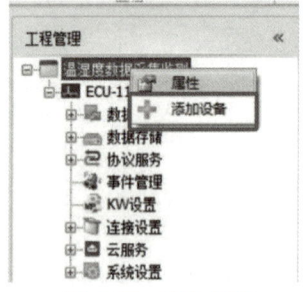

在弹出的"新建节点"窗口中配置设备基本属性，这里采用 IP 地址/域名进行设备识别，IP 地址/域名为 192.168.10.20，配置完成后，单击"应用"按钮，完成设备添加，如图 3-26 所示。

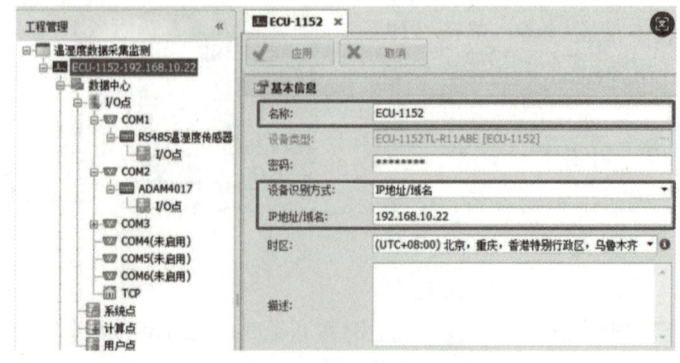

图 3-26 配置设备基本属性

设备配置说明如表 3-8 所示。

表 3-8 设备配置说明

序号	配置项	说明
1	名称	设备名称（自定义）
2	设备类型	网关类型，这里选择 ECU-1152 TL-R10A(A/B)E
3	密码	密码设定，可以为空
4	设备识别方式	这里选择 IP 地址/域名
5	Node ID	设备识别方式选择 Node ID 时使用
6	IP 地址/域名	设置 IP 地址

ECU-1152 提供了 4 个 RS232/RS485 端口，分别为 COM1～COM4。在创建设备时，会同时创建这 4 个端口且其处于不启用状态，新建工程后需要对端口进行启用配置。

（3）启用 COM 端口：在"工程管理"窗格中依次展开"数据中心"→"I/O 点"，双击"COM1（未启用）"，勾选"启用"复选框，按照温湿度传感器配置参数表进行端口参数设置，设置完成后单击"应用"按钮，完成端口启用配置，如图 3-27 所示。

图 3-27 设备信息

（4）添加温湿度传感器：右击"COM1"，在弹出的快捷菜单中选择"添加设备"选项，添加温湿度传感器，如图 3-28 所示。在弹出的设备属性页中，勾选"启用设备"复选框，配置温湿度传感器的基本属性，配置完成后单击"应用"按钮，完成设备的添加，如图 3-29 所示。

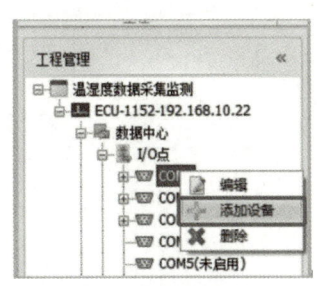

图 3-28 添加设备

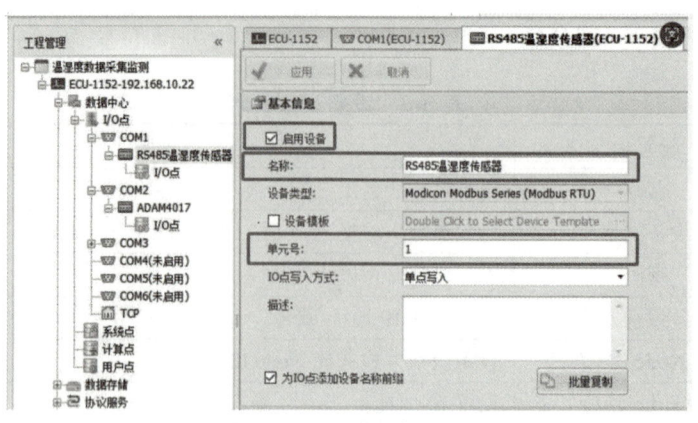

图 3-29 配置设备属性

温湿度传感器配置说明如表 3-9 所示。

表 3-9 温湿度传感器配置说明

序号	配置项	说明
1	启用设备	保持默认，勾选"启用设备"复选框
2	名称	根据实际连接设备自定义，这里设置为"RS485 温湿度传感器"
3	设备类型	根据设备类型选择，这里选择"Modicon Modbus Series(Modbus RTU)"
4	单元号	从站地址，根据实际设置，这里设置为"1"
5	IO 点写入方式	这里设置为"单点写入"

（5）为温湿度传感器终端设备添加通信 I/O 点：双击"工程管理"窗格中的温湿度传感器终端设备"I/O 点"，单击"添加"按钮，为温湿度传感器终端设备添加通信 I/O 点，如图 3-30 所示。

图 3-30 为温湿度传感器终端设备添加通信 I/O 点

图 3-30 为温湿度传感器终端设备添加通信 I/O 点（续）

I/O 点基本信息说明如表 3-10 所示。

表 3-10　I/O 点基本信息说明

序号	分类	配置项	说明
1	基本信息	点名称	根据实际 I/O 点自定义
2		数据类型	数据类型有 Analog 和 Discrete
3		转换类型	I/O 点数据类型
4		地址	需要与模拟量 I/O 设备寄存器的地址一一对应
5		起始位	保持默认
6	比例缩放设置	缩放类型	可选择不同的数据处理方式，可根据实际需要选择
7		公式	由缩放类型决定，公式自动生成
8		Scale	范围值，根据实际需要设置
9		Offset	补偿值，根据实际需要设置

温湿度传感器终端设备 I/O 点建立完成后，在 I/O 点列表中集中显示，包含点名称、数据类型、地址、转换类型、缩放类型等 I/O 点关键参数，如图 3-31 所示。

完成上述设备识别后，回到"工程管理"窗格，单击设备，在任务栏中的"工程"选项卡下单击"下载工程"按钮，如图 3-32 所示，打开"下载工程"对话框。

等待工程自动编译，编译完成后，状态显示为"编译成功"，单击"下载"按钮。完成后，状态显示为"重启成功"，单击"关闭"按钮，结束本次下载，如图 3-33 所示。

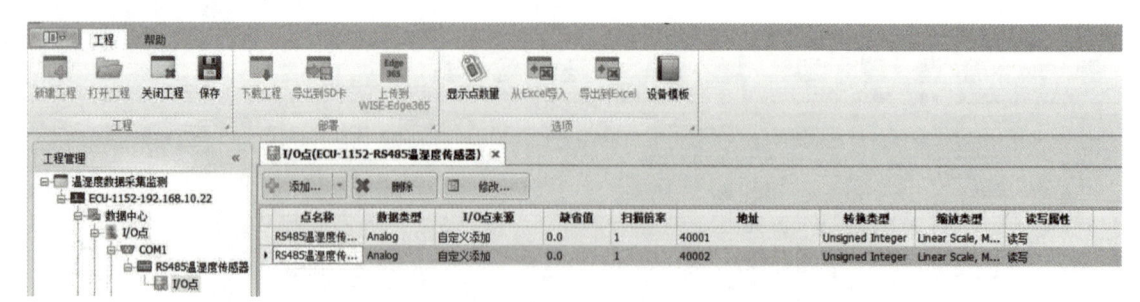

图 3-31 I/O 点列表

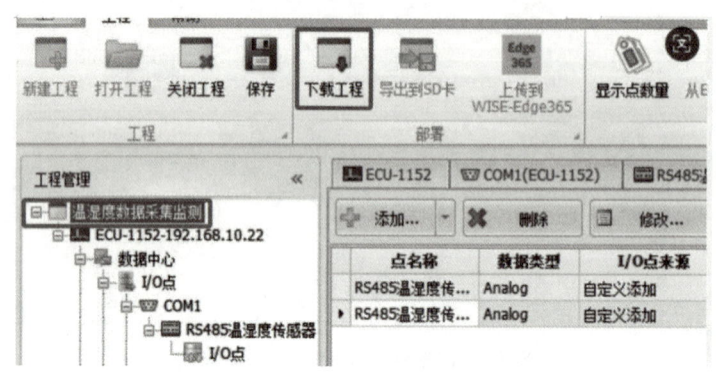

图 3-32 单击"下载工程"按钮

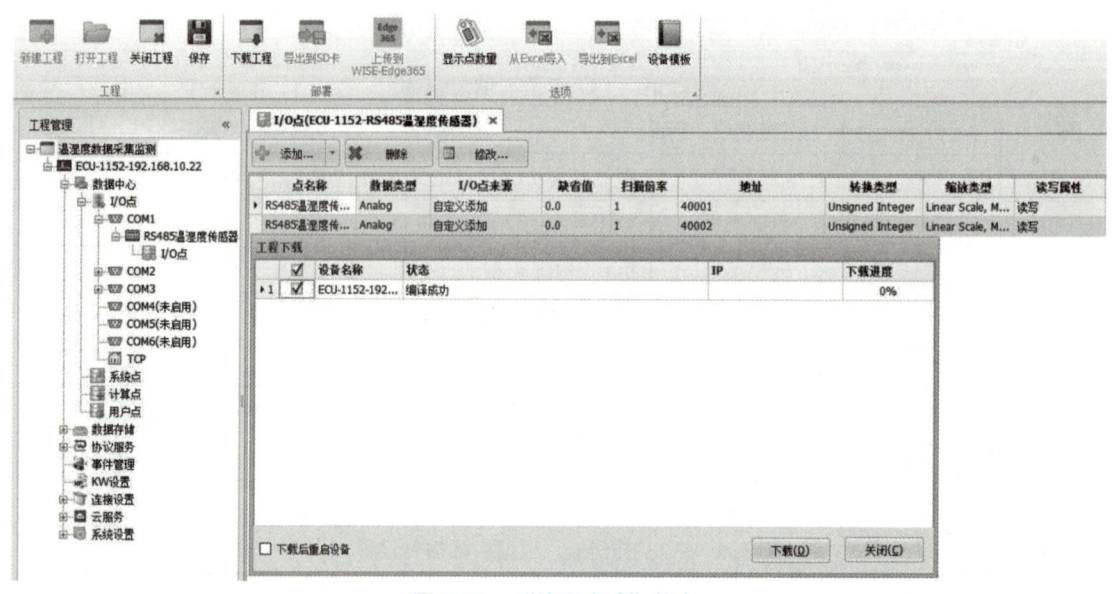

图 3-33 "编译成功"状态

在"在线设备"列表中右击设备,在弹出的快捷菜单中选择"监控"选项,打开"监控"窗口。输入设备密码 0000000,单击"登录"按钮,如图 3-34 所示。质量显示为"Good",表示设备与工业智能网关连接成功,显示采集到的温湿度数值,如图 3-35 所示。

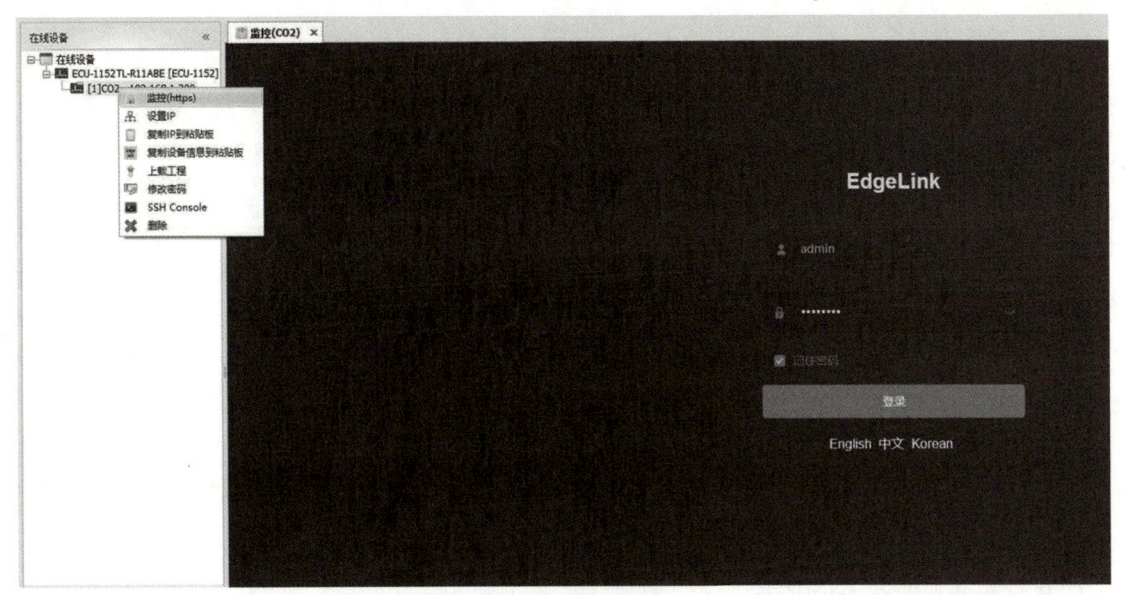

图 3-34 设备监控

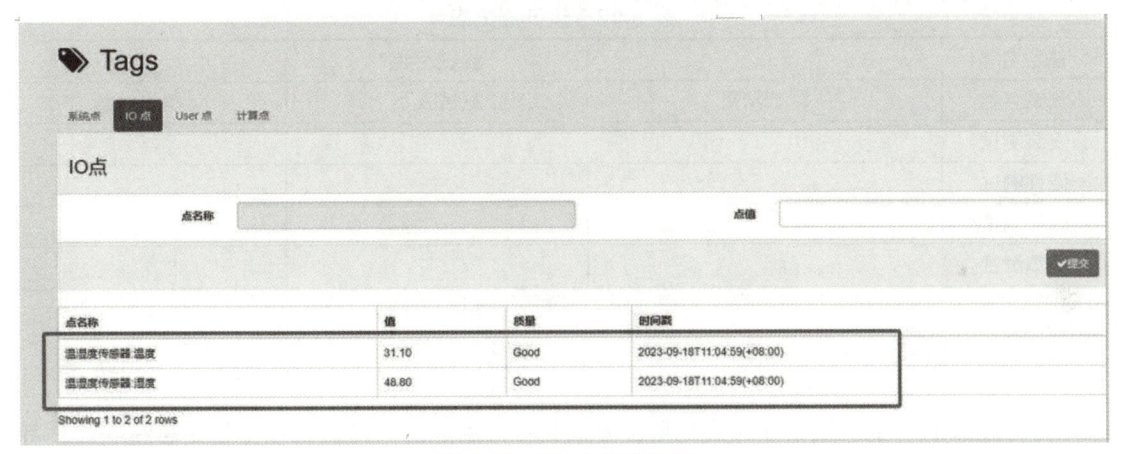

图 3-35 I/O 点在线监控

3.2.5 任务实施

1. 任务分配

任务分配表如表 3-11 所示。

表 3-11 任务分配表

组名		日期	
组训		组长	
成员	任务分工	成员	任务分工

2. 拟定方案

小组成员共同拟定数据采集方案，列出本任务需要用到的设备、参数。任务方案表如表 3-12 所示。

表 3-12　任务方案表

序号	设备	参数	备注

3. 运行测试与验证

运行测试表如表 3-13 所示。

表 3-13　运行测试表

任务名称		测试小组	
测试名称	测试结果	测试人员	存在的问题
安装测试			
硬件测试			
软件测试			
采集测试			

3.2.6　任务总结

任务完成后，学生根据任务实施情况分析存在的问题及其原因，填写任务总结表，指导教师对任务实施情况进行点评。任务总结表如表 3-14 所示。

表 3-14　任务总结表

任务实施过程	存在的问题	解决办法
硬件连接		
软件配置		
数据采集与调试		
其他		

3.2.7　任务评价

任务评价表如表 3-15 所示。

表 3-15　任务评价表

序号	评价内容	自我评价	小组评价	教师评价	评分标准
1	态度端正，工作认真				5
2	遵守安全操作规范				5
3	能熟练、多渠道地查找参考资料				10
4	能熟练地完成项目中的工作任务				30
5	方案优化，选型合理				10
6	能正确回答指导教师的问题				10
7	能在规定时间内完成任务				20
8	能与他人团结协作				5
9	能做好 7S 管理工作				5
合计					100
总分					

3.2.8　巩固自测

1．填空题

（1）温湿度传感器是将（　　）转换成容易被测量处理的（　　）的设备或装置。

（2）温湿度传感器根据输出信号类型的不同主要分为（　　）、（　　）和（　　）。

（3）网络型温湿度传感器可采集温湿度数据，并通过（　　）、（　　）和（　　）的方式将数据上传至服务器。

（4）如果计算机与工业智能网关之间通过网线直连方式实现硬件连接，则需要配置本级别 IPv4 静态 IP 地址与工业智能网关 IP 地址在（　　）。

2．不定项选择题

（1）已知计算机的 IP 地址为 192.168.1.26，工业智能网关使用 IP 地址（　　）才可以与计算机通信。

　　　A．192.168.0.254　　B．192.168.26.100　　C．192.168.0.26　　D．192.168.1.100

（2）在工业互联网数据采集过程中，（　　）网络技术最适合远距离、低功耗的设备连接。

　　　A．Wi-Fi　　B．LoRaWAN　　C．Bluetooth　　D．ZigBee

（3）下列哪项不属于无线网络通信技术？（　　）

　　　A．Wi-Fi　　B．ZigBee　　C．RFID　　D．LAN

3．判断题

（1）在为温湿度传感器终端设备添加 I/O 点时，采集地址的值要与设备寄存器的地址一一对应。（　　）

（2）基于 TCP/IP 通信协议的工业设备一般都会有 RJ5 接口，也就是以太网口。（　　）

（3）工业互联网数据采集仅依赖于有线网络进行数据传输。（　　）

（4）MQTT 协议是一种专为低带宽、高延迟或不可靠的网络环境设计的轻量级通信协议。
（　　）

3.2.9 任务拓展

企业案例：某精密制造股份有限公司数字化改造项目。

1. 项目概况

某精密制造股份有限公司专注于铸铁、铝合金等精密铸件的开发设计、生产和销售，拥有几百台高端机械加工设备及十几条世界先进的自动化铸造产线，已形成包括铸造、精密加工和表面处理及最终性能检测等的完整零部件制造体系。其生产的产品广泛应用于乘用车、商用车、工程/农业机械、液压机械、商用空调、医疗器械、环保设备、高铁及太阳能等行业和领域。该企业在环境管理中存在的问题如图 3-36 所示。

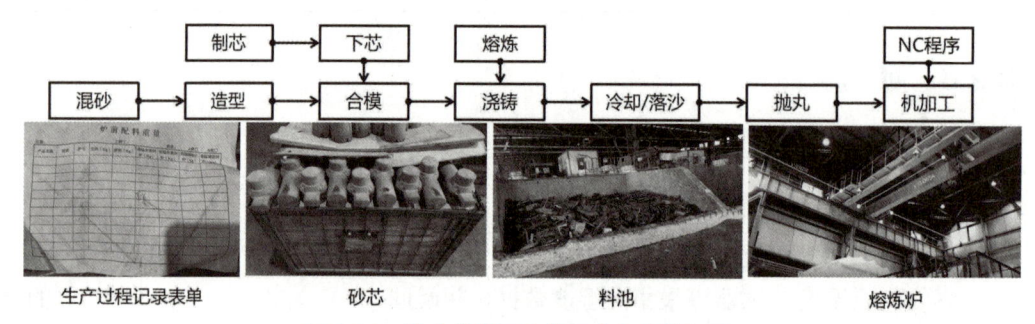

图 3-36　该企业在环境管理中存在的问题

2. 解决方案

本项目完成了 5 个粉尘传感器、2 个温度传感器的数据采集，并且实现了环境数据的实时监控及报警。企业数据采集改造方案如图 3-37 所示。

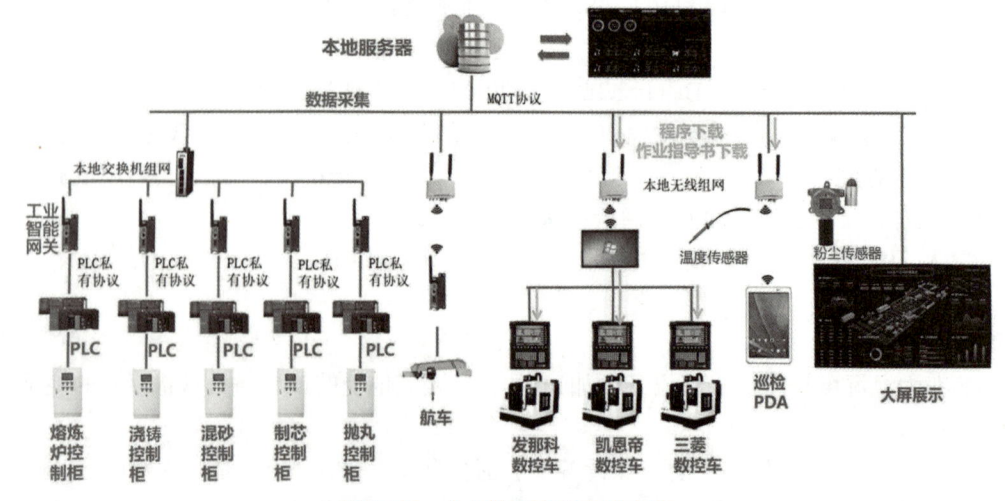

图 3-37　企业数据采集改造方案

3. 应用效果

环境和设备运行状态实时监控和报警如图 3-38 所示。

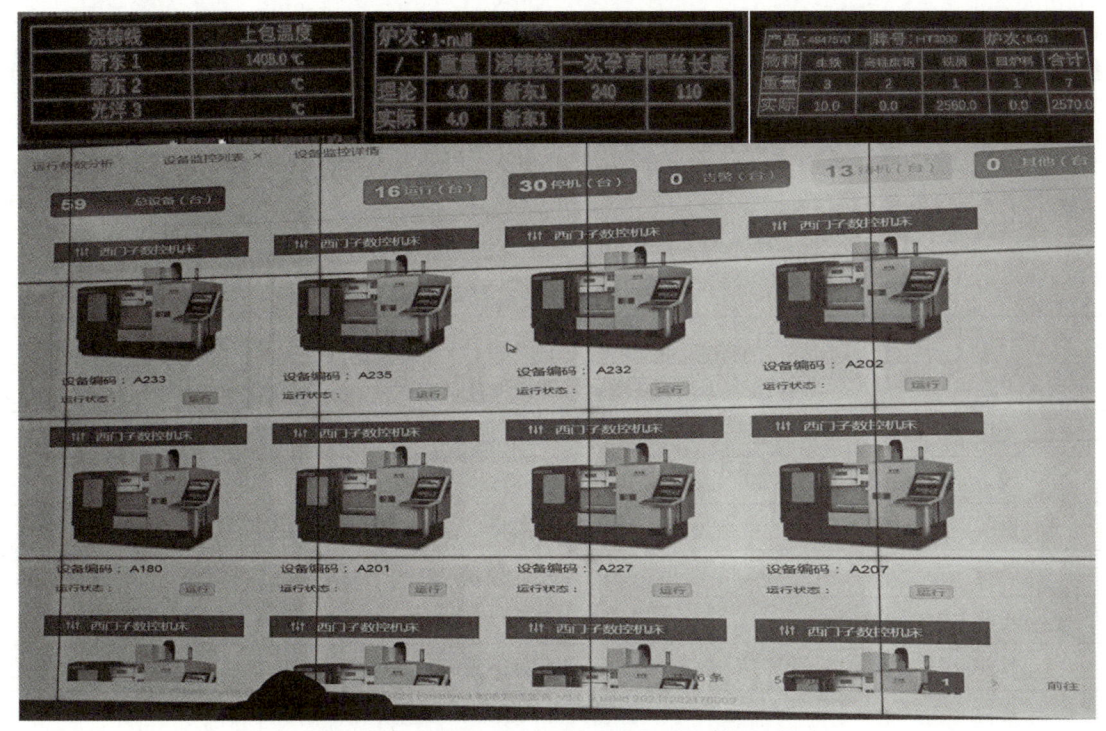

图 3-38　环境和设备运行状态实时监控和报警

（1）环境监控：基于温度传感器和粉尘传感器等仪表联网及数据采集，实时监控环境数据，并实时进行预警。

（2）工艺参数自动记录：基于设备数据采集，对每个炉次的相关信息，如炉温、球化喂丝数据等，自动进行记录。

（3）实时报警：基于环境数据的实时采集，对环境异常等情况进行实时报警。

任务 3.3　车间噪声数据采集

3.3.1　任务描述

世界卫生组织发布的报告显示，噪声污染已经成为仅次于大气污染与水污染的第三大污染。机器运行所产生的轰鸣声是车间噪声的主要来源，工赋协会成员在最早参观工厂时就发现了这一问题，他们也很想解决噪声污染问题。噪声传感器的出现可以帮助企业监测环境噪声污染，明确噪声分贝值，从而更好地管理噪声环境，保障工人的身心健康。

3.3.2 任务分析

本任务引导学生认识噪声数据采集设备，了解噪声传感器的结构、分类，使学生学会分析主要技术参数、接线方式，掌握在工业智能网关中配置采集参数的方法，严格遵守电气接线安全守则，能够将噪声传感器与工业智能网关正确连接，实时采集噪声数据。

3.3.3 任务准备

任务准备表如表 3-16 所示。

表 3-16 任务准备表

任务编号	3.3	任务名称	车间噪声数据采集
工具、设备、软件、耗材、资料			
类别	名称		
设备	24V 稳压电源、SM8765B 型噪声传感器、计算机		
网关	工业智能网关 VT-EDU-N001		
耗材	导线、网线		
工具	接线工具		
软件	工业互联网设备数据采集系统		
资料	智慧职教 MOOC：工业数据采集技术		

3.3.4 知识链接

1. 噪声传感器

噪声传感器在环境保护、工业控制和健康管理等领域有广泛应用。噪声传感器将感受到的噪声转换成电信号输出。噪声传感器如图 3-39 所示。本任务所使用的是 SM8765B 型噪声传感器，该传感器采用工业通用标准接口，采用 RS485 输出方式，方便接入 PLC、DCS 等各种仪表或系统，用于监测噪声等状态量，其技术参数如表 3-17 所示。

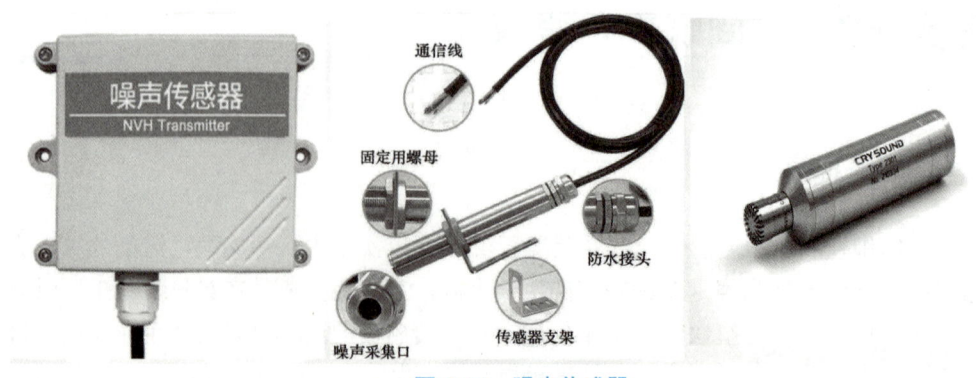

图 3-39 噪声传感器

表 3-17　噪声传感器的技术参数

序号	技术参数	说明
1	量程	30～130dB
2	输出方式	RS485
3	工作电压	DC12～24V
4	准确度	±3%
5	运行环境温度	−40～80℃
6	运行环境湿度	5%～90%RH

2．工业智能网关的选型

本任务采用工业智能网关 VT-EDU-N001，其技术特性如表 3-18 所示。工业智能网关通过凤凰端子与噪声传感器进行连接。

表 3-18　VT-EDU-N001 的技术特性

型号	技术特性	外观
VT-EDU-N001	设备接口：凤凰端子接口，含 1 路 RS485 接口、3 路开关量采集接口、4 路模拟量采集接口。 支持采集协议：DC0～10V、DC4～20mA 等多种标准模拟量信号输入。 上传配置：工业以太网。 支持上传协议：Modbus、MQTT 等	

3．采集噪声数据

1）硬件连接

将噪声传感器的黄色线、蓝色线分别与工业智能网关的 RS485+ 和 RS485- 相连，如图 3-40 所示。噪声传感器模组电源线接头有防反接设计，需要对准凸起处进行电源安装。工业智能网关的 ETH2 以太网口通过交换机或网线直连的方式与计算机网口相连，连线如图 3-41 所示。

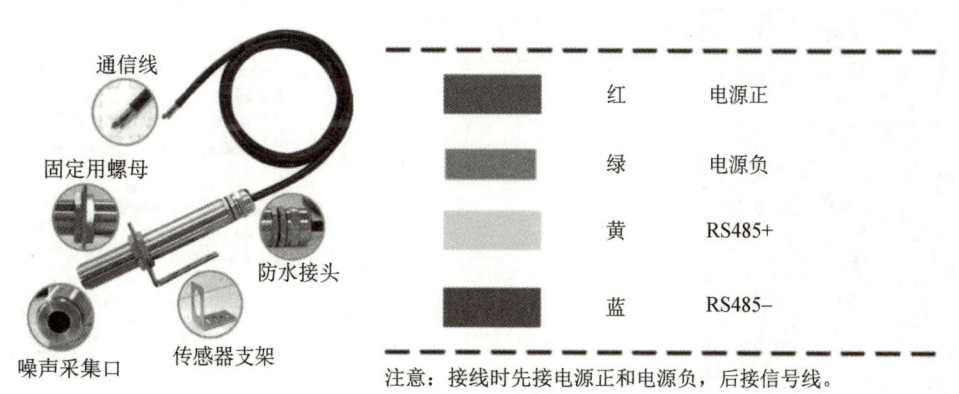

颜色	功能
红	电源正
绿	电源负
黄	RS485+
蓝	RS485-

注意：接线时先接电源正和电源负，后接信号线。

图 3-40　SM8765B 型噪声传感器

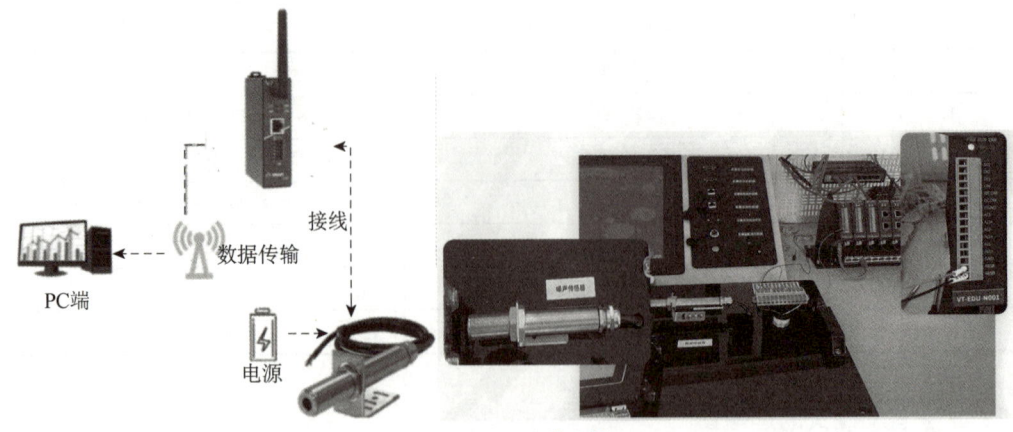

图 3-41 硬件连接

2）软件配置

在浏览器地址栏中输入工业智能网关的默认 IP 地址 192.168.1.100，进入工业智能网关信息配置界面，单击"网络设置"，设置 ETH2 以太网口（设置口）的 IP 地址与计算机 IP 地址处于同一网段。

VT-EDU-N001 的配置界面分为五个部分，分别为网络设置、MQTT、串口设置、数据采集和系统信息。ETH2 以太网口为数据接口，与 PC 端相连，其 IP 地址可进行重新配置，但需要注意的是，其 IP 地址应与计算机的 IP 地址处于同一网段。右侧为设备接口设置信息，由于采集的是噪声数据，工业智能网关与噪声传感器直接连接，因此无须进行额外设置，如图 3-42 所示。

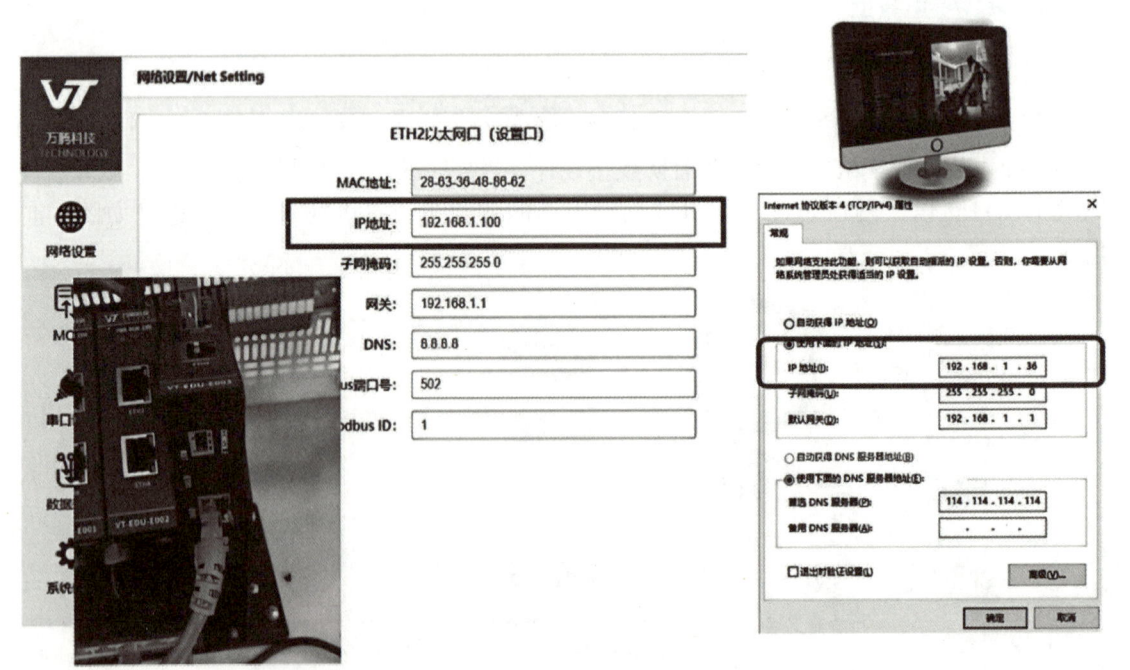

图 3-42 网络设置

Modbus RTU 协议使用串口上传,此处应配置成与噪声传感器相同的串口通信参数,根据噪声传感器的上传方式,COM1 端口下的通信模式选择 RS485,波特率为 9600bit/s、数据长度为 8 位、停止位为 1 位、校验位选择无校验。工业智能网关串口设置界面如图 3-43 所示。

图 3-43　工业智能网关串口设置界面

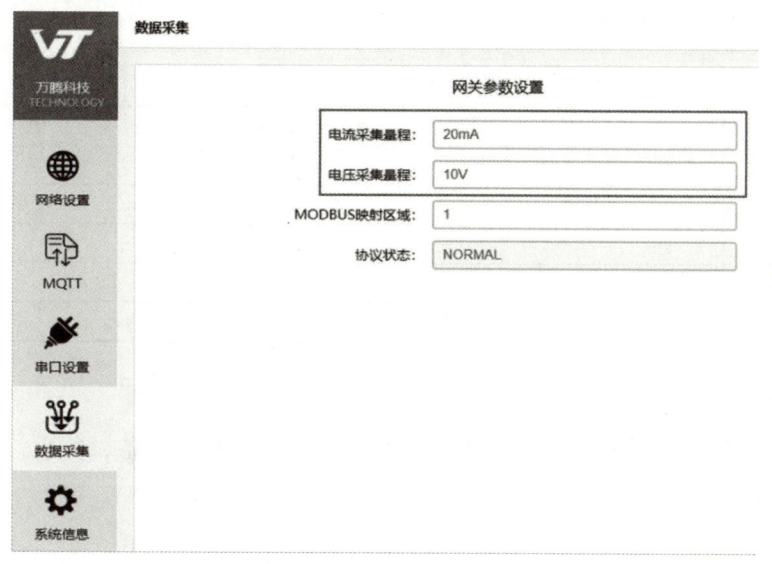

根据采集的噪声数据,修改工业智能网关参数。工业智能网关参数设置界面如图 3-44 所示。

图 3-44　工业智能网关参数设置界面

3)噪声传感器数据采集

单击左侧的"采集噪声传感器",在右侧的"连接智能网关"下,输入对应的 IP 地址(192.168.1.100,根据选择的工业智能网关不同 IP 地址会不同)和端口号(默认为 502),单击"连接"按钮,即可显示噪声传感器的实时数据,如图 3-45 所示。

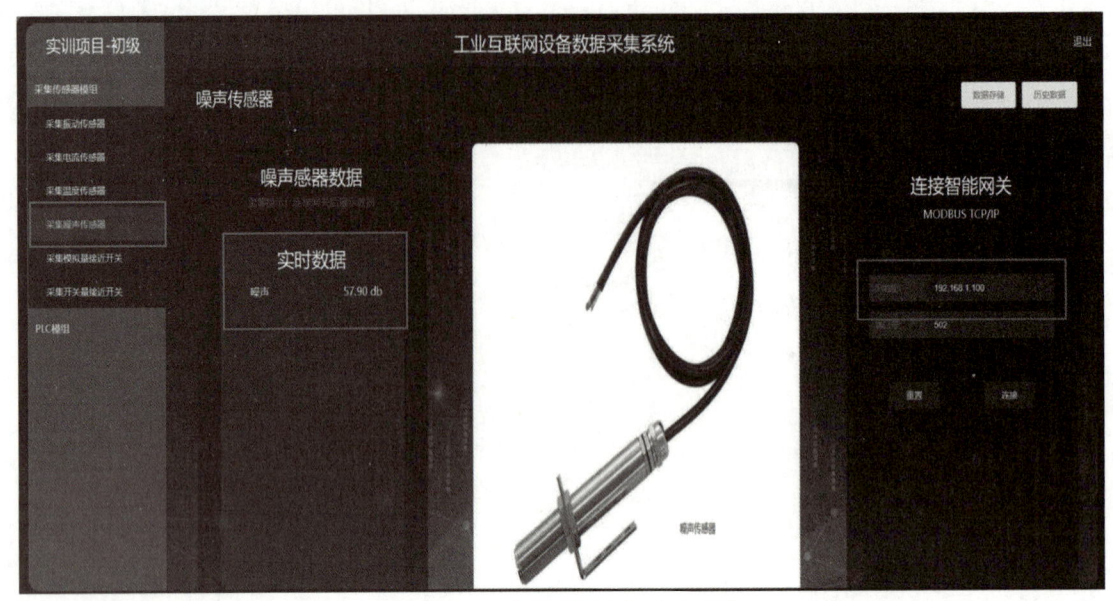

图 3-45 噪声传感器数据采集结果

3.3.5 任务实施

1. 任务分配

任务分配表如表 3-19 所示。

表 3-19 任务分配表

组名		日期	
组训		组长	
成员	任务分工	成员	任务分工

2. 拟定方案

小组成员共同拟定数据采集方案,列出本任务需要用到的设备、参数。任务方案表如表 3-20 所示。

表 3-20 任务方案表

序号	设备	参数	备注

3. 运行测试与验证

运行测试表如表 3-21 所示。

表 3-21　运行测试表

任务名称		测试小组	
测试名称	测试结果	测试人员	存在的问题
安装测试			
硬件测试			
软件测试			
采集测试			

3.3.6　任务总结

任务完成后，学生根据任务实施情况分析存在的问题及其原因，填写任务总结表，指导教师对任务实施情况进行点评。任务总结表如表 3-22 所示。

表 3-22　任务总结表

任务实施过程	存在的问题	解决办法
硬件连接		
软件配置		
数据采集与调试		
其他		

3.3.7　任务评价

任务评价表如表 3-23 所示。

表 3-23　任务评价表

序号	评价内容	自我评价	小组评价	教师评价	评分标准
1	态度端正，工作认真				5
2	遵守安全操作规范				5
3	能熟练、多渠道地查找参考资料				10
4	能熟练地完成项目中的工作任务				30
5	方案优化，选型合理				10
6	能正确回答指导教师的问题				10
7	能在规定时间内完成任务				20
8	能与他人团结协作				5
9	能做好 7S 管理工作				5
	合计				100
	总分				

3.3.8 巩固自测

1. 填空题

（1）本任务所使用的是 SM8765 型号噪声传感器，该传感器采用工业通用标准接口采用（   ）输出方式，方便接入 PLC、DCS 等各种仪表或系统，用于监测噪声等状态量。

（2）将噪声传感器的黄色线和蓝色线分别连接工业智能网关的 RS485+ 和 RS485-，工业智能网关的 ETH2 以太网口通过（   ）的方式与计算机网口连接。

（3）VT-EDU-N001 的配置界面分为五个部分，分别为（   ）、MQTT、串口设置、（   ）和系统信息。

2. 不定项选择题

（1）本此数据采集使用的 SM8765B 型噪声传感器通过（   ）端口连接工业智能网关。

  A．AI1+/ AI2+   B．RS232+/RS232-
  C．RS422+/RS422-   D．RS485+/RS485-

（2）在采集噪声传感器数据时，（   ）以太网口为数据接口，与 PC 端连接。其 IP 地址可进行重新配置，但需要注意的是，其 IP 地址应与计算机 IP 地址处于同一网段。

  A．ETH4   B．ETH3
  C．ETH2   D．ETH1

3. 判断题

（1）工业互联网数据采集是实现工业互联网平台建设的基础。（   ）

（2）在利用噪声传感器进行数据采集的过程中，登录工业智能网关设置界面，可以设置计算机的 IP 地址与工业智能网关 IP 地址不在同一网段。（   ）

（3）4G/Wi-Fi/LoRa 等网络型噪声传感器，通过网络将数据上传至云平台，可实时远程监测数据，通过计算机、手机均可随时查看。（   ）

（4）噪声传感器是能感受噪声并将其转换成可用输出信号的传感器，其作用相当于一个传声器。它用来接收声波，显示声音的振动图像。（   ）

（5）在工业现场网络测试中，仅需关注网络能否联通，不必关注网络带宽、延迟等性能指标。（   ）

3.3.9 任务拓展

能否利用温湿度传感器的数据采集方法（任务 3.2）完成 RS485 型噪声传感器的数据采集？若可以，还需要添加哪种设备？请简述采集过程。

任务 3.4 车间安全光栅数据采集

3.4.1 任务描述

在企业车间走动时，每个工赋协会成员都戴着安全头盔，并穿着统一的车间制服。车间中还设置了安全防护设施，它的存在能有效减少工伤事故。安全光栅能够有效隔离危险区域，实时对重点区域、关键工序、重要岗位的不安全行为、不按标准作业等风险进行智能识别，实现智能预警、现场制止、联动闭锁，保障生产安全。

3.4.2 任务分析

本任务引导学生认识安全光栅，了解安全光栅的结构、分类，使学生学会分析主要技术参数、接线方式，掌握在工业智能网关中配置采集参数的方法，严格遵守电气接线安全守则，掌握数据采集实施步骤中的知识点和技能点，实现对安全光栅数据的实时采集。

3.4.3 任务准备

任务准备表如表 3-24 所示。

表 3-24 任务准备表

任务编号	3.4	任务名称	车间安全光栅数据采集
工具、设备、软件、耗材、资料			
类别	名称		
设备	24V 稳压电源、HD-4006-24 安全光栅、计算机		
网关	工业智能网关 VT-EDU-N001		
耗材	导线若干、网线 1 根		
工具	接线工具		
软件	工业互联网设备数据采集系统		
资料	工业互联网设备数据采集手册		
	智慧职教 MOOC：工业数据采集技术		

3.4.4 知识链接

1. 安全光栅

在智能工厂中，人与机器协同工作，存在自动化装配线、自动化焊接线、机械传送搬运设备、危险（有毒、高电压、高温等）区域，具有潜在危险，容易对作业人员造成人身伤害。在车间设置安全防护设施是为了营造一个安全的工作环境,保障生产安全。各种各样的安全防护设施组成了安全防护系统。车间安全防护系统的基本工作原理是针对各种信号进行采集、传输与处理。

安全光栅是智能工厂安全防护系统的重要组成部分。安全光栅是一种保护各种危险机械装备周围工作人员的先进技术,如图 3-46 所示。与传统的安全防护设施(如机械栅栏、滑动门、回拉限制等)相比,安全光栅更自由、更灵活,同时可降低操作者的疲劳程度,简化常规任务。

图 3-46 安全光栅防护

安全光栅由发射器和接收器两部分组成。发射器由多个红外发射管在同一条直线上等距排列形成,接收器由与之数量、间距相等的红外接收管排列而成,接收器中的红外接收管与发射器中的红外发射管一一对应,形成一个矩形的保护区域。当光栅保护区域内某条光束被物体遮挡时,接收器发出遮光信号,通过信号电缆传输到控制器,控制器输出信号,控制设备的自动控制回路或其他设备的报警装置,实现设备停止运行或安全警报。安全光栅的工作原理如图 3-47 所示。

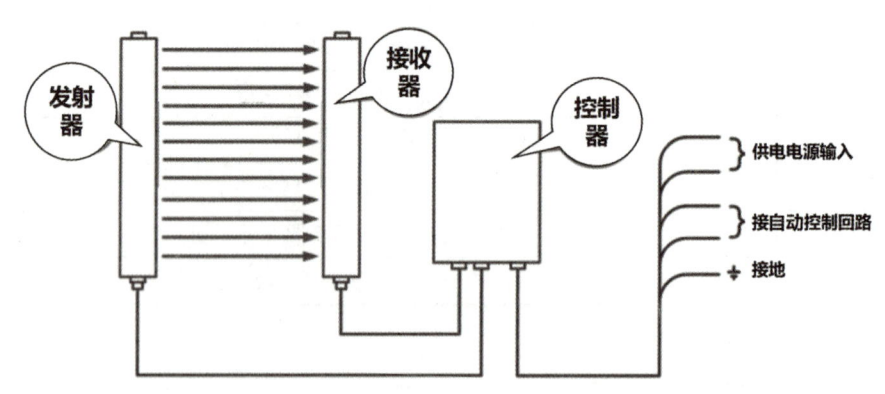

图 3-47 安全光栅的工作原理

本任务选用的是 HD-4006-24 安全光栅,其技术参数如表 3-25 所示。

项目3 安环管控—智能工厂安环数据采集—安全生产

表 3-25 HD-4006-24 安全光栅的技术参数

序号	技术参数	说明
1	检测光源	红外 LED（中心波长为 940nm）
2	输出方式	晶体管输出
3	工作电压	DC24×(1±10%)V
4	准确度	±3%
5	光轴间距	10mm、20mm、40mm
6	检测精度	18mm、28mm、48mm
7	保护长度	0～6000mm
8	环境温湿度	工作温度：-10～55℃（无结霜及凝霜）。贮存温度：-40～70℃。工作湿度：35%～85%RH。贮存湿度：35%～95%RH

HD-4006-24 安全光栅的接线和通信地址需要查阅相应参考说明书，确定相关信息，防止出现错误。安全光栅接线方式如图 3-48 所示。

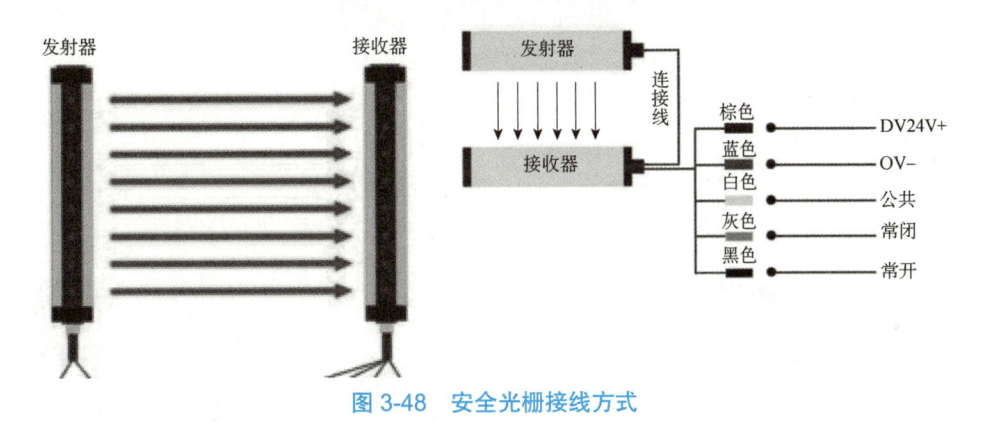

图 3-48 安全光栅接线方式

2. 采集安全光栅数据

1）硬件连接

工业智能网关采用 VT-EDU-N001，通过凤凰端子与安全光栅进行连接，如图 3-49 所示。

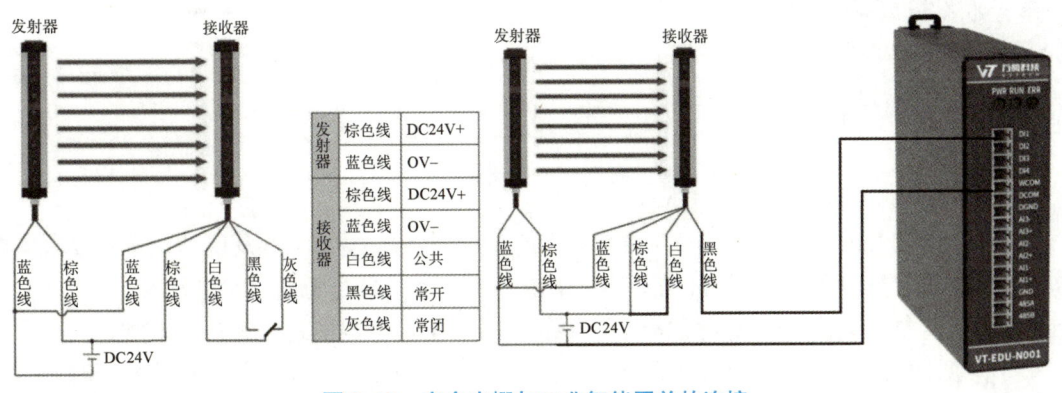

图 3-49 安全光栅与工业智能网关的连接

工业智能网关电源接口位于设备底面板上，方便接线，使用防呆（Fool-Proofing）设计，靠近网口侧为"+"。电源的正极和负极分别接工业智能网关接口"+""−"。工业智能网关的 ETH2 以太网口通过交换机或网线直连的方式与计算机网口相连，如图 3-50 所示。

图 3-50　安全光栅连接实物图

2）软件配置

网络设置与车间噪声数据采集任务类似，如图 3-51 所示。

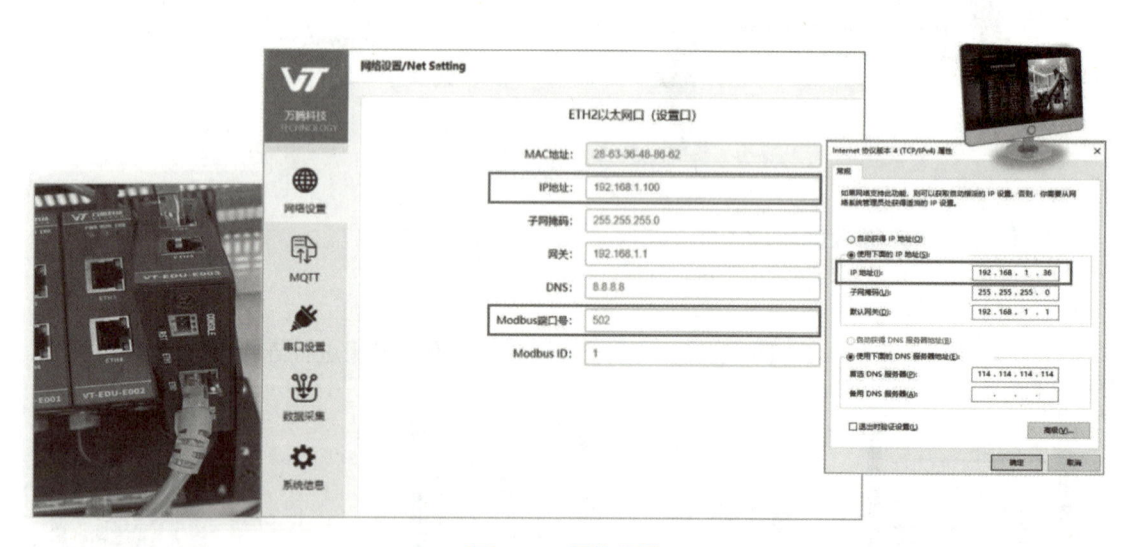

图 3-51　网络设置

工业智能网关的 MQTT 配置：主要包括 MQTT 服务器、发布主题及现场设备所要采集的数据信息等的参数设置。ID 是 MQTT 协议中唯一标识客户端身份的字符串，客户端 ID 必须唯一，不能重复。数值可修改但要保证所有连入 MQTT 服务器的每个客户端 ID 唯一。

在本地计算机 MQTT 客户端或云端 MQTT 客户端查看工业智能网关上传的数据时，客户端的订阅主题必须为设备名称/发布主题，两者合在一起组成客户端的订阅主题。发布主题是发消息，订阅主题是收消息。例如，设备名称定义为 vtstarA12/jijiagong/AS1/840D，发布主题 1 定义为 840D/04，其客户端查看时的订阅主题为 vtstarA12/jijiagong/AS1/840D/840D/04。MQTT 客户端订阅主题名示例如图 3-52 所示。

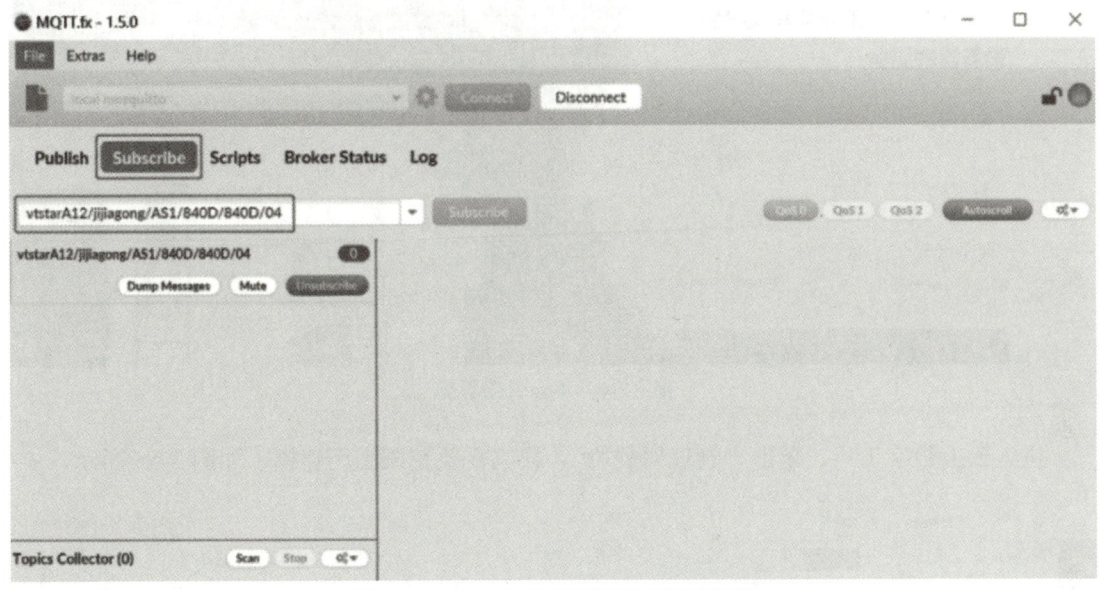

图 3-52　MQTT 客户端订阅主题名示例

Modbus RTU 协议使用串口上传，此处应配置成与安全光栅相同的串口通信参数。根据采集的安全光栅数据，修改工业智能网关参数。工业智能网关参数设置界面如图 3-53 所示。

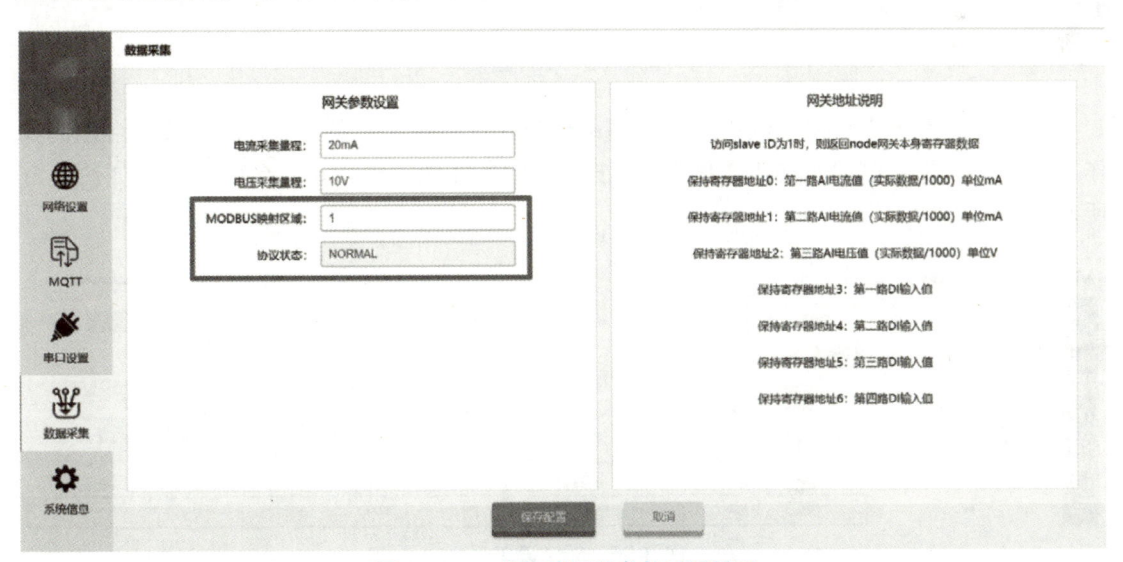

图 3-53　工业智能网关参数设置界面

3）安全光栅报警

本任务基于某工业互联网平台完成安全光栅报警设置，平台登录界面如图 3-54 所示。

图 3-54　平台登录界面

进入云上数字工厂，单击"管理驾驶舱"，根据需要完成工厂建模，如图 3-55 所示。

图 3-55　工厂建模

设备信息管理模块用来维护设备的基础信息，包括新增设备台账。新增设备台账的操作方法为，选择左侧的"加工车间"，单击"新增"按钮，维护设备台账信息，如图 3-56 所示。

图 3-56　新增设备台账

在工业智能网关数据采集配置界面中完成 MQTT 设置，如图 3-57 所示。

在数据模板配置窗口中，设置数据模板类型为"告警数据"；设置存储方式为"变动存储"；进行字段配置，根据工业智能网关 MQTT 配置页 alarm 主题的字段填写，如图 3-58 所示。

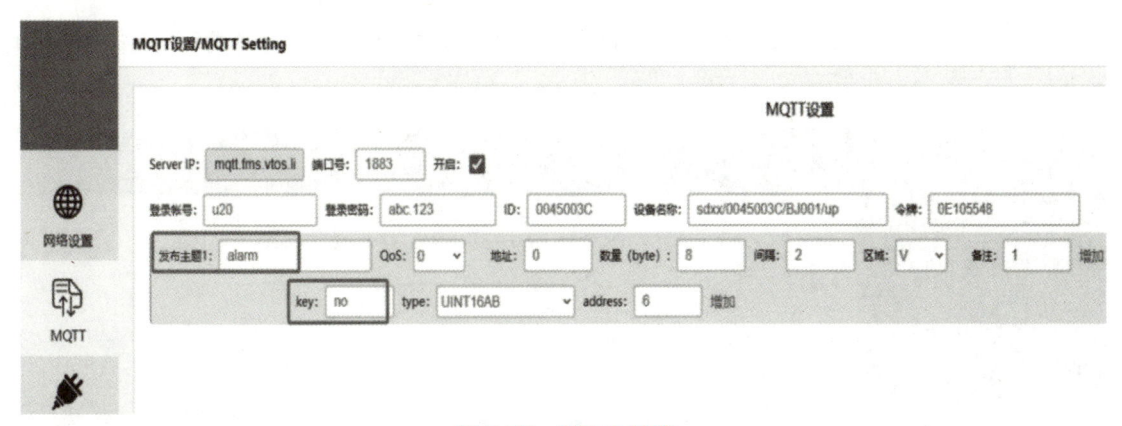

图 3-57　MQTT 设置

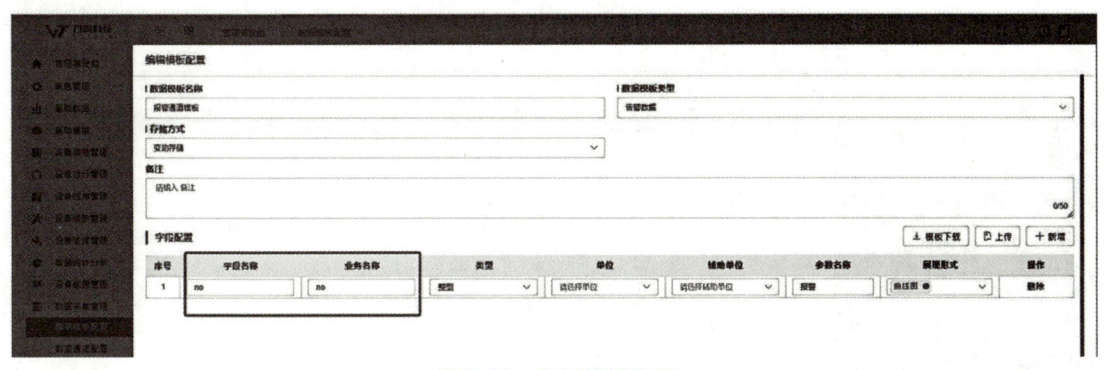

图 3-58　数据模板配置

单击左侧"数据采集管理"菜单中的"数据通道配置",新增数据通道配置,输入主题"sdxx/+/+/up/alarm",如图 3-59 所示。

图 3-59　数据通道配置

单击"通信模型配置",配置数据通道和设备数据。选择需要维护的设备编号"BJ001",设置模型配置类型为"采集",输入智能网关的网关编号"0045003C",选择需要关联的数据模板"报警通道模板"与数据通道"报警数据"。通信模型配置完成后,通道模型将设备、通道、工业智能网关关联起来，网关编号根据工业智能网关上传数据的格式确定，如图3-60所示。

图 3-60　通信模型配置

单击左侧"数据采集管理"菜单中的"监控参数配置"，设置监控的上限和下限值，如图 3-61 所示。

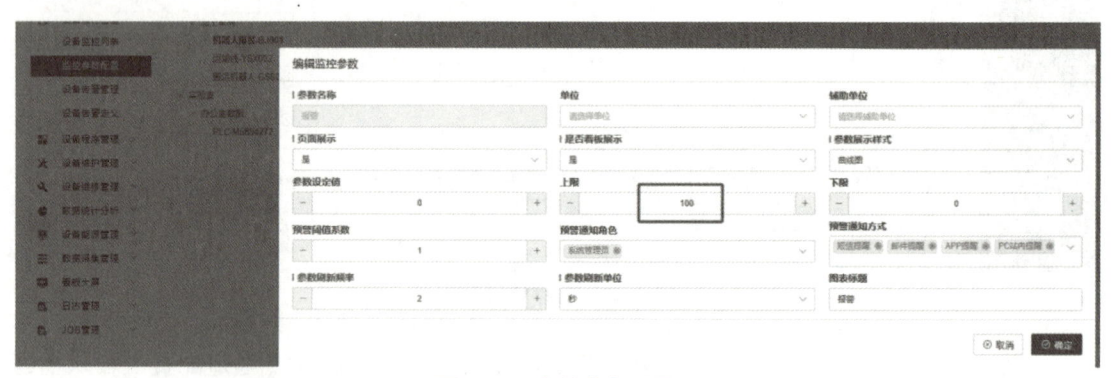

图 3-61　监控参数设置

当设备有告警信息时，系统会根据设定的阈值和推送方式推送设备告警信息，在故障告警分析选项中可以查看设备告警信息，如图 3-62 所示。

图 3-62　设备告警

单击左侧"数据采集管理"菜单中的"设备监控参看板",产生可视化设备告警信息,如图 3-63 所示。

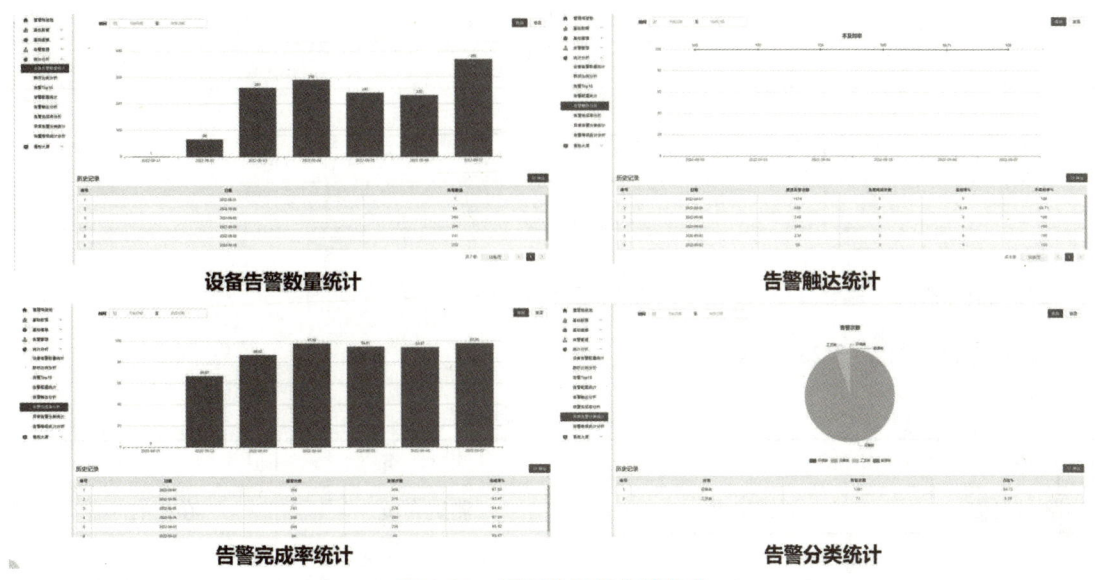

图 3-63 可视化设备告警信息

3.4.5 任务实施

1. 任务分配

任务分配表如表 3-26 所示。

表 3-26 任务分配表

组名		日期	
组训		组长	
成员	任务分工	成员	任务分工

2. 拟定方案

小组成员共同拟定数据采集方案,列出本任务需要用到的设备、参数。任务方案表如表 3-27 所示。

表 3-27　任务方案表

序号	设备	参数	备注

3. 运行测试与验证

运行测试表如表 3-28 所示。

表 3-28　运行测试表

任务名称		测试小组	
测试名称	测试结果	测试人员	存在的问题
安装测试			
硬件测试			
软件测试			
采集测试			

3.4.6　任务总结

任务完成后，学生根据任务实施情况分析存在的问题及其原因，填写任务总结表，指导教师对任务实施情况进行点评。任务总结表如表 3-29 所示。

表 3-29　任务总结表

任务实施过程	存在的问题	解决办法
硬件连接		
软件配置		
数据采集与调试		
其他		

3.4.7　任务评价

任务评价表如表 3-30 所示。

表 3-30 任务评价表

序号	评价内容	自我评价	小组评价	教师评价	评分标准
1	态度端正，工作认真				5
2	遵守安全操作规范				5
3	能熟练、多渠道地查找参考资料				10
4	能熟练地完成项目中的工作任务				30
5	方案优化，选型合理				10
6	能正确回答指导教师的问题				10
7	能在规定时间内完成任务				20
8	能与他人团结协作				5
9	能做好 7S 管理工作				5
合计					100
总分					

3.4.8　巩固自测

1. 填空题

（1）安全光栅是一种重要的工业安全设备，它的主要作用是（　　　　），通过发射红外线监测潜在的危险区域，一旦有人员或物体进入光束范围，会立即触发停止信号，从而避免意外事故的发生。

（2）安全光栅由（　　　　）和（　　　　）两部分组成。发射器由多个红外发射管在同一条直线上等距排列形成，接收器由与之数量、间距相等的红外接收管排列而成，接收器中的红外接收管与发射器中的红外发射管一一对应，形成一个矩形的保护区域。

（3）在进行工业智能网关的 MQTT 配置时，页面内容主要包括 MQTT 服务器、发布主题及现场设备所要采集的数据信息等的参数设置。ID 是 MQTT 协议中唯一标识客户端身份的字符串，客户端的 ID 必须（　　　　）。

（4）HD-4006-24 安全光栅的输出方式是（　　　　）。

2. 不定项选择题

（1）在工业互联网数据采集项目中，数据采集网关的作用不包括（　　）。
　　A．将不同协议转换为统一标准
　　B．实现设备之间的互连互通
　　C．实现数据的实时计算与分析
　　D．保障数据的安全传输

（2）在工业互联网网络技术中，用于连接工厂内部设备和系统的主要技术是（　　）。
　　A．RFID　　　　　B．LoRaWAN　　　　　C．ZigBee　　　　　D．工业以太网

3. 判断题

（1）安全光栅是智能工厂安全防护系统的重要组成部分。安全光栅是一种保护各种危险机械装备周围工作人员的先进技术。与传统的安全防护设施（如机械栅栏、滑动门、回拉限制等）相比，安全光栅更自由、更灵活，同时可降低操作者疲劳程度，简化常规任务。

（　　）

（2）Modbus RTU 协议使用串口上传，应配置与安全光栅相同的串口通信参数。（　　）

（3）在工业互联网数据采集项目中，一旦选择了数据采集网关型号就不必再考虑现场设备的通信接口。

（　　）

4. 简答题

请简述安全光栅的数据采集过程。

3.4.9 任务拓展

企业案例：某精密制造股份有限公司数字化改造项目。

1. 项目概况

某精密制造股份有限公司专注于铸铁、铝合金等精密铸件的开发设计、生产和销售，拥有几百台高端机械加工设备及十几条世界先进的自动化铸造产线，已形成包括铸造、精密加工和表面处理及最终性能检测等的完整零部件制造体系。其生产的产品广泛应用于乘用车、商用车、工程/农业机械、液压机械、商用空调、医疗器械、环保设备、高铁及太阳能等行业和领域。行车取放料过程中存在的安全问题如图 3-64 所示。

图 3-64　行车取放料过程中存在的安全问题

2. 解决方案

通过原点基站定义行车原点的位置；在行车的大车上安装基站，作为 X 轴坐标，在行车的小车上安装基站，作为 Y 轴坐标；在取料时，基于原点及 X 轴、Y 轴坐标定位行车；行车取料之后，自动记录每种物料的称重信息；可在旁边安装手动定位设备，避免在出现异常时无法对行车进行定位。安全隐患方面的解决方案如图 3-65 所示。

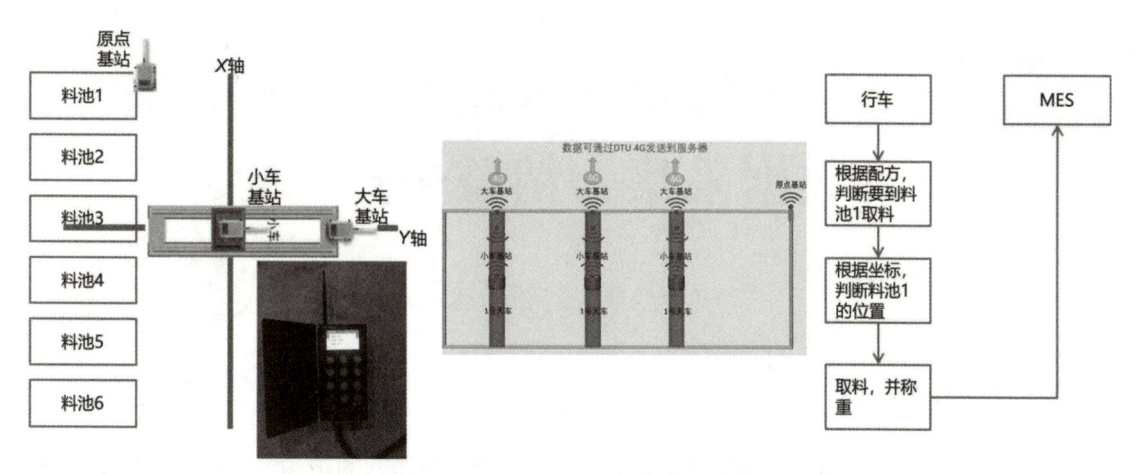

图 3-65　安全隐患方面的解决方案

3. 应用效果

料仓自动定位，提高了生产安全性：在部署料仓定位系统后，在熔炼加料时，通过自动化装置进行行车定位、料仓定位，实现了自动加料，生产效率提高了 89%，减少加料人员 1 名，安全生产管控能力提升。设备运行状态实时监控和报警如图 3-66 所示。

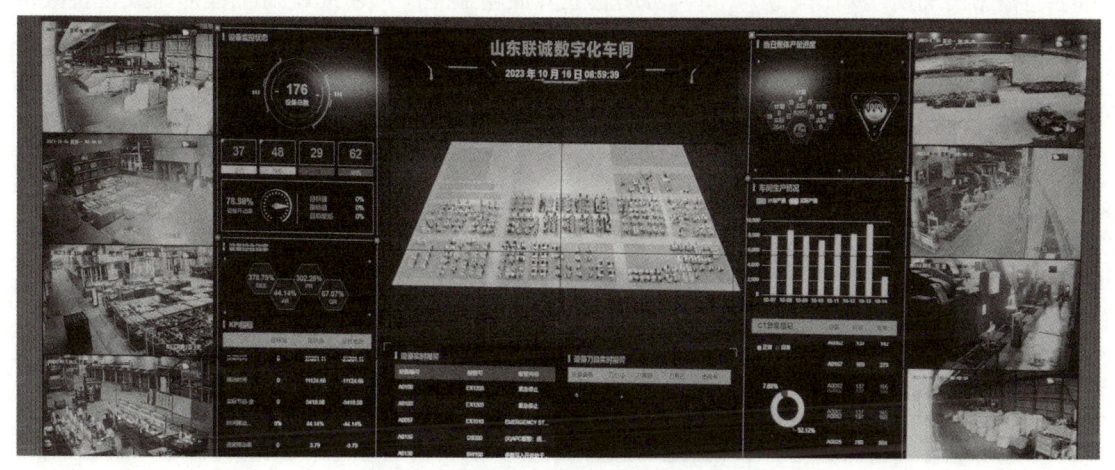

图 3-66　设备运行状态实时监控和报警

项目 4　精采细算—智能工厂车间设备数据采集—精益生产

项目情境

精益生产的核心是持续消除浪费问题。工业企业要想在激烈的市场竞争中谋求经济利益，就必须加强成本管理控制，努力寻求各种降低成本的有效途径和方法，不断提升自己的竞争优势。

工赋协会成员此次所去的企业正在进行数字化改造升级，来到企业后映入他们眼帘的正是企业车间中的典型场景：工业机械臂与数控机器组成一个个小的自动化单元，AGV（Automated Guided Vehicle，自动导引小车）穿梭在产线与立体仓库之间，如图 4-1 所示。请同学们根据前面所学知识，分析如何协助企业开展精益生产，帮助精益工程师完成设备数据采集任务，持续消除浪费问题。

图 4-1　企业现场

项目要求

本任务引导学生认识智能工厂典型场景和常用设备，掌握立体仓库、AGV、工业机器人、数控机床等设备的数据采集和监控流程。

项目目标

1. 知识目标

（1）了解智能工厂典型场景和常用设备。
（2）掌握立体仓库、AGV 等仓储物流设备基础知识。
（3）理解并掌握立体仓库、AGV 等仓储物流设备数据采集过程及参数配置。
（4）掌握机器人、数控机床等生产作业设备基础知识。
（5）理解并掌握机器人、数控机床等生产作业设备数据采集过程及参数配置。

2. 能力目标

（1）能够完成仓储物流设备数据采集的硬件连接、软件配置和数据采集。
（2）能够完成机器人生产作业设备数据采集的硬件连接、软件配置和数据采集。
（3）能够完成数控机床生产作业设备数据采集的硬件连接、软件配置和数据采集。

3. 素质目标

（1）具备良好的职业素养和职业道德，能够达到 7S 管理要求。
（2）具备良好的沟通能力、团队协作能力、举一反三能力和实践创新能力。
（3）具备爱岗敬业的职业素养和数智化思维意识。

知识图谱

本项目的知识图谱如图 4-2 所示。

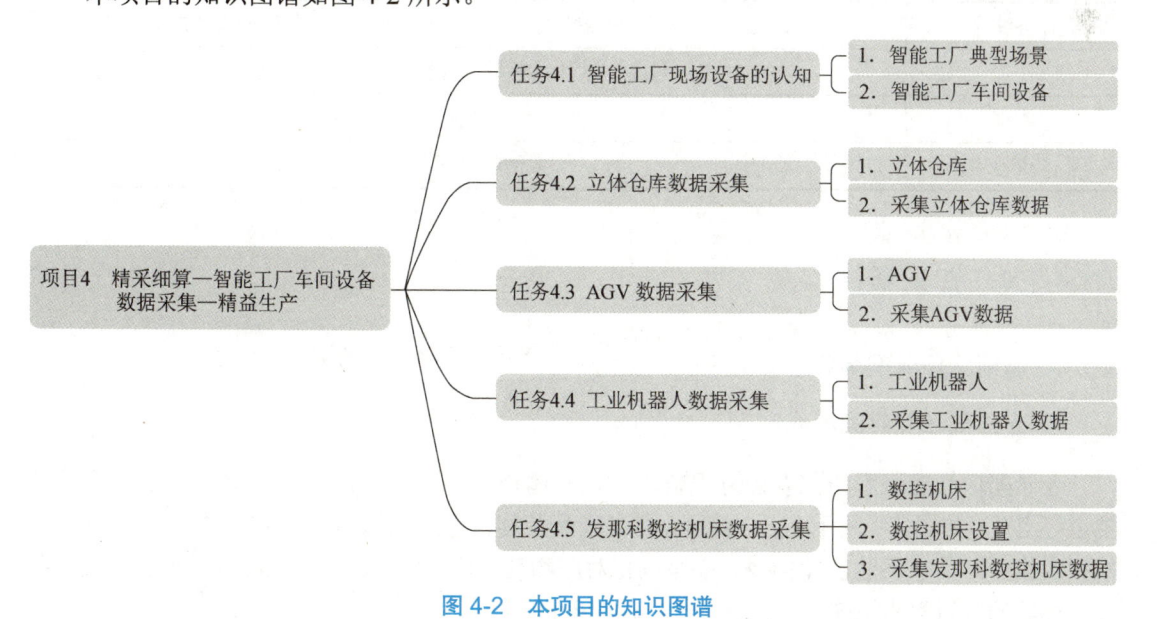

图 4-2　本项目的知识图谱

任务 4.1　智能工厂现场设备的认知

4.1.1　任务描述

传统制造类企业的生产方式正在由以人力生产为主转变为以智能化设备（或产线）生产为主。工赋协会的同学们来自不同的学院，智能工厂对于大家而言，仿佛是一个琳琅满目的百货超市，各类生产/流水线让人目不暇接，有些设备甚至就连智能制造学院的同学也叫不上名字。设备认知是开展数字化转型工作的首要任务，下面让我们一同来学习吧。

4.1.2　任务分析

本任务通过介绍智能工厂典型场景，引导学生熟悉智能工厂常用设备，使学生对智能工厂有一个初步的认识，在此基础上分析典型场景的智能产线及主要设备，总结并认识常见的生产作业设备。

4.1.3　任务准备

任务准备表如表 4-1 所示。

表 4-1　任务准备表

任务编号	4.1	任务名称	智能工厂现场设备的认知
工具、设备、软件、耗材、资料			
类别	名称		
资料	案例收集任务书		

4.1.4　知识链接

1. 智能工厂典型场景

1）仓储配送智能流水线

仓储配送智能流水线主要由进出料辊道、立体仓库、双工位堆垛机、AGV、空料筐返回辊道等组成，如图 4-3 所示。工作流程：将半成品及物料通过堆垛机存储到立体仓库中，WMS 根据产线生产需求下达出库指令，堆垛机将对应物料出库，由 AGV 运送物料至相应产线，生产完成后的空料筐由 AGV 运输至提升机辊道入口。

图 4-3　仓储配送智能流水线

2）智能装配车间

智能装配车间包括生产制造执行系统、托盘夹具、移动机器人智能周转系统、拧紧机、打标机、回转力矩测量机、泄漏测试机、压装机、翻转机、悬挂起重机、桁架机械手系统等各种设备及专用工具，如图 4-4 所示。

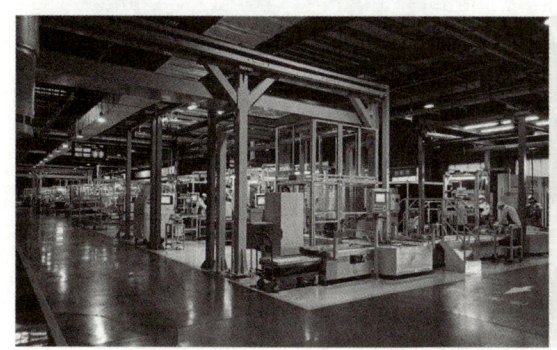

图 4-4　智能装配车间

3）智能焊装产线

在汽车制造过程中，车身的焊装环节至关重要，直接决定了车身的整体强度。一辆汽车的车身通常包含 4000～5000 个焊点，这些焊点的品质直接影响着整车的质量。汽车焊装产线如图 4-5 所示。该产线采用焊接机器人能够保证在恶劣工作环境中工作，保证产品质量的稳定性。此外，智能焊装产线还配备了大数据平台、梯形图监控等功能，可以实时监控故障情况、动作状态、动作顺序等。

2. 智能工厂车间设备

1）立体仓库

立体仓库由货架、巷道式堆垛起重机、入（出）库工作台和自动运进（出）及操作控制系统等组成。巷道式堆垛起重机穿行在货架之间的巷道中，完成存货、取货的工作。利用立体仓库设备可实现仓库高层合理化、存取自动化、操作简便化。立体仓库如图 4-6 所示。

图 4-5　汽车焊装产线

图 4-6　立体仓库

2）堆垛机

堆垛机又称为堆垛起重机，具有较高的搬运速度和货物存取速度，主要用于在仓库、车间等场所抓取、搬运和堆垛或从高层货架上取放单元货物，能在短时间内完成出入库作业。堆垛机能够远程控制，作业过程无须人工操作。堆垛机如图 4-7 所示。

图 4-7　堆垛机

3）AGV

AGV 装有电磁或光学等自动导引装置，能够沿着规定的导引路径行驶，是具有安全保护及各种移载功能的运输车，如图 4-8 所示。AGV 在工业应用中不需要驾驶员，可以通过计算机控制行进路线及行为或利用电磁轨道设立其行进路线，具有工作效率高、结构简单、可控性强、无须人工操作、安全性好等优点。

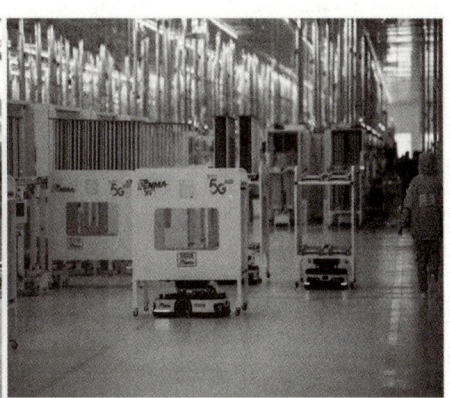

图 4-8　AGV

4）工业机器人

在工厂车间，工业机器人的使用非常普遍，如用于过道的清洁机器人、用于打磨加工的磨削机器人、用于实现上下料功能的上下料机器人、用于实现焊接功能的焊接机器人、用于实现物料整理码垛的码垛机器人、用于实现对车身等零部件进行喷涂的喷涂机器人等，如图 4-9 所示。

(a)清洁机器人 　　　　　　　　(b)磨削机器人 　　　　　　　　(c)上下料机器人

(d)焊接机器人 　　　　　　　　(e)码垛机器人 　　　　　　　　(f)喷涂机器人

图 4-9　工业机器人

5）数控机床

数控机床是指采用数字技术控制的机床。凡是用数字化的代码将加工过程中所需的各种操作和步骤及刀具与工件之间的相对位移等信息用数字化的指令（记录在程序介质上）表示出来，并送入计算机或数控系统经过译码、运算及处理，控制机床的刀具与工件的相对运动，加工出所需工件的机床，都被称为数控机床。数控机床如图 4-10 所示。

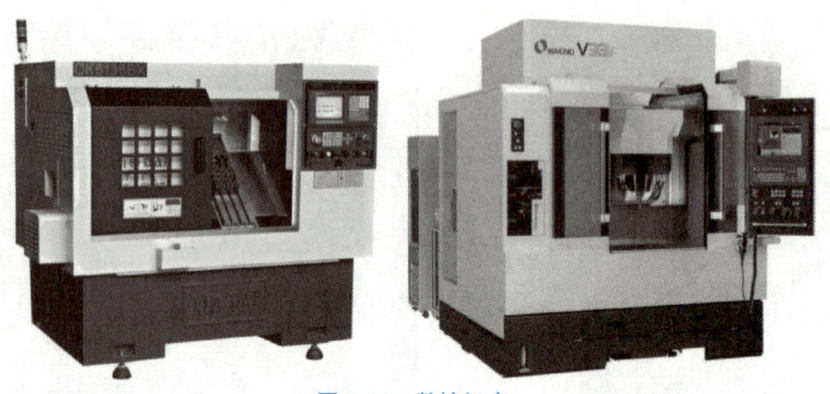

图 4-10　数控机床

4.1.5　任务实施

1. 任务分配

任务分配表如表 4-2 所示。

表 4-2　任务分配表

组名		日期	
组训		组长	
工作任务	任务分工	成员	
智能工厂车间案例	智能工厂车间案例收集		
	智能工厂车间案例分析		
智能工厂车间设备	智能工厂车间设备收集		
	智能工厂车间设备学习		

2. 小组讨论

每个小组根据任务要求和分工情况进行小组研讨及任务实施，并整理任务资料。

3. 成果分享

每个小组将任务实施结果上传至线上教学平台，各小组分别汇报、展示和讲解任务实施成果。

4.1.6 任务总结

任务总结表如表 4-3 所示。

表 4-3 任务总结表

任务实施过程	存在的问题	解决办法
案例的收集		
案例的处理与分析		
团结协作、表达能力		
现场 7S 管理		

4.1.7 任务评价

任务评价表如表 4-4 所示。

表 4-4 任务评价表

序号	评价内容	自我评价	小组评价	教师评价	评分标准
1	态度端正，工作认真				10
2	能熟练、多渠道地查找参考资料				20
3	能够熟练地完成项目中的工作任务				30
4	能正确回答指导教师的问题				10
5	能在规定时间内完成任务				20
6	能与他人团结协作				5
7	能做好 7S 管理工作				5
	合计				100
	总分				

4.1.8 巩固自测

1. 填空题

（1）仓储配送智能流水线主要由进出料辊道、立体仓库、双工位堆垛机、（   ）、空料筐返回辊道等组成。

（2）立体仓库由（   ）、巷道式堆垛起重机、入（出）库工作台和自动运进（出）及（   ）等组成。

（3）堆垛机又称为（   ），具有较高的搬运速度和货物存取速度。

（4）采用数字技术形式控制的机床是（   ）。

2. 判断题

（1）在仓储配送智能流水线中，WMS 根据产线生产需求下达出库指令，由人工将对应物料出库并运送至相应产线。（   ）

(2) 智能装配车间的设备不包括桁架机械手系统。   （   ）
(3) 汽车焊装产线采用焊接机器人能够保证在恶劣工作环境中工作，保证产品质量的稳定性。   （   ）
(4) 立体仓库的巷道式堆垛起重机穿行在货架之间的巷道中，完成存货、取货的工作。
                                                              （   ）
(5) AGV 在工业应用中需要驾驶员。   （   ）

3. 不定项选择题

（1）AGV 主要适用于哪些场景？（   ）
  A．半成品转运　　　　　　　　　　B．物料码垛
  C．立体仓库接驳　　　　　　　　　D．产线自动上下料
（2）以下属于工业机器人应用领域的是（   ）。
  A．焊接　　　　B．码垛　　　　C．喷涂　　　　D．上下料

4.1.9 任务拓展

企业案例：某商用冷链股份有限公司数字化改造项目。

1. 项目概况

某商用冷链股份有限公司的产品包括商用冷冻展示柜、商用冷藏展示柜、商超展示柜及商用智能售货柜，该公司拥有全自动无氟产线、行业领先的实验室、先进的性能检测设备和柔性化的生产制造系统。

冰柜门装配环节的冰柜门与冰柜体的不匹配问题如图 4-11 所示。该公司在冰柜门装配环节采用流水线加机械手的自动化装配方式，流水线将冰柜体和冰柜门输送到装配位置，由机械手进行抓取和安装。但是，由于在冰柜门的上料过程中可能会存在顺序错误，而机械手单纯完成冰柜门的定点抓取和装配动作，缺少对冰柜门和冰柜体的类型匹配检测，因此可能会导致冰柜门输送出现与计划的顺序不一致的情况，造成冰柜门与冰柜体的装配错误。

图 4-11　冰柜门装配环节的冰柜门与冰柜体的不匹配问题

2. 解决方案

视觉检测解决方案如图 4-12 所示。

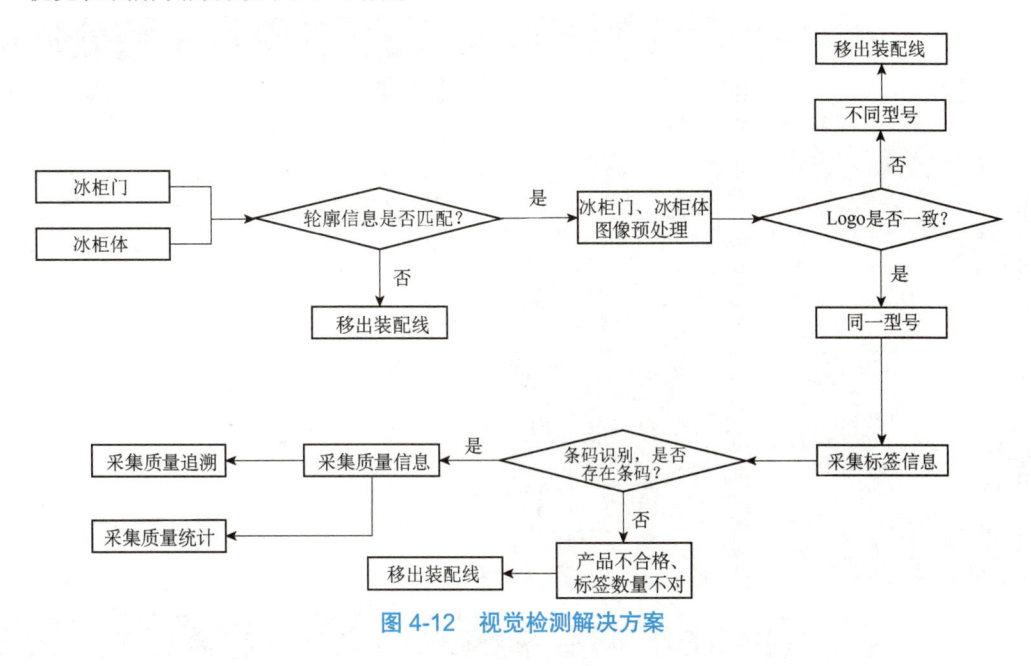

图 4-12 视觉检测解决方案

基于企业的需求，为解决冰柜门装配环节的冰柜门与冰柜体的不匹配问题，建设基于视觉检测技术、AI 算法、OCR（Optical Character Recognition，光学字符识别）、位置定位等技术的视觉检测系统，实现冰柜门与冰柜体的匹配安装，以及在出现不匹配问题时，系统在边缘侧通过声光方式及时报警。

3. 应用效果

（1）冰柜体和冰柜门自动识别：解决冰柜门装配环节的冰柜门与冰柜体的不匹配问题，在冰柜门和冰柜体的装配工位，通过视觉检测，识别冰柜门的外观，自动判断该冰柜门与冰柜体是否匹配。若匹配，则进行装配；如果不匹配，则进行报警。冰柜体和冰柜门自动识别如图 4-13 所示。

图 4-13 冰柜体和冰柜门自动识别

（2）铭牌、条码自动识别：通过图像识别铭牌、条码位置，自动判定是否合格，使质检效率提高 65%。标识自动识别如图 4-14 所示。

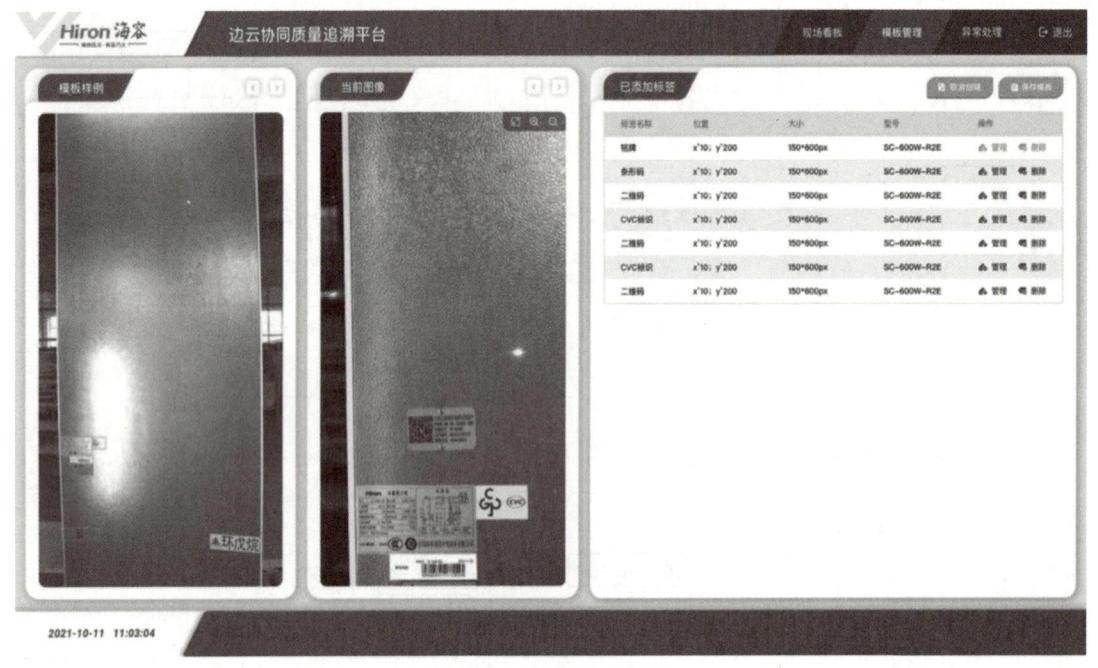

图 4-14　标识自动识别

（3）替代人工检验，提高检验准确率：消除人工检验可能因视觉疲劳等出现的漏检、错检等问题，提高检验准确率。图像智能检验如图 4-15 所示。

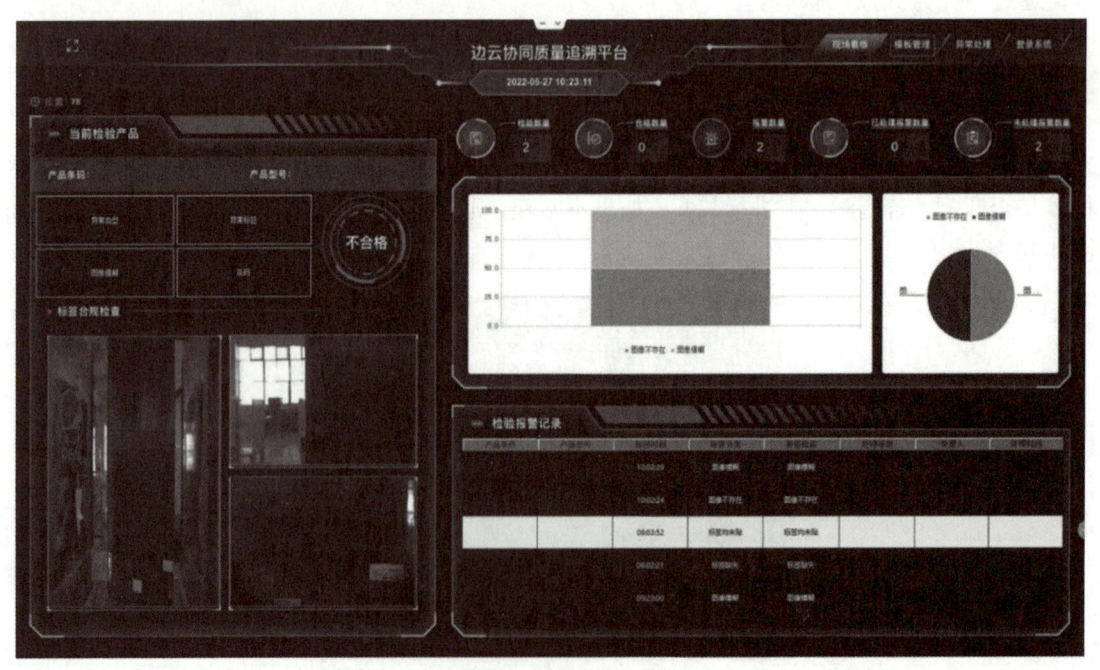

图 4-15　图像智能检验

（4）通过实时动态信息，及时调整生产：实时监测动态信息，使沟通效率提高 92%，如需调整生产，可以及时安排，减少等待时间 100%。生产排产实时监控如图 4-16 所示。

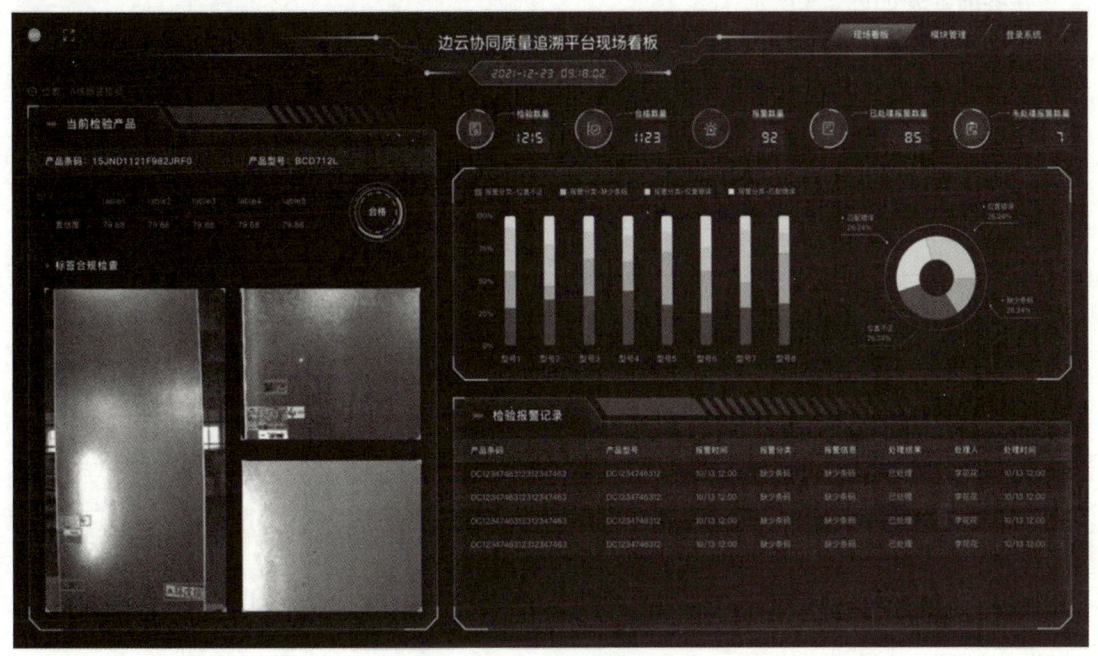

图 4-16　生产排产实时监控

任务 4.2　立体仓库数据采集

4.2.1　任务描述

"你们看，这里好多货架啊，还都是机器人在完成货物的堆垛，这些画面我之前只在电视里看到过，实地看到还是头一回呢！"小雷对同学们说道。此次工赋协会要完成的任务便是立体仓库数据采集。立体仓库是智能仓储的重要组成部分，立体仓库中仓位的使用数量和空余数量、货物仓位信息、货物统计信息等实时信息对整个工厂业务的正常运行起到至关重要的作用。本任务采用工业智能网关等设备采集立体仓库数据。

4.2.2　任务分析

本任务引导学生了解立体仓库的结构组成、工作流程、需要采集的信息等内容，在此基础上，使学生能够按照数据采集步骤，连接工业智能网关与其他设备，实时采集立体仓库数据。

4.2.3 任务准备

任务准备表如表 4-5 所示。

表 4-5 任务准备表

任务编号	4.2	任务名称	立体仓库的数据采集
工具、设备、软件、耗材、资料			
类别	名称		
设备	24V 稳压电源、计算机		
网关	工业智能网关 VT-EDU-N001		
耗材	导线、网线		
工具	接线工具		
软件	工业互联网设备数据采集系统		
资料	智慧职教 MOOC：工业数据采集技术		

4.2.4 知识链接

1. 立体仓库

立体仓库主要由货物存储系统、货物存取和传送系统、控制及管理系统三大部分组成，同时还配有空调系统、供电系统、称重计量系统、信息通信系统、消防报警系统等。立体仓库如图 4-17 所示。

图 4-17 立体仓库

在规模较小、操作相对简单的立体仓库中，可采用单台PLC控制堆垛机和出入库输送机。通过PLC的控制，设备能够按照预设的程序与指令自动执行货物的存取和传送操作。货物存取和传送系统如图4-18所示。

图4-18　货物存取和传送系统

对于规模较大、需要更高级控制的立体仓库，通常会采用联网控制方式。这种控制方式将各个单元机械（如堆垛机、输送机等）连接到网络中，通过中央控制系统进行集中控制和管理，可以实现更高效的协同作业，提高立体仓库的整体运作效率。更高级的立体仓库可采用集中控制、分离式控制或分布式控制的自动化控制系统。这些控制系统可以根据立体仓库的实际需求进行定制，以满足特定的业务需求。立体仓库的控制如图4-19所示，立体仓库的工作流程如图4-20所示，立体仓库现场如图4-21所示。

图4-19　立体仓库的控制

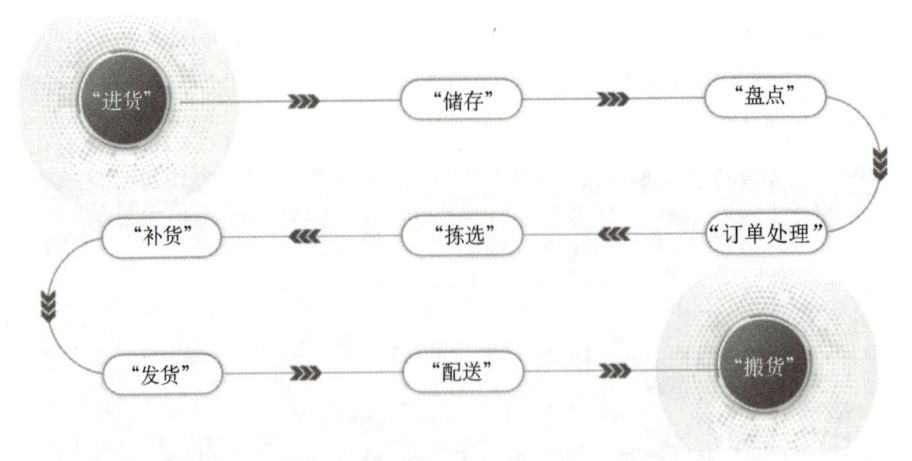

图 4-20 立体仓库的工作流程

图 4-21 立体仓库现场

收集现场设备信息：立体仓库使用西门子 S7-1200 PLC 作为主控制器，IP 地址为 192.168.1.19，端口号为 102。立体仓库需要采集的信息如表 4-6 所示。

表 4-6 立体仓库需要采集的信息

序号	名称	PLC 点位	说明	分类
1	系统状态	MD110	工作、停止	系统数据
2	运行状态	MD112	单机、联机	
3	报警标志	MD114	有、无	报警数据
4	任务号	MD116		加工数据
5	作业方式	MD118	入库、出库	
6	阶段标志	MD120	完成、运行中	
7	当前位置列	MD200		
8	当前位置层	MD202		

续表

序号	名称	PLC 点位	说明	分类
9	取货目标排	MD210		
10	取货目标列	MD212		
11	取货目标层	MD214		
12	放货目标排	MD220		
13	放货目标列	MD222		加工数据
14	放货目标层	MD224		
15	伸叉安全检测	I0.0		
16	伸钩安全检测	I0.1		
17	收钩到位检测	I0.2		
18	货位探测	I0.3		
19	载货探测	I0.7		

2. 采集立体仓库数据

1) 硬件连接

将工业智能网关、路由器安装到待采集设备上；通过路由器，实现工业智能网关、计算机、PLC 的连接；确保接线无问题及周围安全后，设备上电。工业智能网关及硬件连接如图 4-22 所示。

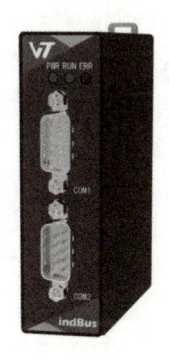

图 4-22　工业智能网关及硬件连接

2) 软件配置

在浏览器地址栏中输入 192.168.1.100（indBus 网关默认 IP 地址），登录网关 Web 页面，设置 ETH2 以太网口参数，如图 4-23 所示。

ETH1 以太网口与 PLC 同网段，并且 IP 地址不冲突，如本例中 PLC 地址为 192.168.1.19，ETH1 以太网口的 IP 地址设置为 192.168.1.121，如图 4-24 所示。

根据 PLC 信息设置数据采集参数，选择协议设置为"SIMATIC_S7COM"，S7COM IP 设置为"192.168.1.19"，S7 设备型号设置为"1200"，Modbus 映射区域设置为"1"，设置完成后单击"保存配置"按钮，如图 4-25 所示。

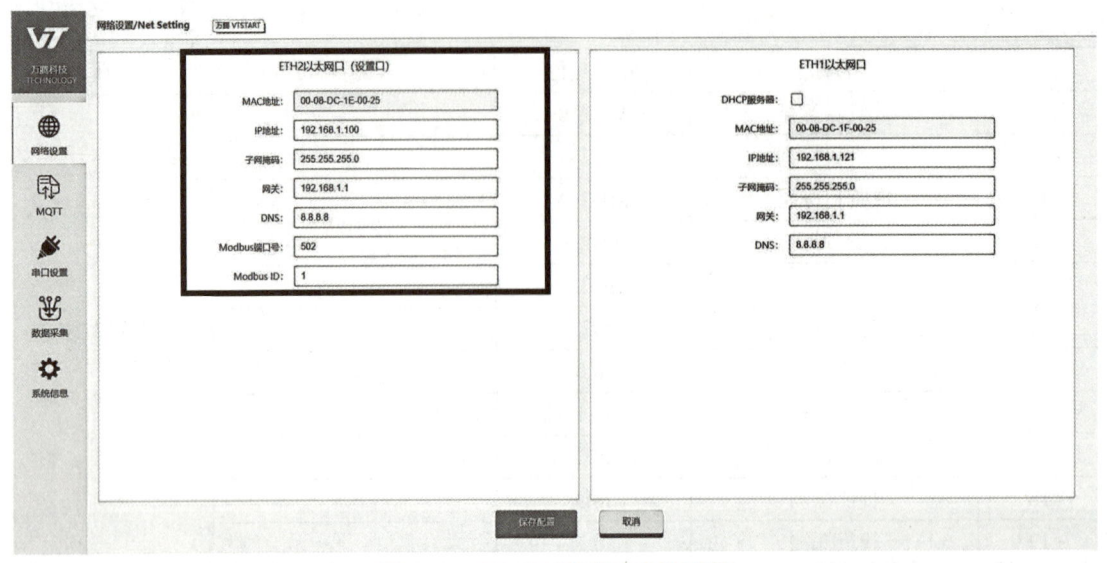

图 4-23　ETH2 以太网口参数设置

图 4-24　ETH1 以太网口参数设置

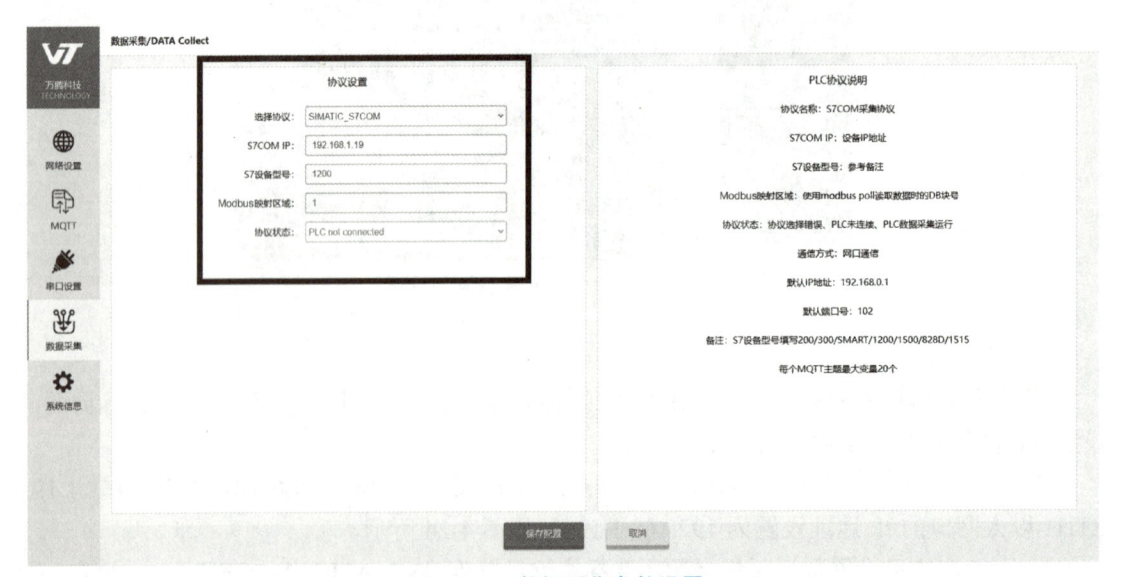

图 4-25　数据采集参数设置

根据 PLC 点位数据，可以采集的数据分为系统数据、加工数据、报警数据。

主题设置规则：企业标识/网关 ID/设备 ID/up/system。

智能网关中对应的主题如下。

（1）系统数据：sdxx/001E0025/LTCK0001/up/system。

（2）加工数据：sdxx/001E0025/LTCK0001/up/process。

（3）报警数据：sdxx/001E0025/LTCK0001/up/alarm。

工业智能网关 MQTT 参数配置如图 4-26 所示。根据 PLC 点位数据，配置工业智能网关 MQTT 参数，分别配置工业智能网关中对应的主题。

(a)MQTT设置

(b)主题1系统数据设置

(c)主题2加工数据设置

图 4-26　工业智能网关 MQTT 参数配置

(d) 主题3报警数据设置

图 4-26　工业智能网关 MQTT 参数配置（续）

3）配置工业互联网平台

（1）登录工业互联网平台，单击"设备信息管理"菜单中的"设备台账"，单击"新增"按钮，添加设备，如图 4-27 所示。

图 4-27　添加设备

（2）新增"设备信息"，填写相关信息。注意：设备编码需要与工业智能网关主题中的设备编号一致，根据需要选择是否监控展示，如图 4-28 所示。配置完成效果如图 4-29 所示。

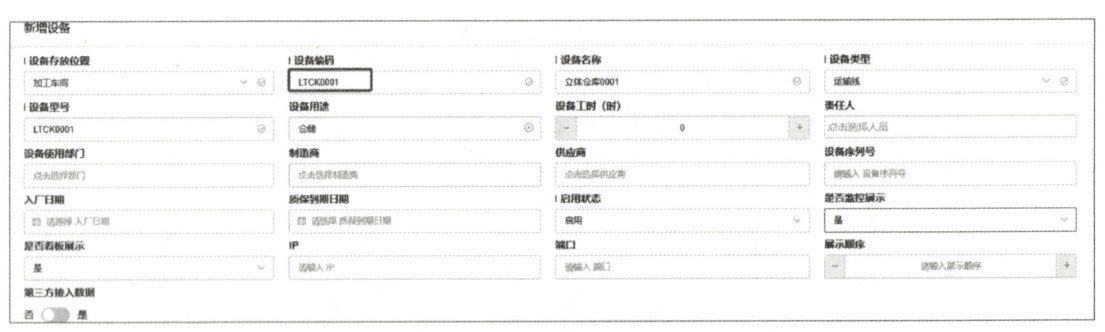

图 4-28　新增"设备信息"

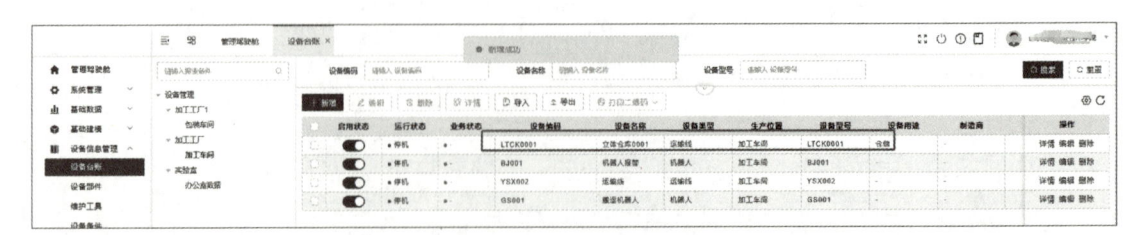

图 4-29　配置完成效果

（3）单击"数据采集管理"菜单中的"数据模板配置"，单击"新增"按钮，如图 4-30 所示。依次添加系统数据模板、加工数据模板、报警数据模板，根据 PLC 点位信息，填写数据字段信息。

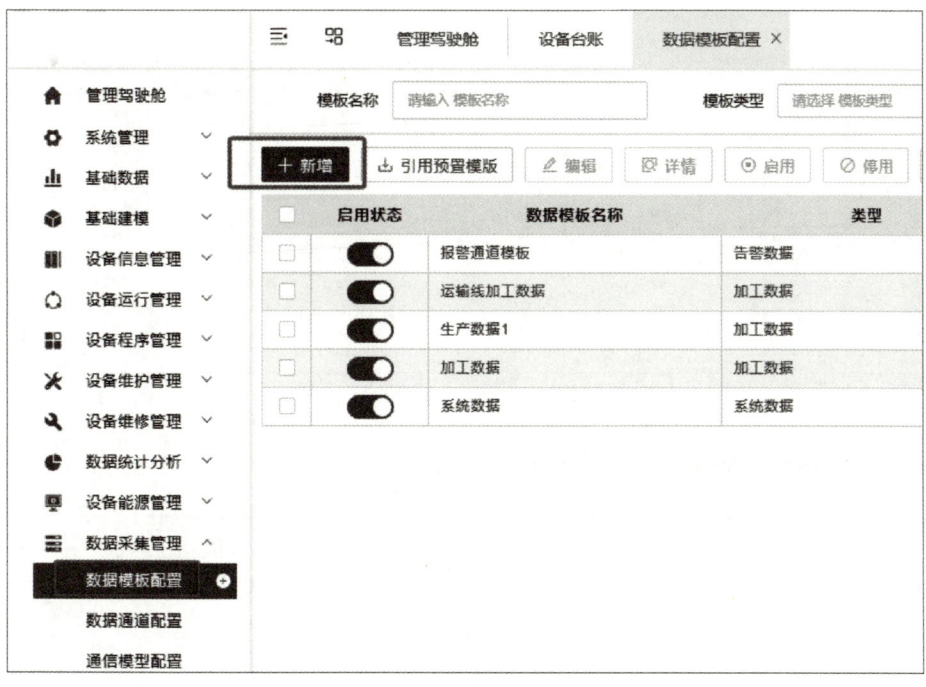

图 4-30　数据模板新增

为系统数据模板添加详细字段，如图 4-31 所示。

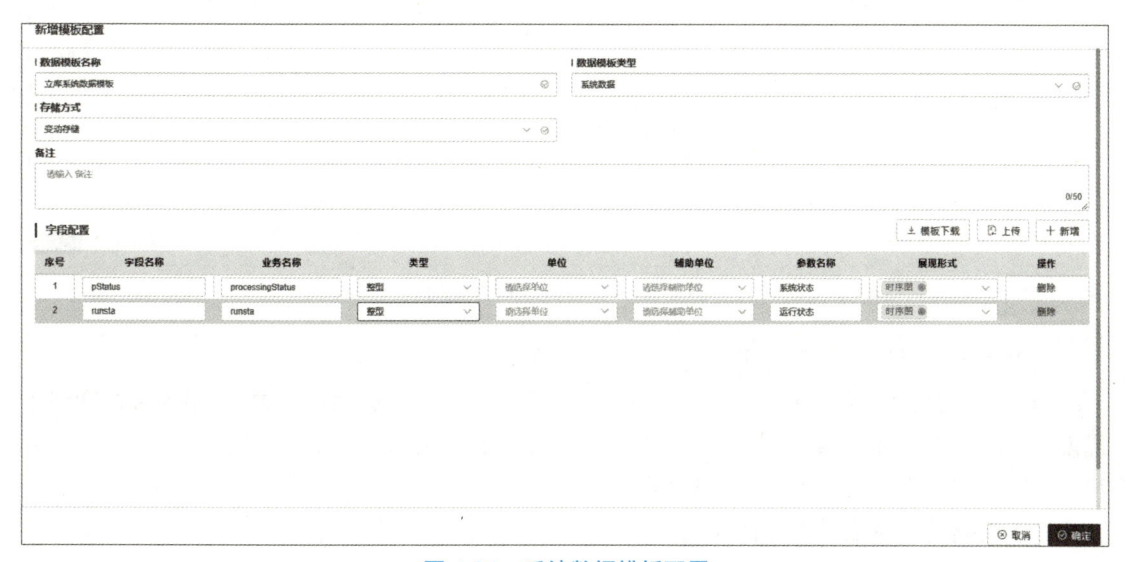

图 4-31　系统数据模板配置

为加工数据模板添加详细字段，如图 4-32 所示。

图 4-32 加工数据模板配置

为报警数据模板添加详细字段,如图 4-33 所示。

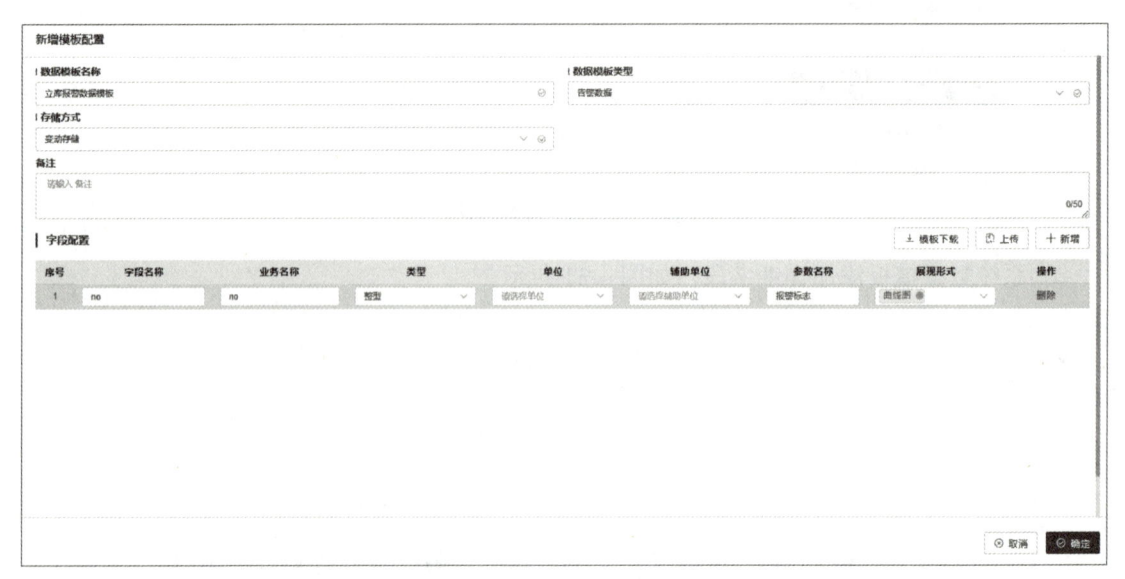

图 4-33 报警数据模板配置

配置完成后可以在列表界面中看到新配置的数据,如图 4-34 所示。

(4)数据通道配置。单击"数据采集管理"菜单中的"数据通道配置",添加数据通道配置模板,配置工业互联网平台与工业智能网关的 MQTT 协议,如图 4-35 所示。

系统数据通道参数设置如图 4-36 所示。

加工数据通道参数设置如图 4-37 所示。

报警数据通道参数设置如图 4-38 所示。

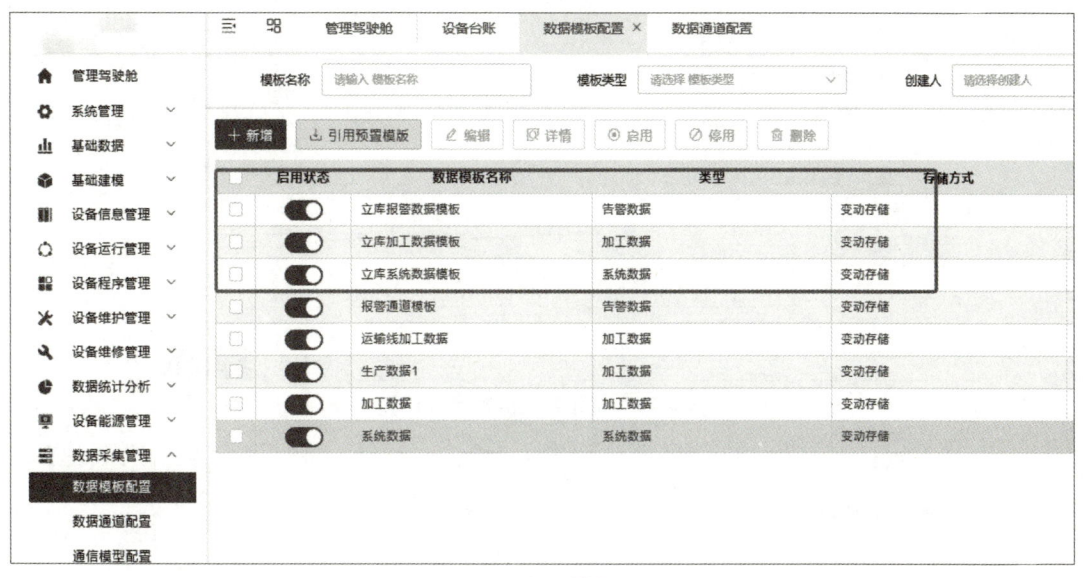

项目4　精采细算—智能工厂车间设备数据采集—精益生产

图 4-34　数据模板配置

图 4-35　数据通道新增

图 4-36　系统数据通道参数设置

143

图 4-37　加工数据通道参数设置

图 4-38　报警数据通道参数设置

单击"数据采集管理"菜单中的"通信模型配置",绑定工业智能网关数据与工业互联网平台中设备数据参数,如图 4-39 所示。

图 4-39　通信模型新增

单击"新增"按钮，分别添加系统数据通信模型、加工数据通信模型、报警数据通信模型，如图 4-40、图 4-41、图 4-42 所示。

图 4-40　添加系统数据通信模型

图 4-41　添加加工数据通信模型

配置完成后可以在列表界面中看到新配置的数据，如图 4-43 所示。

单击"设备运行管理"菜单中的"设备监控列表"，找到对应的设备，查看设备实时数据，如图 4-44 所示。设备监控看板如图 4-45 所示。

图 4-42　添加报警数据通信模型

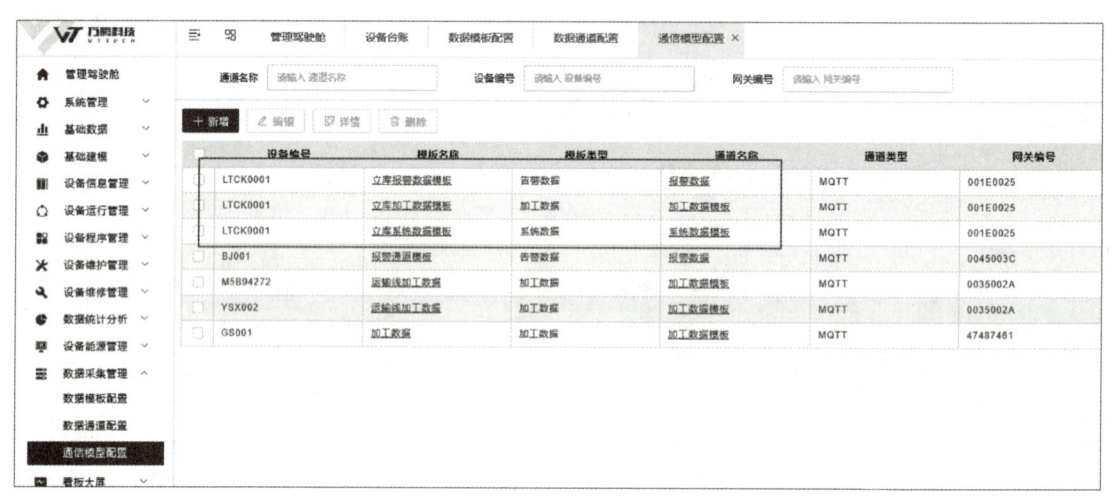

图 4-43　通信模型配置

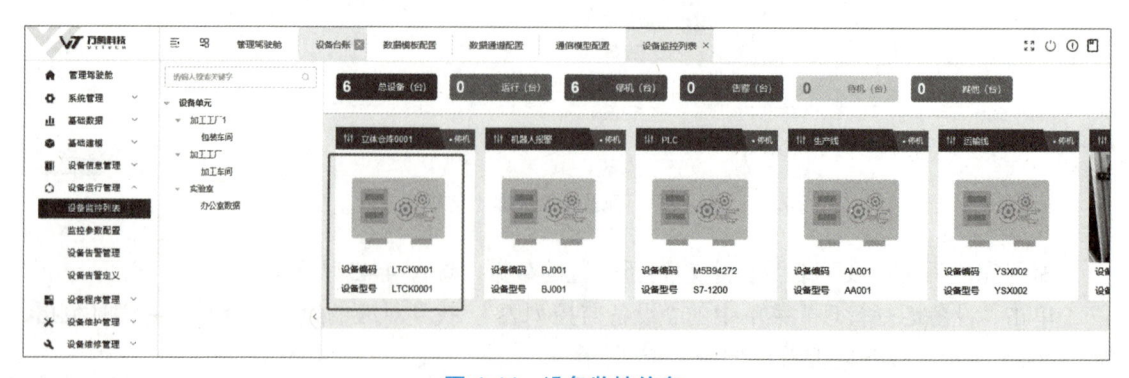

图 4-44　设备监控信息

移动端作业　　　　　　　　　　　　仓库管理看板

图 4-45　设备监控看板

4.2.5　任务实施

1. 任务分配

任务分配表如表 4-7 所示。

表 4-7　任务分配表

组名		日期	
组训		组长	
成员	任务分工	成员	任务分工

2. 拟定方案

小组成员共同拟定数据采集方案，列出本任务需要用到的设备、参数。任务方案表如表 4-8 所示。

表 4-8　任务方案表

序号	设备	参数	备注

3. 运行测试与验证

运行测试表如表 4-9 所示。

表 4-9　运行测试表

任务名称		测试小组	
测试名称	测试结果	测试人员	存在的问题
安装测试			
硬件测试			
软件测试			
采集测试			

4.2.6　任务总结

任务完成后，学生根据任务实施情况分析存在的问题及其原因，填写任务总结表，指导教师对任务实施情况进行点评。任务总结表如表 4-10 所示。

表 4-10　任务总结表

任务实施过程	存在的问题	解决办法
硬件连接		
软件配置		
数据采集与调试		
其他		

4.2.7　任务评价

任务评价表如表 4-11 所示。

表 4-11　任务评价表

序号	评价内容	自我评价	小组评价	教师评价	评分标准
1	态度端正，工作认真				5
2	遵守安全操作规范				5
3	能熟练、多渠道地查找参考资料				10
4	能熟练地完成项目中的工作任务				30
5	方案优化，选型合理				10
6	能正确回答指导教师的问题				10
7	能在规定时间内完成任务				20
8	能与他人团结协作				5
9	能做好 7S 管理工作				5
	合计				100
	总分				

4.2.8　巩固自测

1. 填空题

（1）规模较小、操作相对简单的立体仓库可采用（　　　）控制堆垛机和出入库输送机。

（2）在配置工业互联网平台时，进入"数据采集管理"菜单中的"数据模板配置"，需要依次添加（　　　）、加工数据模板、报警数据模板。

2. 判断题

（1）立体仓库的货物存取和传送系统只能通过联网控制的方式实现自动执行货物的存取和传送。　　　　　　　　　　　　　　　　　　　　　　　　　　　　　　　　　（　　）

（2）更高级的立体仓库只能采用集中控制的自动化控制系统。　　　　　　　（　　）

（3）本任务中工业智能网关的默认 IP 地址是 192.168.1.19。　　　　　　　　（　　）

（4）在配置数据采集参数时，协议可以选择"SIMATIC_S7COM"。　　　　（　　）

（5）在配置工业互联网平台时，设备编码需要与智能网关主题中的设备编号一致。

（　　）

3. 不定项选择题

（1）以下属于立体仓库组成部分的是（　　　）。

　　　A．货物存储系统　　　　　　　　B．货物存取和传送系统
　　　C．控制和管理系统　　　　　　　D．货物运输系统

（2）以下属于立体仓库数据采集信息的是（　　　）。

　　　A．货架信息　　B．仓位数量　　C．库存分析　　D．仓位状态

4. 简答题

简述立体仓库的工作过程。

4.2.9　任务拓展

企业案例：某打印机生产企业数字化改造项目。

1. 项目概况

企业现场如图 4-46 所示。

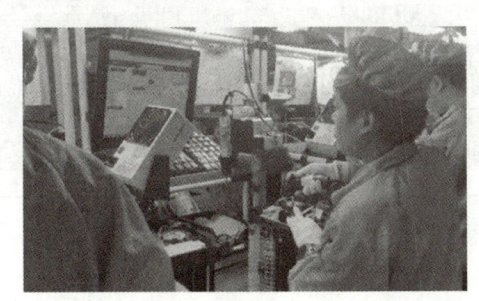

图 4-46　企业现场

2. 解决方案

仓储管理业务解决方案如图 4-47 所示。

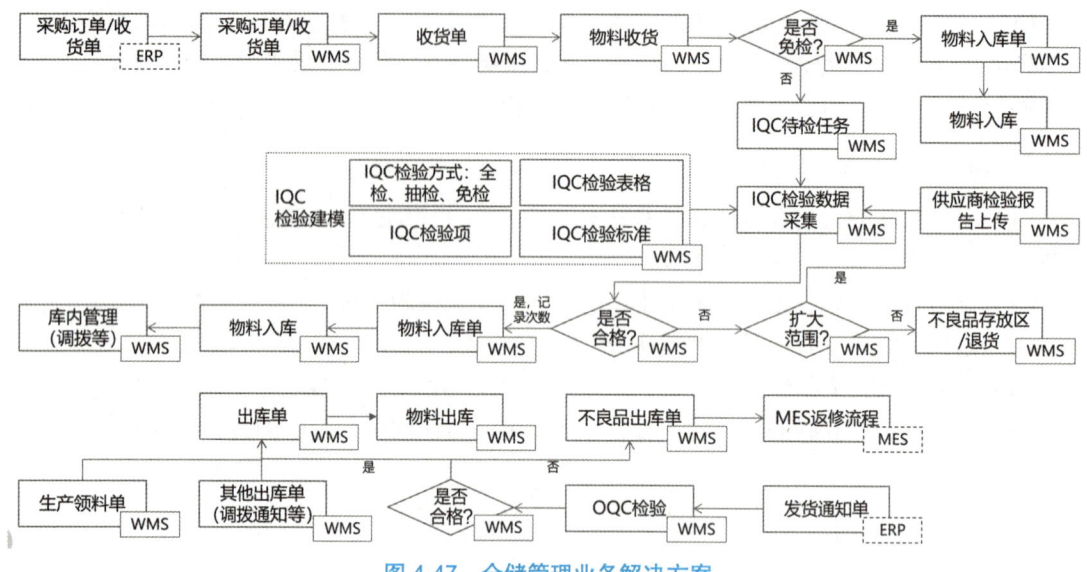

图 4-47 仓储管理业务解决方案

3. 应用效果

(1) 仓库作业效率提升：引入了条码机制，仓库入库/出库/盘点等业务可基于扫码进行快速业务处理，提高了仓库作业效率。设备远程集中管控如图 4-48 所示。

(2) 减少人员依赖：通过在入库时将物料与仓库/货架/库位等绑定，可以快速查找物料，减少了对仓库管理人员的依赖。

(3) 仓库作业实时监控：基于仓库看板，对仓库业务进行实时提醒，并对仓库作业进度进行实时监控。

(4) 仓库管理无纸化：通过 WMS 的实施，取消了纸质的入库/出库单据。

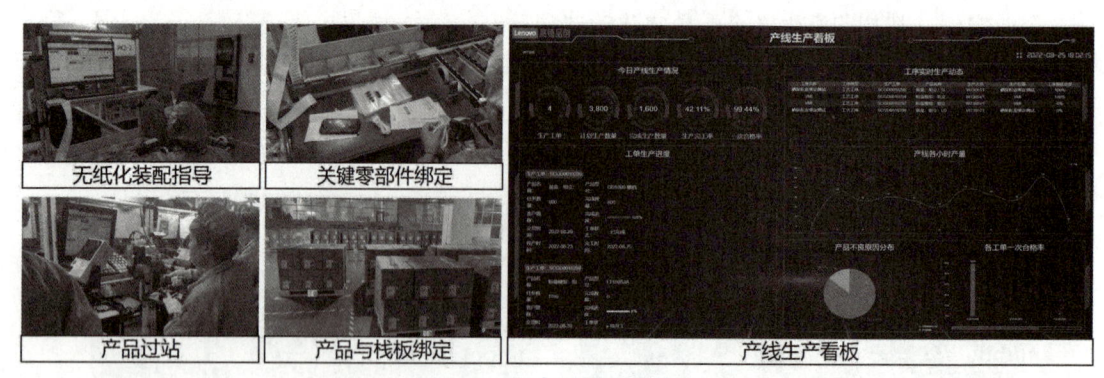

图 4-48 设备远程集中管控

任务 4.3　AGV 数据采集

4.3.1　任务描述

AGV 是智能仓储的重要组成部分，AGV 当前坐标、目标坐标、当前状态、货物状态等实时信息对仓储物流业务的正常运行起着至关重要的作用。

工赋协会的大龙同学所学的专业是物流专业，他一直很想亲眼看看 AGV 日常的工作情况，所以积极参与到此次 AGV 数据采集工作中。本任务将利用工业智能网关等设备采集 AGV 数据。

4.3.2　任务分析

本任务引导学生了解 AGV 的结构组成、分类、适用领域、需要采集的信息等内容，在此基础上，使学生能够按照采集步骤，连接工业智能网关与其他设备，实时采集 AGV 数据。

4.3.3　任务准备

任务准备表如表 4-12 所示。

表 4-12　任务准备表

任务编号	4.3	任务名称	AGV 数据采集
工具、设备、软件、耗材、资料			
类别	名称		
设备	24V 稳压电源、AGV、计算机		
网关	工业智能网关 VT-EDU-E001		
耗材	导线、网线		
工具	接线工具		
软件	工业互联网设备数据采集系统		
资料	智慧职教 MOOC：工业数据采集技术		

4.3.4　知识链接

1. AGV

AGV 是一种无人驾驶的运输设备，具有自动导航、搬运、定位、避障等功能。AGV 通常采用激光、视觉、电磁等导航方式，可以在复杂的环境中自主行驶，完成各种运输任务。AGV 广泛应用于物流、制造、医疗等领域，可以提升工作效率、降低人力成本、提高运输安全性。AGV 实物图如图 4-49 所示。

图 4-49　AGV 实物图

AGV 基本结构由机械系统、动力系统和控制系统三大部分组成。机械系统包括车体、车轮、转向装置、移载装置、安全装置五个部分，动力系统包括电池、充电装置及电动机，控制系统包括安全、移载、转向等装置。AGV 被广泛应用于工业生产领域，为了适应各种工况，AGV 的种类样式繁多，主要分为货叉式 AGV、牵引式 AGV、背驮移载式 AGV、举升式 AGV、潜入式 AGV、重载式 AGV 等。潜入式 AGV 的车体小巧，可以钻入物料车底部搬运物料，如图 4-50 所示。重载式 AGV 采用多轮系的驱动方式，要求精度高、载荷大，是技术难度最高的 AGV 产品之一，系列产品已应用于工程机械、钢铁冶金等行业，如图 4-51 所示。

图 4-50　潜入式 AGV

图 4-51　重载式 AGV

近年来，随着 AGV 技术的进步及企业自动化水平的不断提高，AGV 的应用深入到机械加工、家电生产、微电子制造、卷烟、半导体等多个行业，特别是车间运输通道窄、运输频次高的场合。AGV 的应用领域展示如图 4-52 所示。

图 4-52　AGV 的应用领域展示

2. 采集 AGV 数据

AGV 需要采集的信息表如表 4-13 所示。

表 4-13　AGV 需要采集的信息表

当前坐标	X	Y	
目标坐标	X	Y	
当前任务	运行	停止	故障
货物状态	有	无	

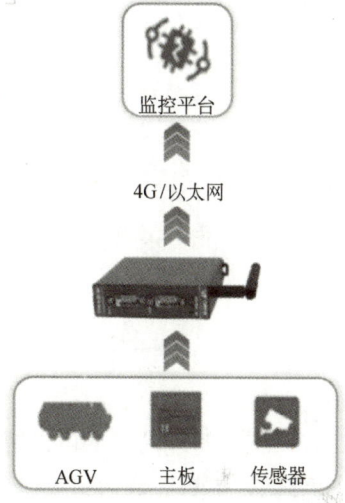

1）AGV 数据采集架构

AGV 数据采集架构如图 4-53 所示。AGV 主板通过 DB9 串口通信，通信模式采用 RS485，通信协议采用 Modbus RTU。工业智能网关通过 DB9 与主板相连，通过 Modbus RTU 协议采集 AGV 运行数据。工业智能网关通过 Wi-Fi 连接厂内 AP（Access Point，接入点）传输转换格式的数据。

2）AGV 数据采集参数设置

（1）计算机参数设置。

将计算机本地网卡的 IP 地址设置为 192.168.1.XXX（XXX 的范围为 2～254），子网掩码设置为 255.255.255.0，默认网关设置为 192.168.1.1（可以忽略），DNS 服务器设置为 114.114.114.114（可以忽略），设置完成后单击"确定"按钮保存设置，如图 4-54 所示。

图 4-53　AGV 数据采集架构

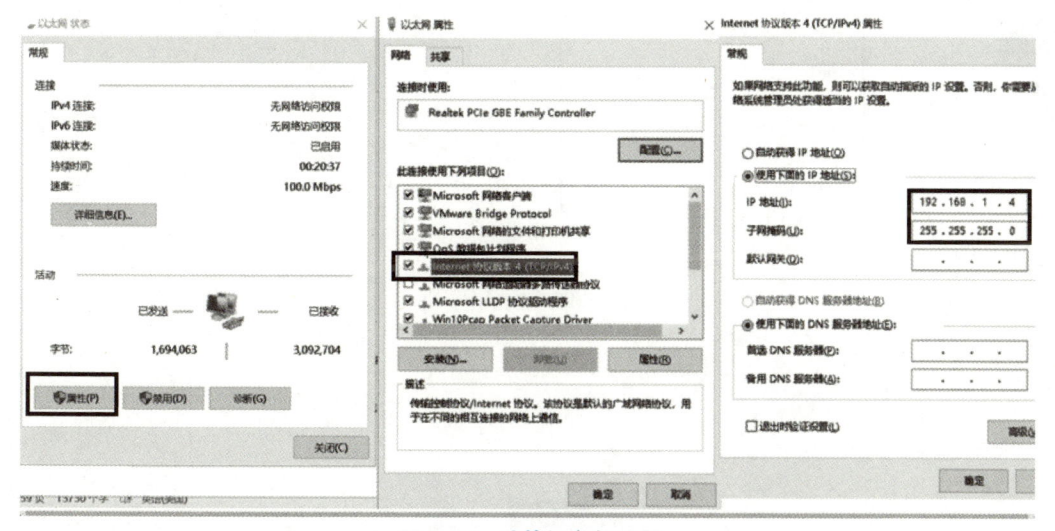

图 4-54　计算机参数设置

(2) 连接并配置工业智能网关。

① 打开浏览器，在地址栏中输入 192.168.1.100（工业智能网关默认 IP 地址），按回车键，浏览器应显示工业智能网关 Web 页面，如图 4-55 所示，若网页无响应，则长按复位键，恢复出厂设置后再进行 Web 访问。

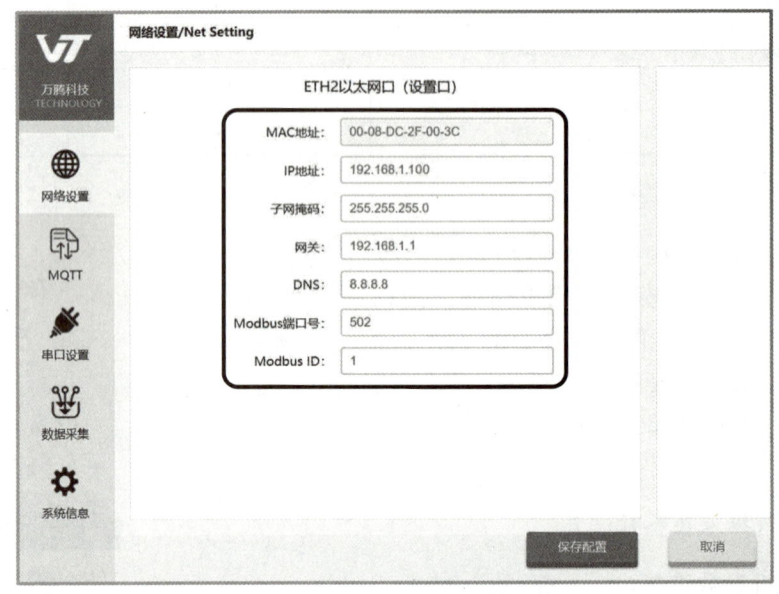

图 4-55　工业智能网关网络设置

② 工业智能网关串口设置：在工业智能网关 Web 页面中，单击"串口设置"，配置串口通信参数，配置完成后单击"保存配置"按钮，如图 4-56 所示。

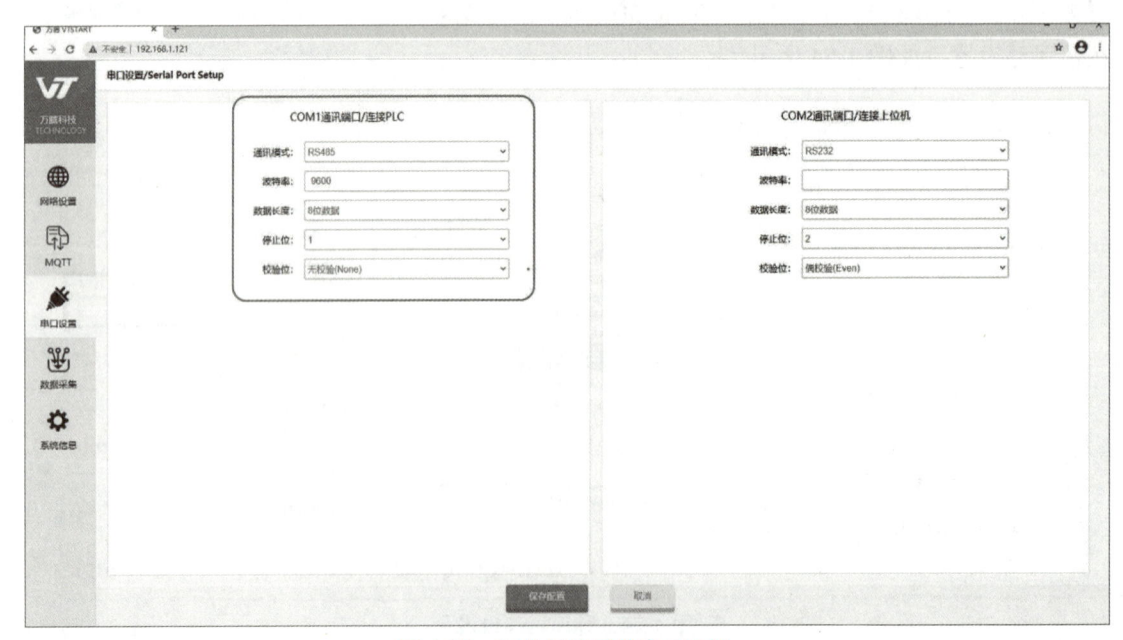

图 4-56　工业智能网关串口设置

③ 工业智能网关数据采集参数设置：在工业智能网关 Web 页面中，单击"数据采集"，配置 AGV 通信 ID 号及功能码，配置完成后单击"保存配置"按钮，如图 4-57 所示。

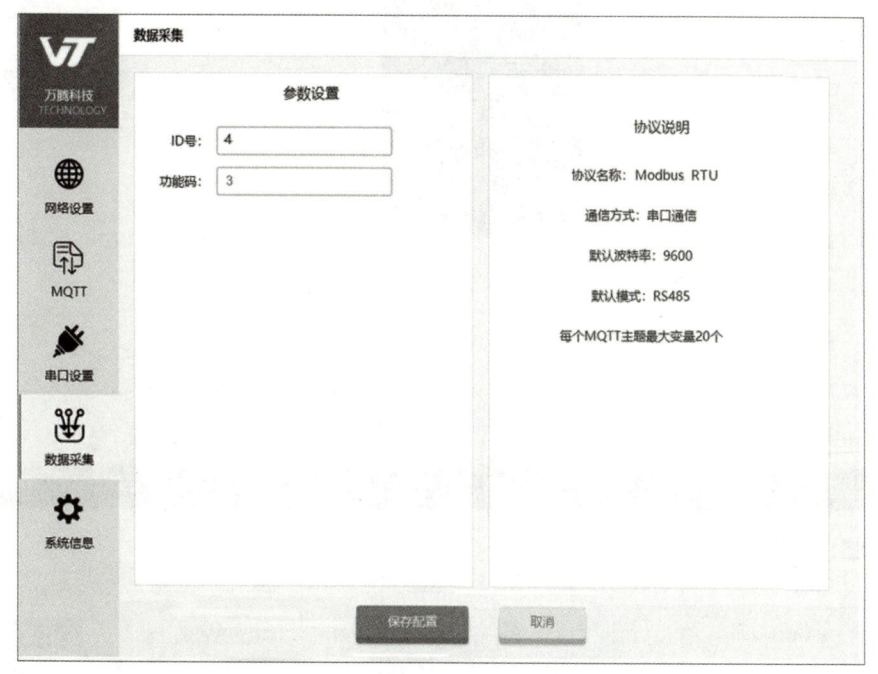

图 4-57　工业智能网关数据采集参数设置

（3）配置工业智能网关 Wi-Fi 连接 AP。

① PC 端与工业智能网关直连：在 PC 端能够获取到 IP 地址后，在浏览器地址栏中输入 192.168.1.251，按回车键，在打开的 Web 页面中输入用户名和密码，输入完毕后单击"登录"按钮，如图 4-58 所示。

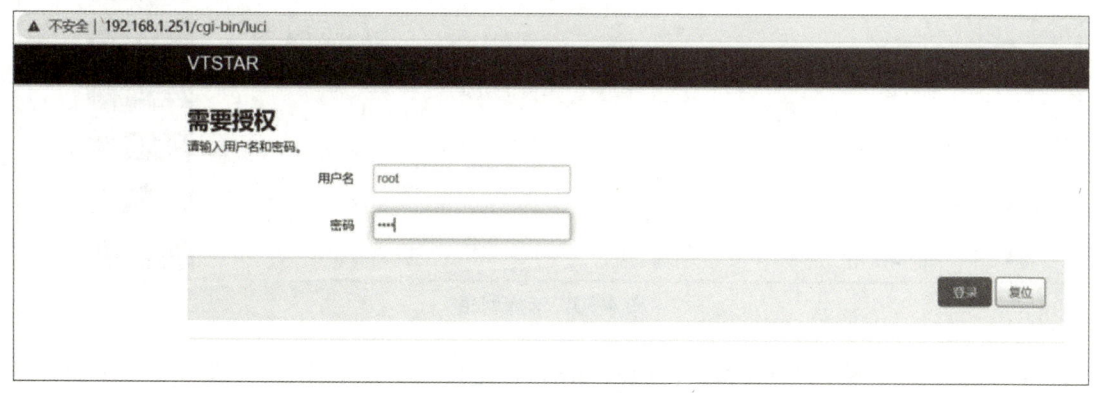

图 4-58　PC 端设置

② Wi-Fi 设置：单击"网络"→"无线"，进入 Wi-Fi 设置界面，如图 4-59 所示。
③ 选择网络：获取可使用的 Wi-Fi 网络，选择需要加入的 Wi-Fi 网络，单击"加入网络"按钮，如图 4-60 所示。

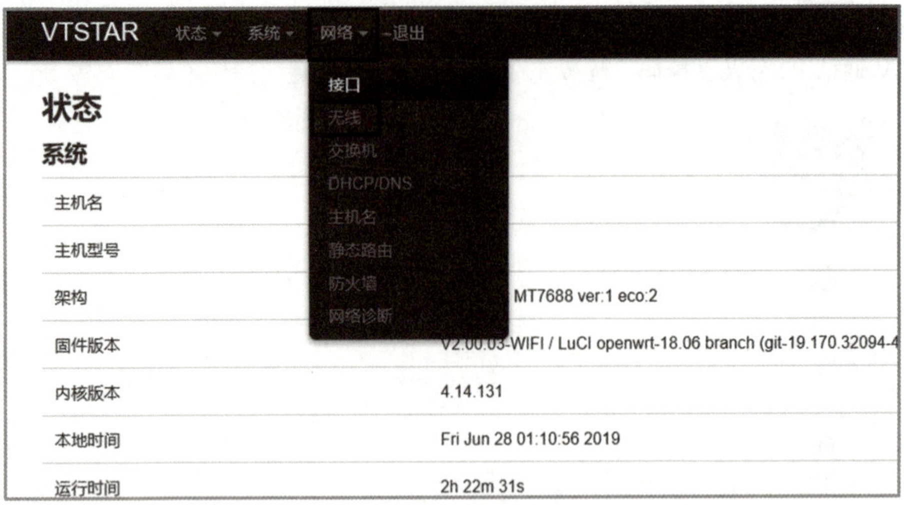

图 4-59　Wi-Fi 设置

图 4-60　选择网络

④ 连接网络：输入 WPA 密钥，加入网络，已连接站点会显示是否连接成功，工业智能网关能够正常连接无线 AP，说明网络连接正常，如图 4-61 和图 4-62 所示。

3）AGV 数据采集展示

AGV 数据采集系统连接成功后，可在 PC 端实时查看 AGV 运行状况，如图 4-63 所示。

图 4-61　WPA 密钥

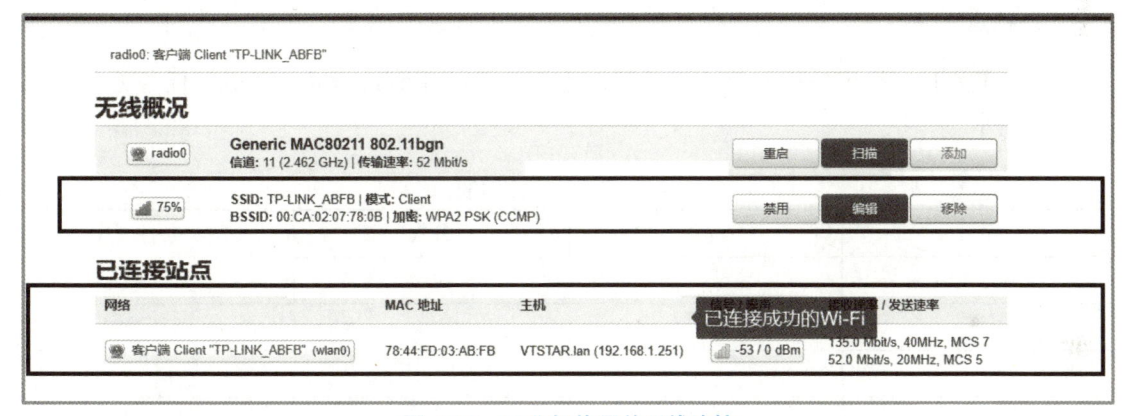

图 4-62　工业智能网关无线连接

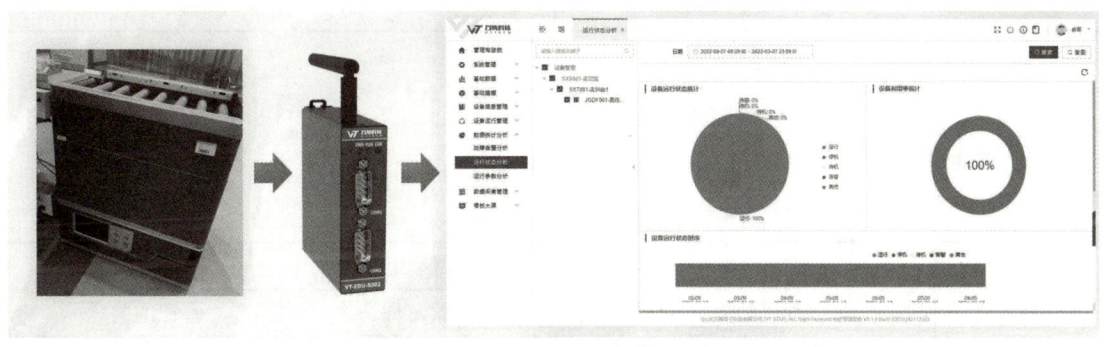

图 4-63　AGV 运行状况

4.3.5 任务实施

1. 任务分配

任务分配表如表 4-14 所示。

表 4-14 任务分配表

组名		日期	
组训		组长	
成员	任务分工	成员	任务分工

2. 拟定方案

小组成员共同拟定数据采集方案，列出本任务需要用到的设备、参数。任务方案表如表 4-15 所示。

表 4-15 任务方案表

序号	设备	参数	备注

3. 运行测试与验证

运行测试表如表 4-16 所示。

表 4-16 运行测试表

任务名称		测试小组	
测试名称	测试结果	测试人员	存在的问题
安装测试			
硬件测试			
软件测试			
采集测试			

4.3.6 任务总结

任务完成后,学生根据任务实施情况分析存在的问题及其原因,填写任务总结表,指导教师对任务实施情况进行点评。任务总结表如表 4-17 所示。

表 4-17 任务总结表

任务实施过程	存在的问题	解决办法
硬件连接		
软件配置		
数据采集与调试		
其他		

4.3.7 任务评价

任务评价表如表 4-18 所示。

表 4-18 任务评价表

序号	评价内容	自我评价	小组评价	教师评价	评分标准
1	态度端正,工作认真				5
2	遵守安全操作规范				5
3	能熟练、多渠道地查找参考资料				10
4	能熟练地完成项目中的工作任务				30
5	方案优化,选型合理				10
6	能正确回答指导教师的问题				10
7	能在规定时间内完成任务				20
8	能与他人团结协作				5
9	能做好 7S 管理工作				5
	合计				100
	总分				

4.3.8 巩固自测

1. 填空题

(1) AGV 是(　　　)的缩写,它是一种无人驾驶的运输设备。

(2) AGV 基本结构由机械系统、(　　　)和控制系统三大部分组成。

(3) 在配置计算机参数时,默认网关地址为 192.168.1.1,本地网卡的 IP 地址需要设置为 192.168.1.XXX,XXX 的范围为(　　　)。

（4）要查看 AGV 运行状况，需要在（　　　）实时查看，前提是 AGV 数据采集系统连接成功。

2. 判断题

（1）AGV 只能采用激光导航方式在环境中行驶。　　　　　　　　　　　　　（　　）
（2）重载式 AGV 是技术难度最低的 AGV 产品之一。　　　　　　　　　　（　　）
（3）在进行工业智能网关串口设置时，配置完参数后不需要保存配置。　　（　　）
（4）计算机参数设置里的默认网关地址 192.168.1.1 不可忽略，必须进行相关详细设置才能继续后续操作。　　　　　　　　　　　　　　　　　　　　　　　　　　　　（　　）
（5）在 AGV 数据采集架构中，工业智能网关通过网线连接厂内 AP 传输转换格式的数据。　　　　　　　　　　　　　　　　　　　　　　　　　　　　　　　　　　　（　　）

3. 不定项选择题

（1）以下（　　）不属于 AGV 的分类。
　　A．货叉式 AGV　　　　　　　　　　B．潜入式 AGV
　　C．悬挂式 AGV　　　　　　　　　　D．举升式 AGV
（2）在配置工业智能网关 Wi-Fi 连接 AP 时，以下哪个操作顺序正确？（　　）
　　A．PC 端与工业智能网关直连→Wi-Fi 设置→选择网络→连接网络
　　B．Wi-Fi 设置→PC 端与工业智能网关直连→选择网络→连接网络
　　C．选择网络→PC 端与工业智能网关直连→Wi-Fi 设置→连接网络
　　D．连接网络→PC 端与工业智能网关直连→Wi-Fi 设置→选择网络
（3）属于 AGV 数据采集信息的是（　　）。
　　A．当前坐标　　　　　　　　　　　B．货物状态
　　C．目标坐标　　　　　　　　　　　D．当前任务

4.3.9 任务拓展

请同学们根据 AGV 数据采集流程，思考如何采集其中的模拟量数据。

任务 4.4　工业机器人数据采集

4.4.1 任务描述

在工业博览会上，最常出现的便是工业机器人，它们有的像舞者"翩翩起舞"，有的像智者"举棋落子"，有的像大文豪"挥毫泼墨"，不得不说它们是工厂最得力的帮手，同时也是大型智能工厂产线、中小型智能制造单元的核心组成部分。在汽车制造、食品、电子电气等诸

多行业中都能看到它的身影。工业机器人常常需要与总控 PLC 进行通信,完成数据交互。本次工赋协会需要完成工业机器人数据采集。产线上的工业机器人如图 4-64 所示。

图 4-64 产线上的工业机器人

4.4.2 任务分析

本任务引导学生完成工业机器人的 PROFINET 通信配置,实现 PLC 与工业机器人在 PROFINET 协议下进行通信,编写 PLC 程序使工业机器人与 PLC 完成数据交互,并使用工业智能网关通过 PLC 采集工业机器人数据。

4.4.3 任务准备

任务准备表如表 4-19 所示。

表 4-19 任务准备表

任务编号	4.4	任务名称	工业机器人数据采集
工具、设备、软件、耗材、资料			
类别	名称		
设备	24V 稳压电源、ABB 工业机器人、西门子 PLC、计算机		
网关	工业智能网关 VT-SDU-E001		
耗材	导线、网线		
工具	接线工具		
软件	TIA Portal V17、RobotStudio 6.08 和 MThings		
资料	智慧职教 MOOC:工业数据采集技术		

4.4.4 知识链接

1. 工业机器人

工业生产网络如图 4-65 所示。

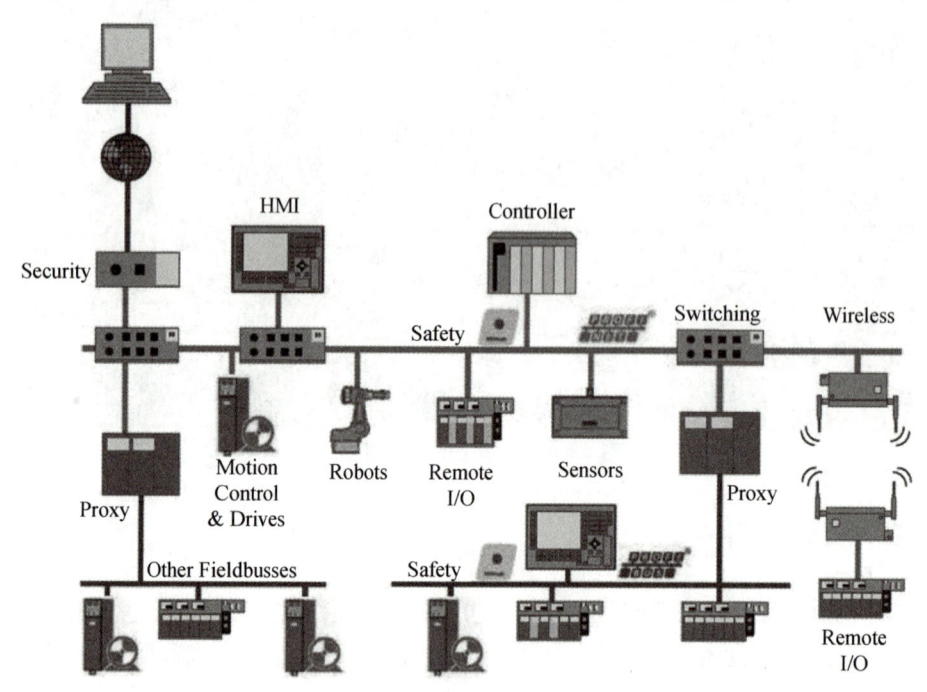

图 4-65 工业生产网络

1）PROFINET 通信

PROFINET 由 PROFIBUS 国际组织（PROFIBUS International，PI）推出，是新一代基于工业以太网技术的自动化总线标准，可以完全兼容工业以太网和现有的现场总线（如 PROFIBUS）技术。

2）ABB 工业机器人与西门子 PLC 通信

ABB 工业机器人的 PROFINET 选项有 888-2 PROFINET Controller/Device、888-3 PROFINET Device、840-3 PROFINET Anybus Device 等。

3）工业智能网关的配置界面

本任务以 VT-SDU-E001 型号的工业智能网关为例，其网络设置与任务 4.2 和任务 4.3 类似，此外不再赘述。工业智能网关 VT-SDU-E001 的数据采集界面如图 4-66 所示，主要包括西门子 PLC 的 IP 地址、设备型号、MODBUS 映射区域等，这些内容需要按照现场设备情况进行配置。

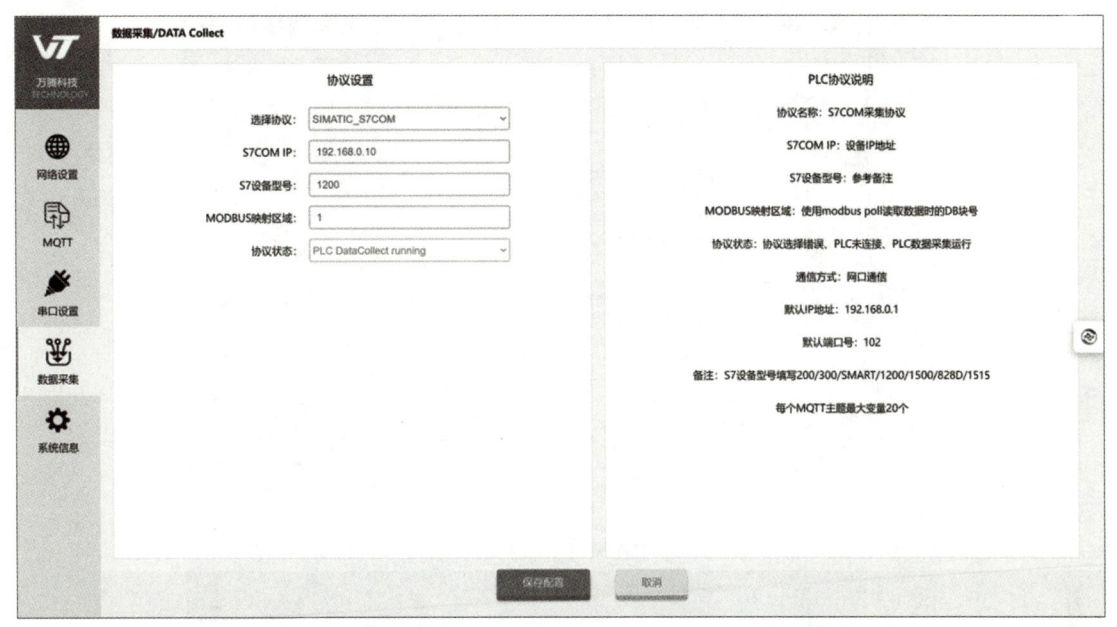

图 4-66　工业智能网关 VT-SDU-E001 的数据采集界面

2. 采集工业机器人数据

1）西门子 PLC 的输入/输出地址规划

为了方便进行 ABB 工业机器人与西门子 PLC 的通信测试，进行 PLC 的输入/输出地址规划，如表 4-20 所示。

表 4-20　PLC 的输入/输出地址规划

输入/输出	名称	地址
输入	接收 ABB 工业机器人信号的地址	IB100～IB163
输出	发送给 ABB 工业机器人信号的地址	QB100～QB163

2）PLC 硬件组态

打开 TIA Portal V17 软件，新建"ABB 工作机器人数据采集"项目，同时确定项目保存路径，切换至项目视图，双击项目树中的"添加新设备"选项。选择"控制器"选项，在"SIMATIC S7-1200"下选择型号为"CPU 1212C DC/DC/DC"，并确定订货号为"6ES7 212-1AE40-0XB0"，版本选择"V4.5"，如图 4-67 所示。添加 PLC 后，会自动切换到设备视图，在 PLC 硬件上单击，在下方会弹出"属性"选项卡，先选中左边的"PROFINET 接口"，然后选中"以太网地址"，添加新子网"PN/IE_1"，设置 IP 地址和子网掩码，如图 4-68 所示。

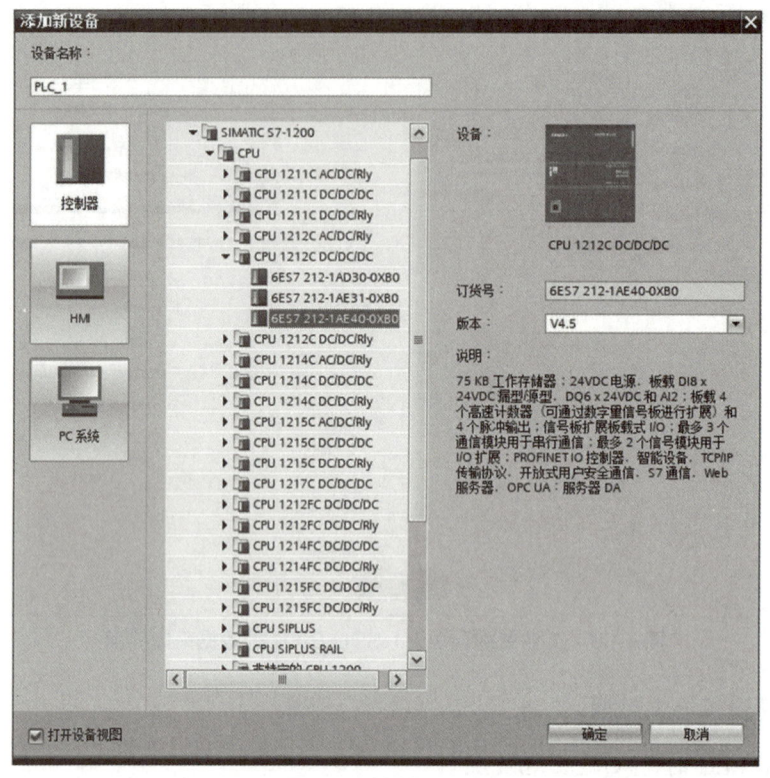

图 4-67 添加 PLC

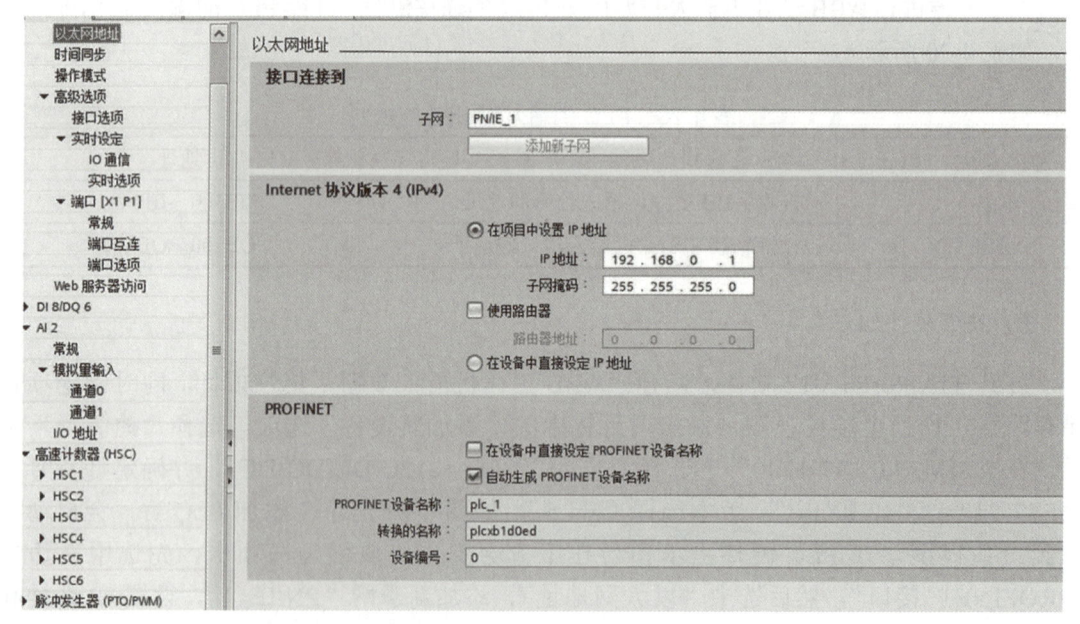

图 4-68 设置 PLC 的 IP 地址

为了能够正常与 ABB 工业机器人进行 PROFINET 通信，TIA Portal V17 软件需要先安装 ABB 工业机器人支持 PROFINET 通信的 GSDML 文件。打开 RobotStudio 6.08 软件，查看 GSDML 文件位置，如图 4-69 所示。

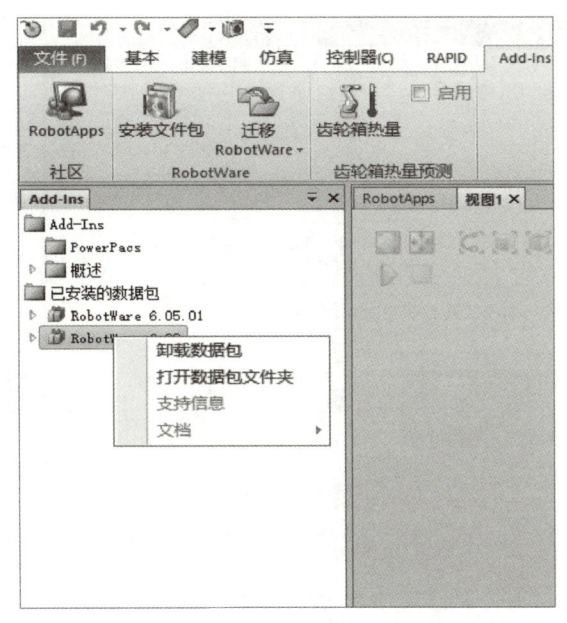

图 4-69 查看 GSDML 文件位置

打开 TIA Portal V17 软件，在"选项"菜单中选择"管理通用站描述文件（GSD）"选项，可安装或删除已经安装完成的 GSD 文件，如图 4-70 所示。选择"管理通用站描述文件（GSD）"选项后会弹出"管理通用站描述文件"窗口，从"源路径"下选择要安装 GSD 文件的文件夹，从显示 GSD 文件的列表中选择要安装的一个或多个文件，如"siem089d.gsd"，单击"安装"按钮。

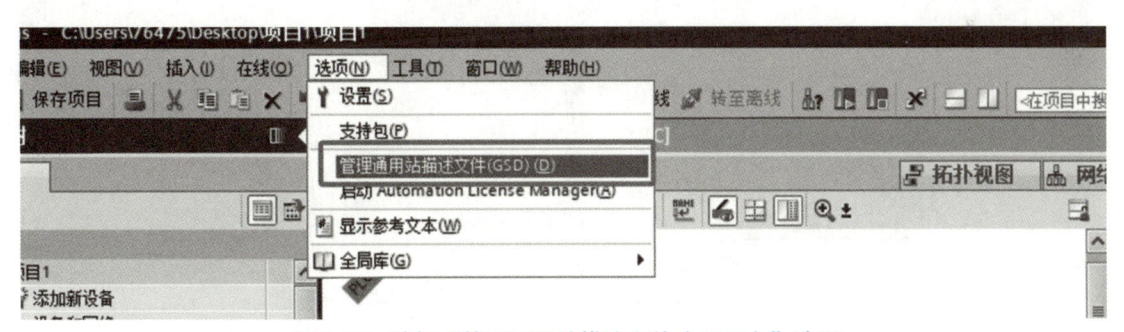

图 4-70 选择"管理通用站描述文件（GSD）"选项

添加 ABB 工业机器人 PROFINET IO 模块。在网络视图下，选中"硬件目录"，选择"其它现场设备"选项，依次单击展开"PROFINET IO"→"I/O"→"ABB Robotics"→"Robot Device"，双击"BASIC V1.4"，将其添加到网络视图中，如图 4-71 所示。

单击 ABB 工业机器人的 PROFINET IO 模块（RobotBasicIO BASIC V1.4）的"未分配"按钮，选择"PLC_1.PROFINET 接口_1"选项，形成 PROFINET 连接，如图 4-72 所示。

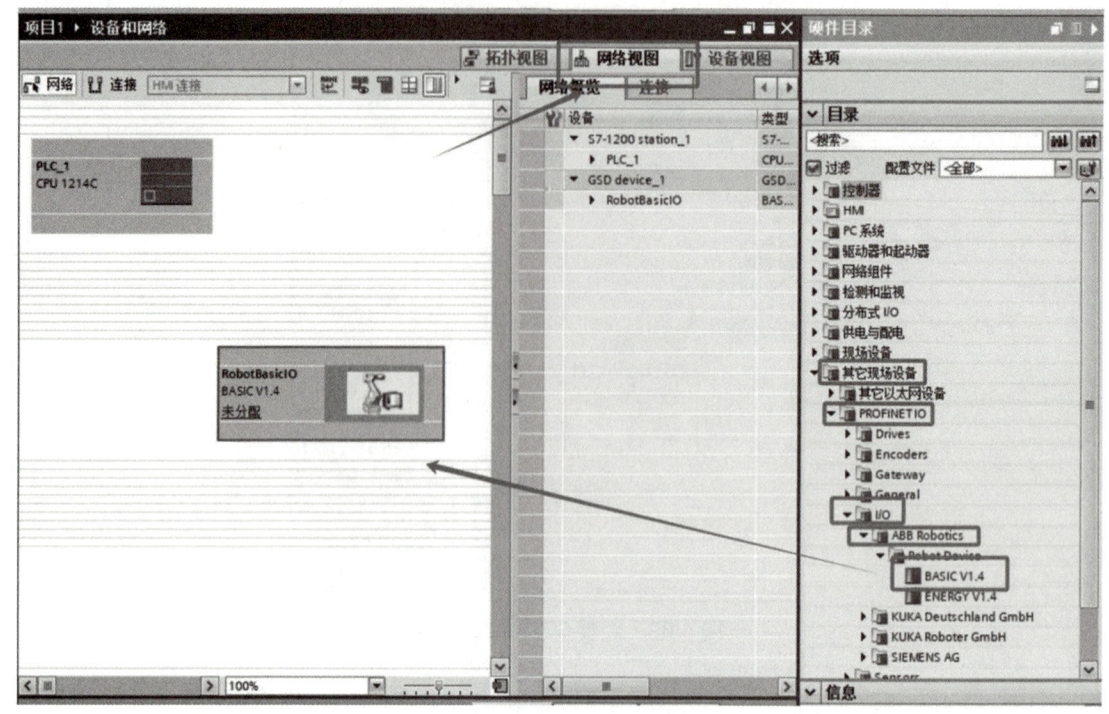

图4-71 添加ABB工业机器人PROFINET IO模块

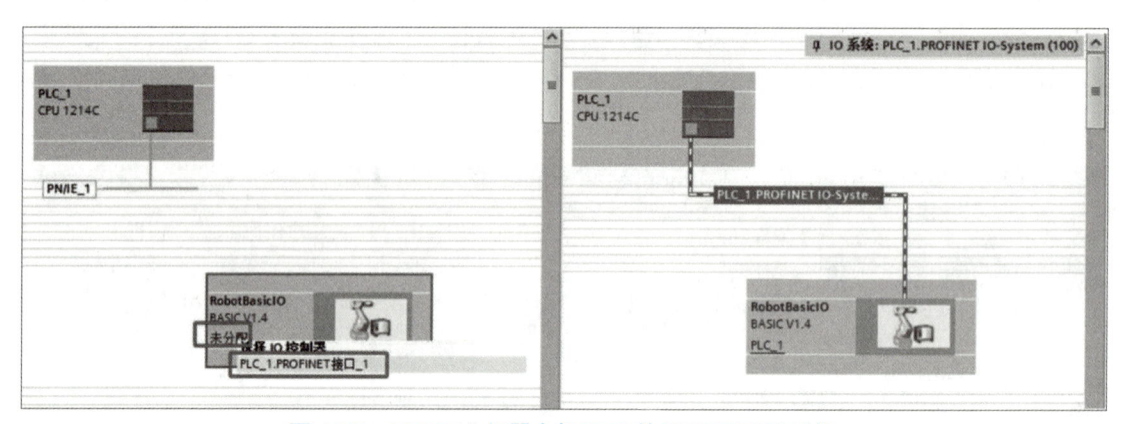

图4-72 ABB工业机器人与PLC的PROFINET连接

ABB工业机器人IP地址设置。进入ABB工业机器人的设备视图，在"常规"选项卡下选中"PROFINET接口"，将IP地址设置为192.168.0.10，PROFINET设备名称设置为robot，如图4-73所示。

注意：IP地址与PROFINET设备名称要和ABB工业机器人侧设置的完全一致。

在设备视图下为ABB工业机器人PROFINET IO模块添加发送数据通道DO 64 bytes（64字节）和接收数据通道DI 64 bytes（64字节），如图4-74所示。

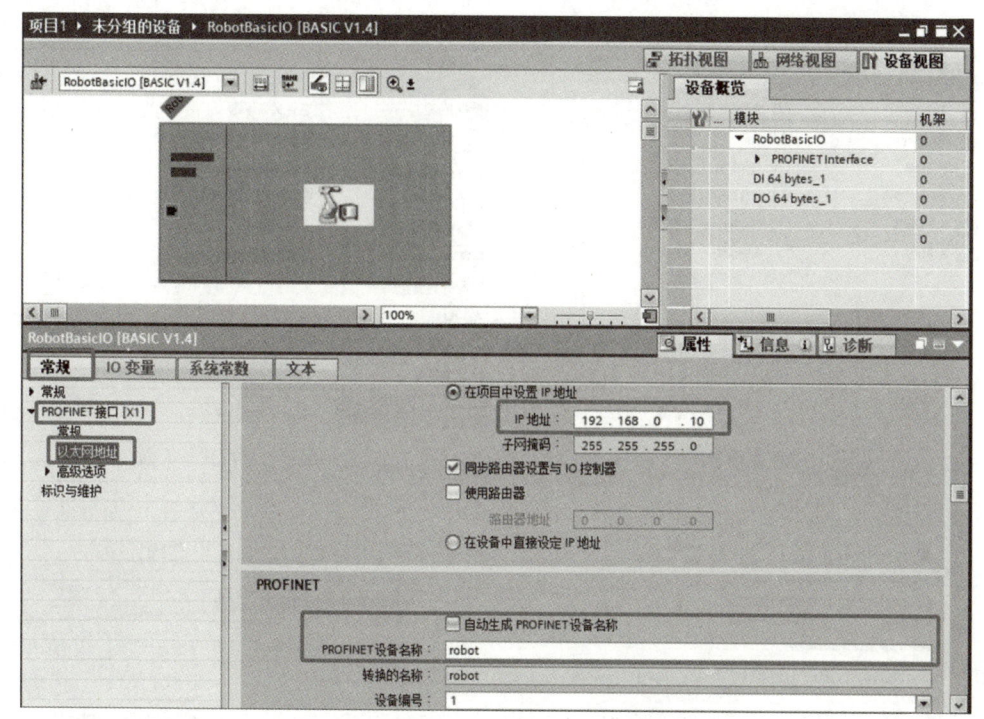

项目 4　精采细算—智能工厂车间设备数据采集—精益生产

图 4-73　设置 ABB 工业机器人 IP 地址

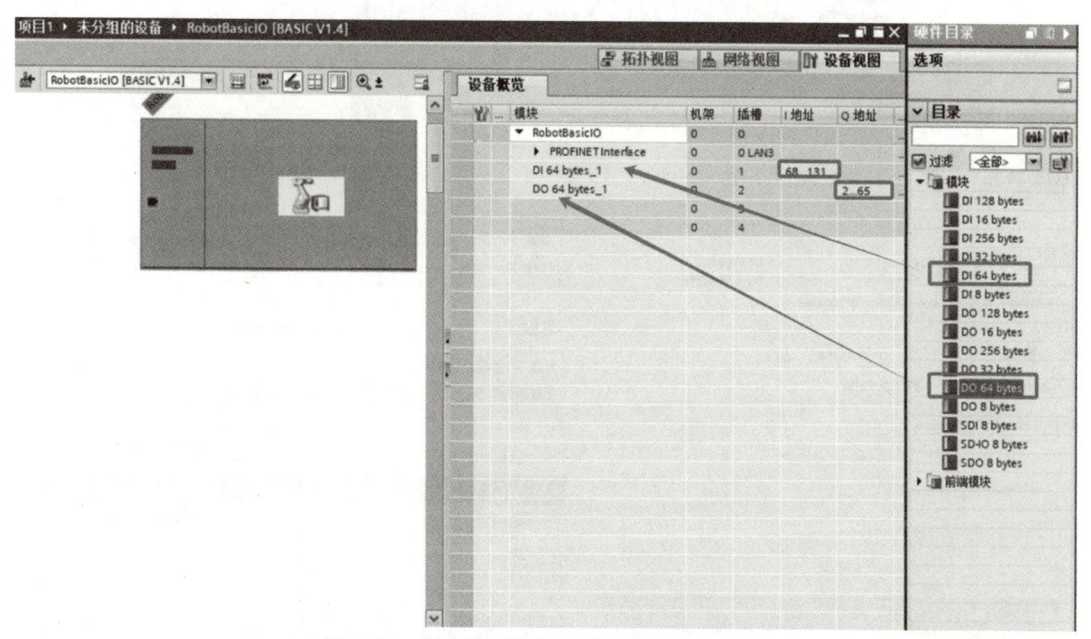

图 4-74　添加发送数据通道和接收数据通道

3）ABB 工业机器人 PROFINET 通信配置

ABB 工业机器人需要配置 PROFINET 模块。ABB 工业机器人的 IP 地址设置步骤如图 4-75 所示。

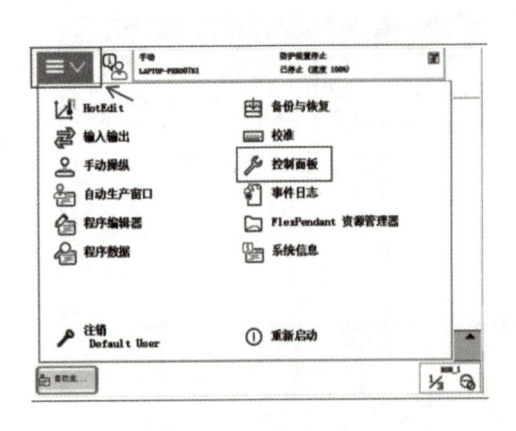

(a) 进入"控制面板" 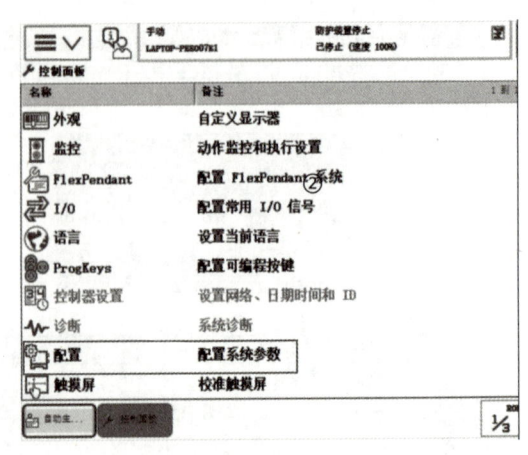　　　　　　　　　　　　(b) 进入"配置"界面

(c) 单击"主题"下拉按钮选择"Communication"选项 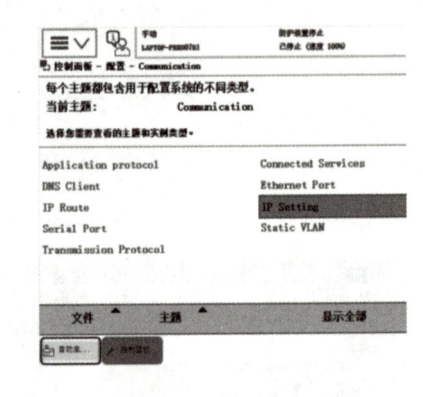　　(d) 进入"IP Setting"界面

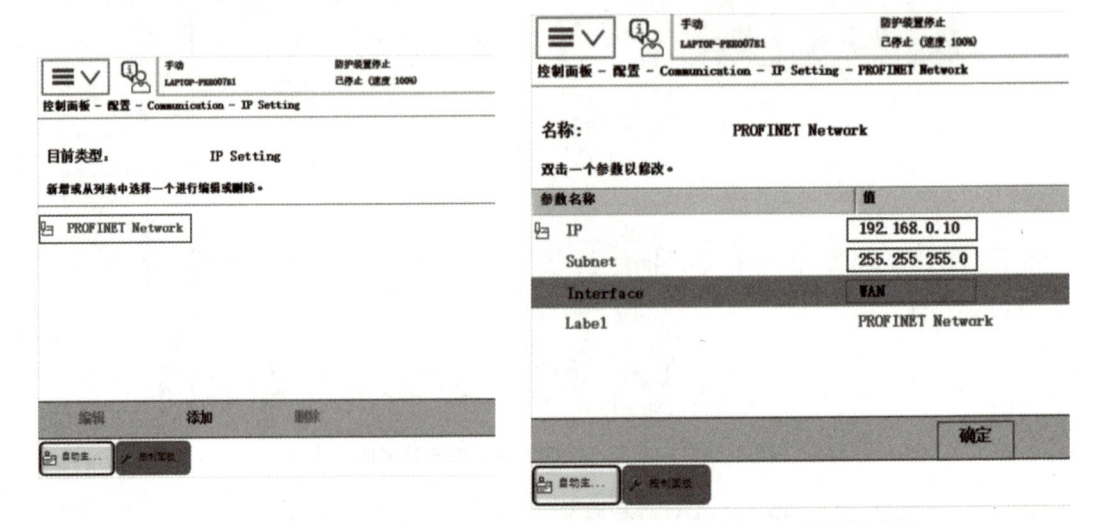

(d) 进入"PROFINET Network"界面　　　　　(f) 修改IP地址

图 4-75　ABB 工业机器人的 IP 地址设置步骤

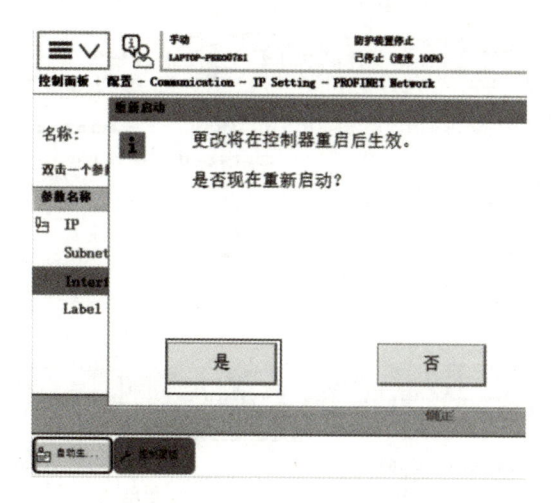

(g) 修改完IP地址后需要重启才能生效

图 4-75　ABB 工业机器人的 IP 地址设置步骤（续）

ABB 工业机器人的通信选项设置步骤如图 4-76 所示。

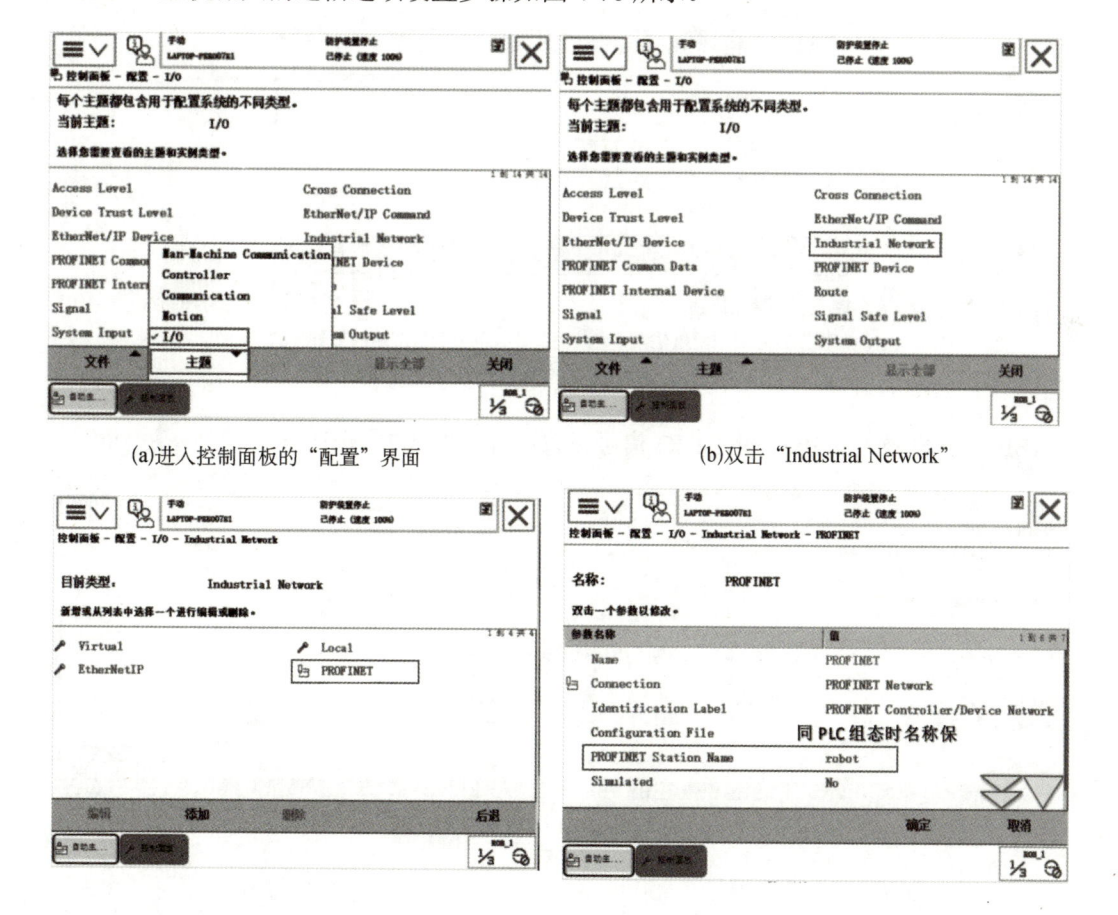

(a) 进入控制面板的"配置"界面　　(b) 双击"Industrial Network"

(c) 单击"PROFINET"进入编辑界面　　(d) 设置"PROFINET Station Name"

图 4-76　ABB 工业机器人的通信选项设置步骤

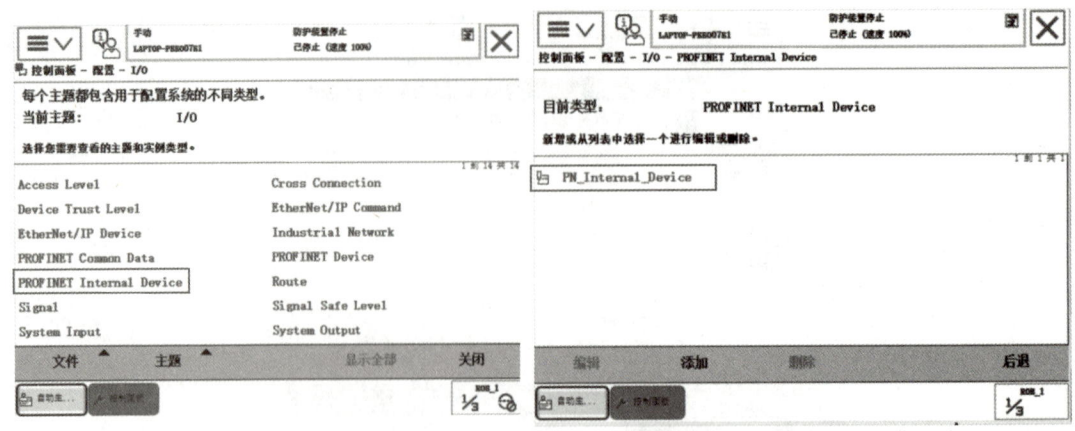

(e)进入"PROFINET Internal Device"界面　　　　(f)进入"PN_Internal_Device"界面

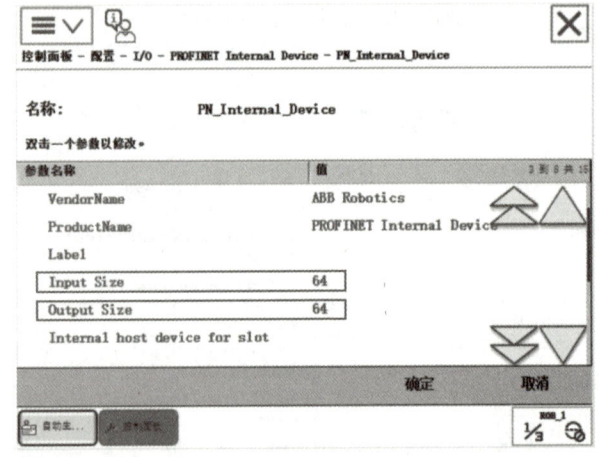

(g)根据实际需求配置输入/输出字节数（需要与PLC端的配置一致）

图 4-76　ABB 工业机器人的通信选项设置步骤（续）

ABB 工业机器人的 PROFINET IO 信号设置步骤如图 4-77 所示。

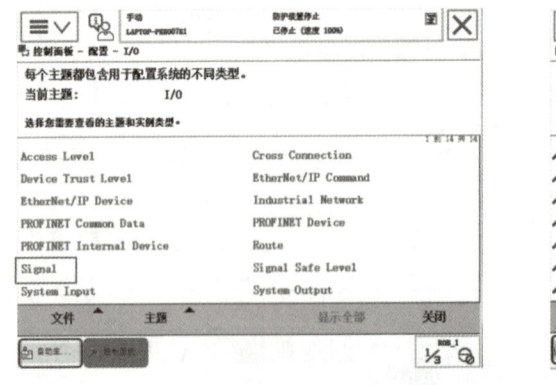

(a)进入"Signal"界面 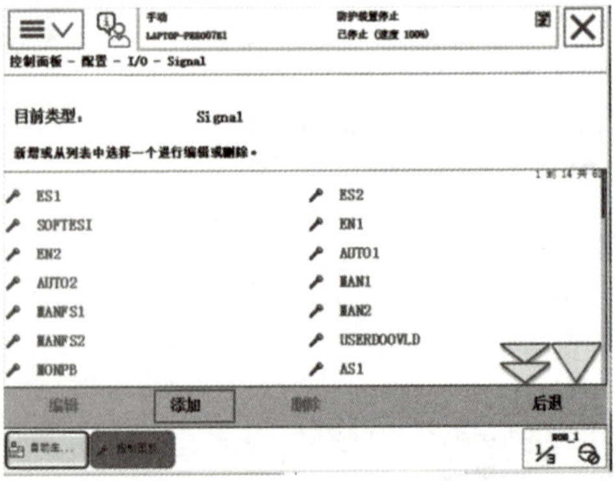　　　　(b)添加新信号

图 4-77　ABB 工业机器人的 PROFINET IO 信号设置步骤

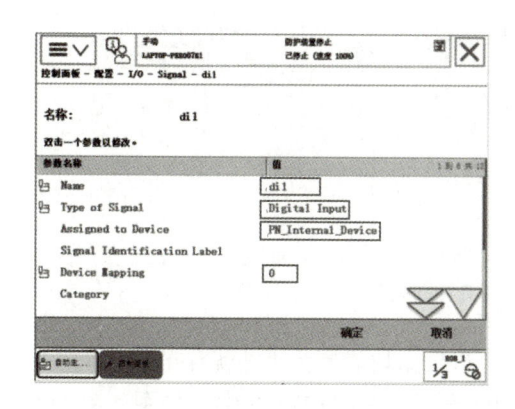

项目 4　精采细算—智能工厂车间设备数据采集—精益生产

(c)定义数字输入信号 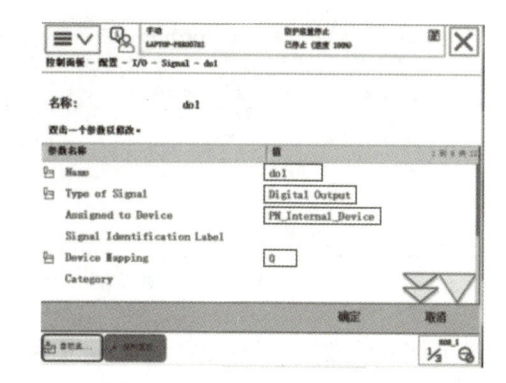　　　　　　　　　　(d)定义数字输出信号

图 4-77　ABB 工业机器人的 PROFINET IO 信号设置步骤（续）

4）通信调试

通信配置完成后，进行通信调试。将 PLC 硬件组态和 PLC 程序下载到 PLC 中，转至"在线监控"，PLC 与 ABB 工业机器人的 PROFINET 模块均为绿色，如图 4-78 所示。

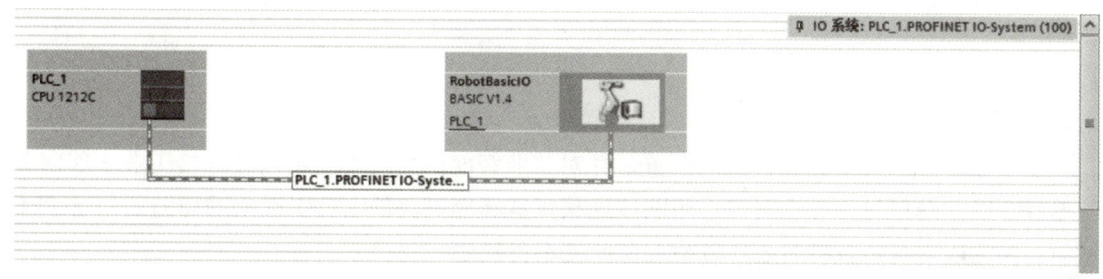

图 4-78　在线监控

选择"输入输出"，将创建的组输出信号"do1"值设置为 1，如图 4-79 所示。

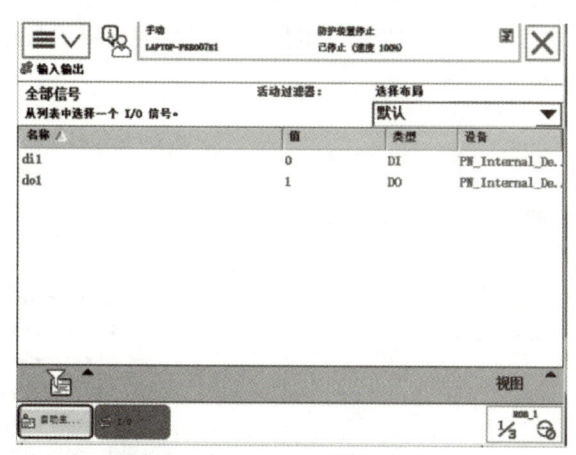

图 4-79　ABB 工业机器人发送数据

添加新监控表，在监控表中添加 IB100 信号，在线监控 PLC，检查到接收数据 I100.0 的值为 1（TRUE），与 ABB 工业机器人发送的数据一致，如图 4-80 所示。

171

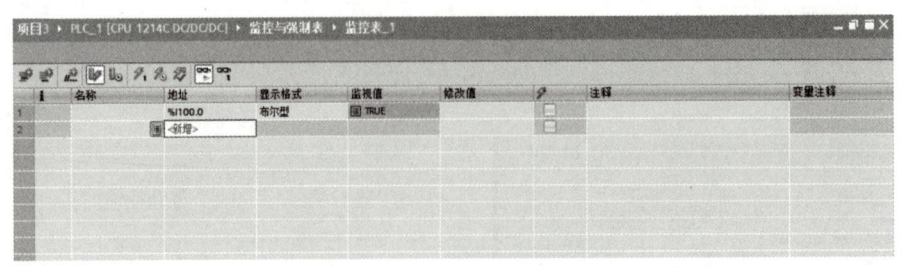

图 4-80 在线监控查看接收数据

将 I100.0 的数据转到数据块中，编号为 DB1，将数据块设置为"非优化的块访问"，建立一个"bool"变量，地址为 DB1.DBX0.0，将 I100.0 转到 DB1.DBX0.0 中，如图 4-81 所示。

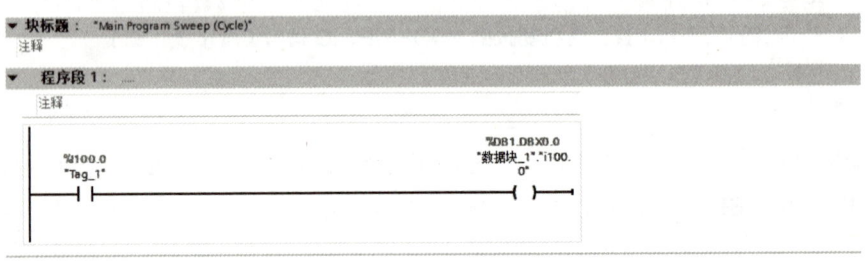

图 4-81 PLC 侧程序

5）数据采集

将工业智能网关安装到合适的位置，并对工业智能网关通电，用网线连接工业智能网关的 ETH2 以太网口与计算机网口，用网线连接工业智能网关的 ETH1 以太网口与西门子 PLC 网口。网络设置与本教材前述任务相近，此处不再赘述。

单击"数据采集"，进行数据采集配置。将选择协议设置为"SIMATIC_S7COM"。本任务西门子 PLC 的 IP 地址为 192.168.0.1。S7 设备型号需要根据实际情况进行设置，本任务用到的 PLC 为 S7-1200，故 S7 设备型号设置为"1200"。Modbus 映射区域为工业智能网关读取 PLC 数据时对应的 DB 块号，设置为"1"。本任务需要将被采集的数据转到 DB1 数据块中，如图 4-82 所示。

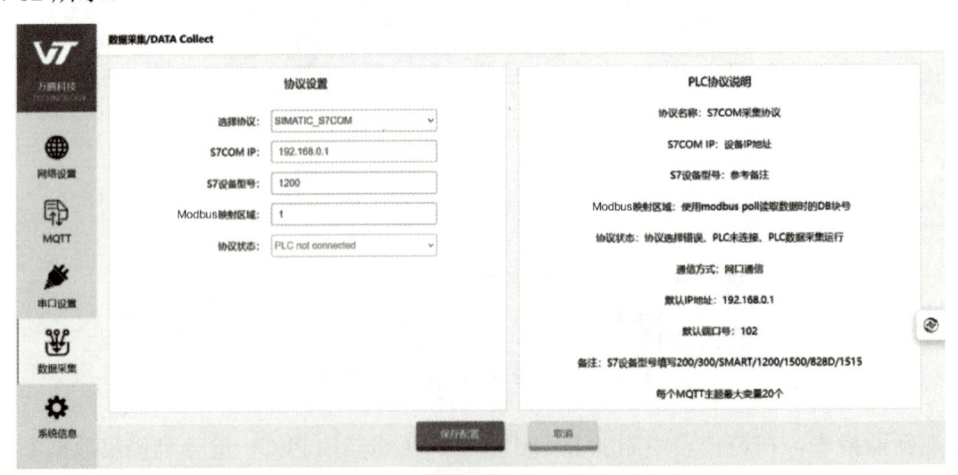

图 4-82 工业智能网关的数据采集界面

6)数据采集测试

通过 ping 命令测试 PC 端与工业智能网关的网络连通性,如图 4-83 所示。

图 4-83　通过 ping 命令测试网络连通性

使用 MThings 软件与工业智能网关连接。MThings 软件是 Modbus 协议调试工具,用于测试和调试 Modbus 设备。单击右上角的"..."按钮,选择"通道管理"选项,弹出"通道管理"对话框,在该对话框中单击"新增网络链接"按钮,创建一路新网络通道。在"网络参数配置"对话框中进行参数设置:将链接模式设置为"TCP 客户端",将传输协议设置为"Modbus-TCP(同步)",将目标域名/IP 设置为工业智能网关 ETH2 以太网口的 IP 地址"192.168.1.100",将目标端口设置为 ETH2 以太网口的端口号"502"。设置完成后单击"确定"按钮,如图 4-84 所示。

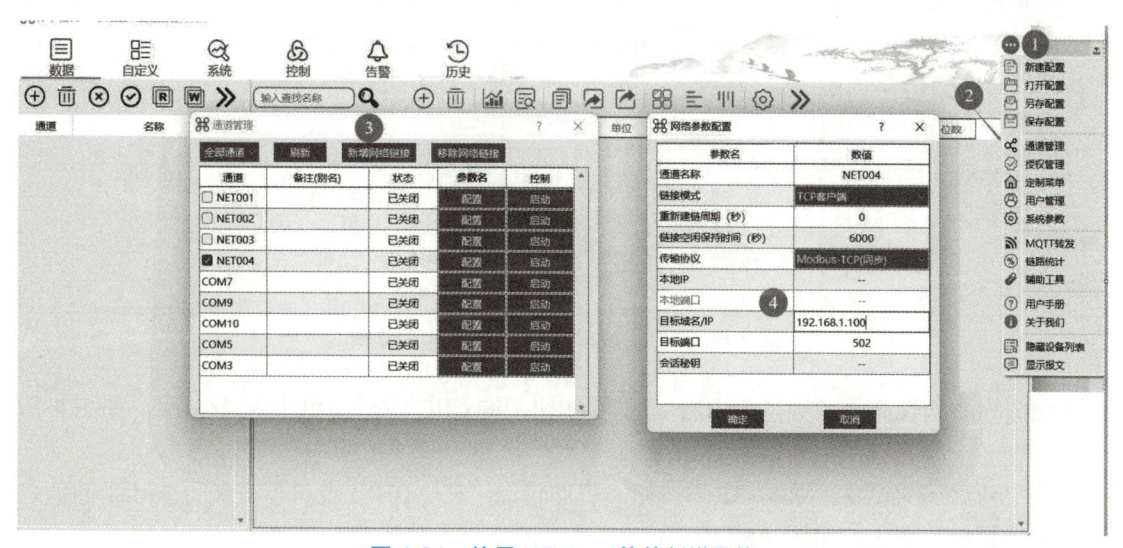

图 4-84　使用 MThings 软件新增网络

单击左侧的⊕按钮,弹出"添加设备"对话框,将通道设置为刚才建立的网络通道,将设备类型设置为"模拟主机",将起始地址和结束地址均设置为"1"。设置完成后单击"添加"按钮,完成设备添加,如图4-85所示。

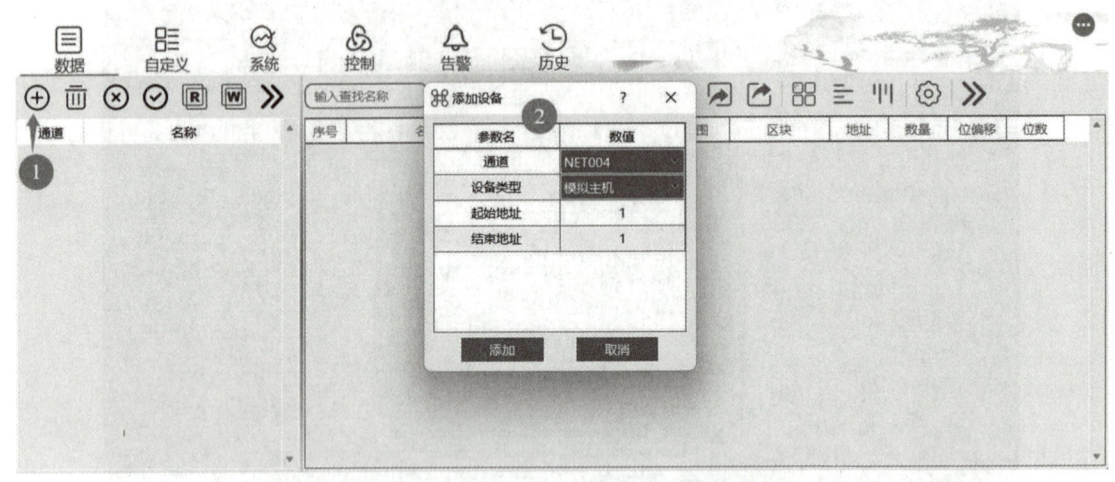

图4-85 使用MThings软件添加设备

单击工具栏中的"数据"按钮,进入"数据监控"页面,单击右侧的⊕按钮,弹出"新增数据配置"对话框,将数据条数设置为"1",将区块设置为"保持寄存器(RW)",将起始数据地址设置为"1",如图4-86所示。

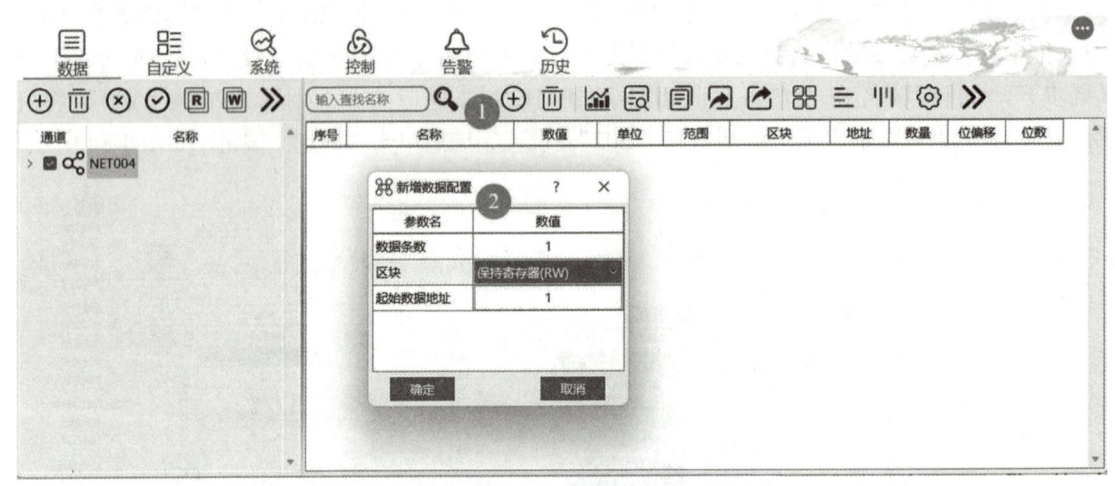

图4-86 使用MThings软件添加监控变量

修改设备属性高级参数,单击右侧的⚙按钮,将CRC字节序更改为"小端",如图4-87所示。

选中新添加的设备,单击"R"按钮,启动轮询,在ABB工业机器人侧更改do1的值,查看监控数据的变化,如图4-88所示。

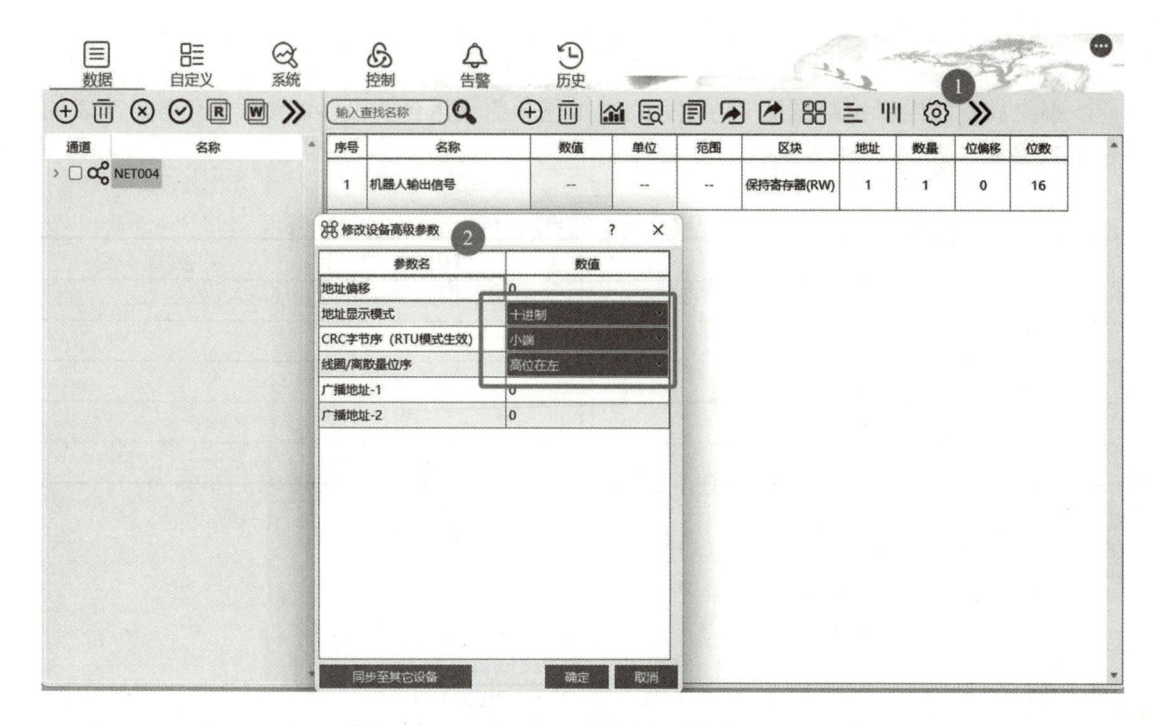

图 4-87 使用 MThings 软件监控变量修改参数

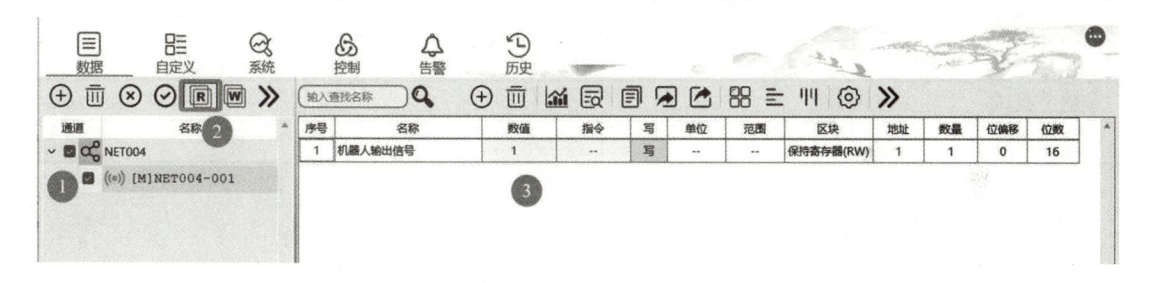

图 4-88 使用 MThings 软件监控变量启用轮询监控

4.4.5 任务实施

1. 任务分配

任务分配表如表 4-21 所示。

表 4-21 任务分配表

组名		日期	
组训		组长	
成员	任务分工	成员	任务分工

2. 拟定方案

小组成员共同拟定数据采集方案，列出本任务需要用到的设备、参数。任务方案表如表 4-22 所示。

表 4-22　任务方案表

序号	设备	参数	备注

3. 运行测试与验证

运行测试表如表 4-23 所示。

表 4-23　运行测试表

任务名称		测试小组	
测试名称	测试结果	测试人员	存在的问题
安装测试			
硬件测试			
软件测试			
采集测试			

4.4.6　任务总结

任务完成后，学生根据任务实施情况分析存在的问题及其原因，填写任务总结表，指导教师对任务实施情况进行点评。任务总结表如表 4-24 所示。

表 4-24　任务总结表

任务实施过程	存在的问题	解决办法
硬件连接		
软件配置		
数据采集与调试		
其他		

4.4.7　任务评价

任务评价表如表 4-25 所示。

表 4-25 任务评价表

序号	评价内容	自我评价	小组评价	教师评价	评分标准
1	态度端正，工作认真				5
2	遵守安全操作规范				5
3	能熟练、多渠道地查找参考资料				10
4	能熟练地完成项目中的工作任务				30
5	方案优化，选型合理				10
6	能正确回答指导教师的问题				10
7	能在规定时间内完成任务				20
8	能与他人团结协作				5
9	能做好 7S 管理工作				5
	合计				100
	总分				

4.4.8 巩固自测

1. 填空题

（1）PROFINET 是新一代基于（　　　）的自动化总线标准。

（2）在 TIA Portal V17 软件中添加 ABB 工业机器人支持 PROFINET 通信的 GSDML 文件时，需在菜单栏依次单击"选项"和（　　　）。

（3）工业智能网关 VT‑SDU‑E001 数据采集界面中需要填写的西门子 PLC 的 Modbus 映射区域相关信息包括（　　　）、设备型号、Modbus 映射区域等。

2. 判断题

（1）PROFINET 不能兼容现有的现场总线技术。（　　　）

（2）ABB 工业机器人与西门子 PLC 进行 PROFINET 通信时，IP 地址和 PROFINET 设备名称无须保持一致。（　　　）

（3）在 PLC 硬件组态时，添加 ABB 工业机器人 PROFINET IO 模块是在设备视图中进行的。（　　　）

（4）数据采集测试时，MThings 软件创建网络通道的链接模式只能选择"TCP 客户端"。（　　　）

（5）工业智能网关 VT‑SDU‑E001 的网络设置与其他任务中的设置完全不同。（　　　）

3. 不定项选择题

（1）以下哪个不是 ABB 工业机器人的 PROFINET 选项？（　　　）

A．888-2 PROFINET Controller/Device

B. 840-2 PROFINET Anybus Device

C. 840-3 PROFINET Anybus Device

D. 888-3 PROFINET Device

（2）在 PLC 硬件组态中，设置 PLC 的 IP 地址是在哪个步骤之后？（　　）

A. 安装 ABB 工业机器人支持 PROFINET 通信的 GSDML 文件

B. 选中"硬件目录"添加 ABB 工业机器人 PROFINET IO 模块

C. 选中"PROFINET 接口"中的"以太网地址栏"

D. 确定 PLC 型号并将其添加到项目中

（3）为了使 PLC 能正常与 ABB 工业机器人进行 PROFINET 通信，PLC 与工业机器人的 IP 地址应设置为（　　）。

A. 相同

B. 在同一网段中

C. 有所区别

D. 不在同一网段中

4.4.9　任务拓展

企业案例：某半导体科技股份有限公司数字化改造项目。

1. 项目概况

某半导体科技股份有限公司的主要业务是为集成电路行业中的芯片设计企业、封装企业、晶圆制造企业等提供测试服务，可测试各类晶圆及芯片成品。该公司的主要设备包含测试机、探针台、分选机等。企业现场如图 4-89 所示。

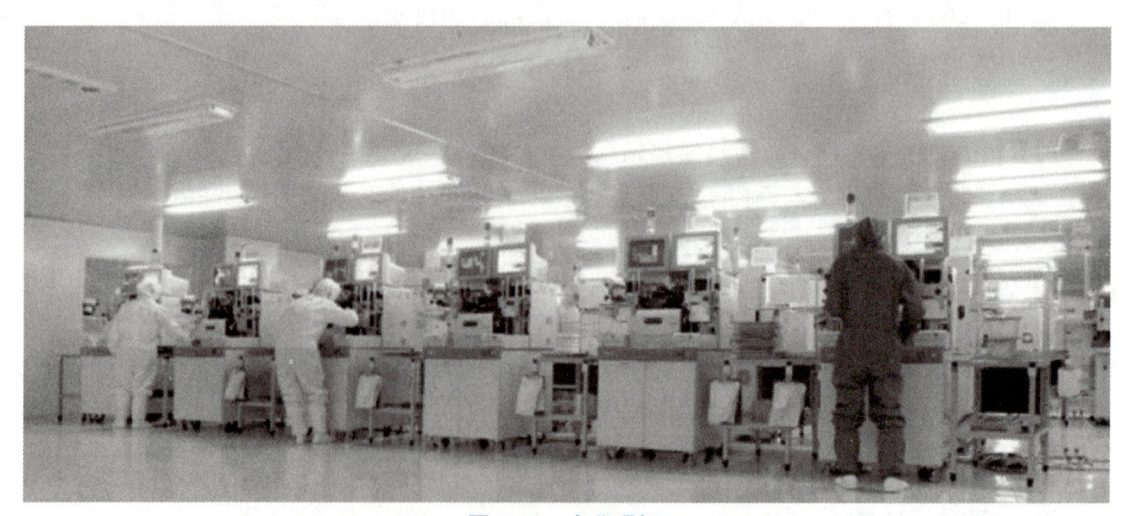

图 4-89　企业现场

2. 主要问题

企业在设备管理方面的主要问题如图 4-90 所示。

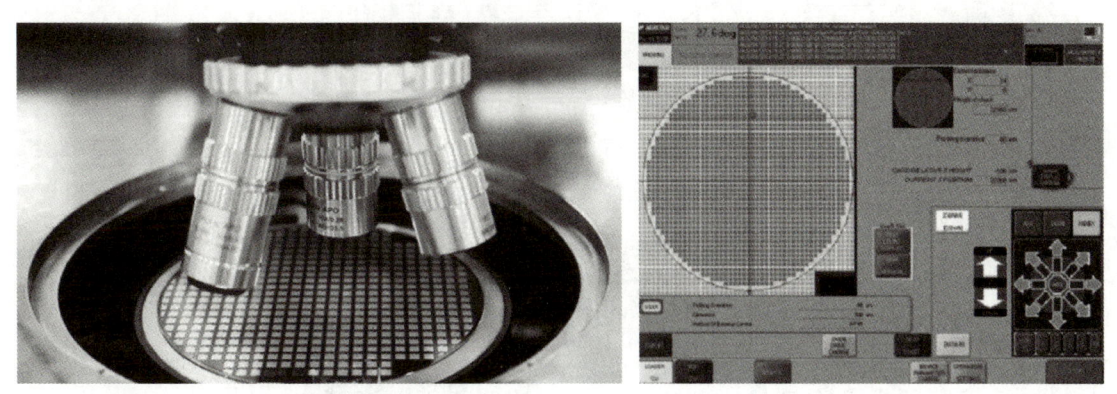

图 4-90 企业在设备管理方面的主要问题

（1）在生产过程中需要用到大量不同品牌、不同型号的探针台，并且其生产批次也不尽相同，导致生产现场需要大量的人员操作设备，大大提高了人力成本。

（2）车间内探针台数量众多，操作人员负荷重，难以应付大量的机台处理，导致设备待处理时间长，降低了生产效率，提高了生产成本。

（3）缺乏对探针台实时状态的有效监控，无法获取设备利用率等关键信息，管理人员难以准确研判生产状况。

3. 解决方案

企业设备远程集中管控方案如图 4-91 所示。

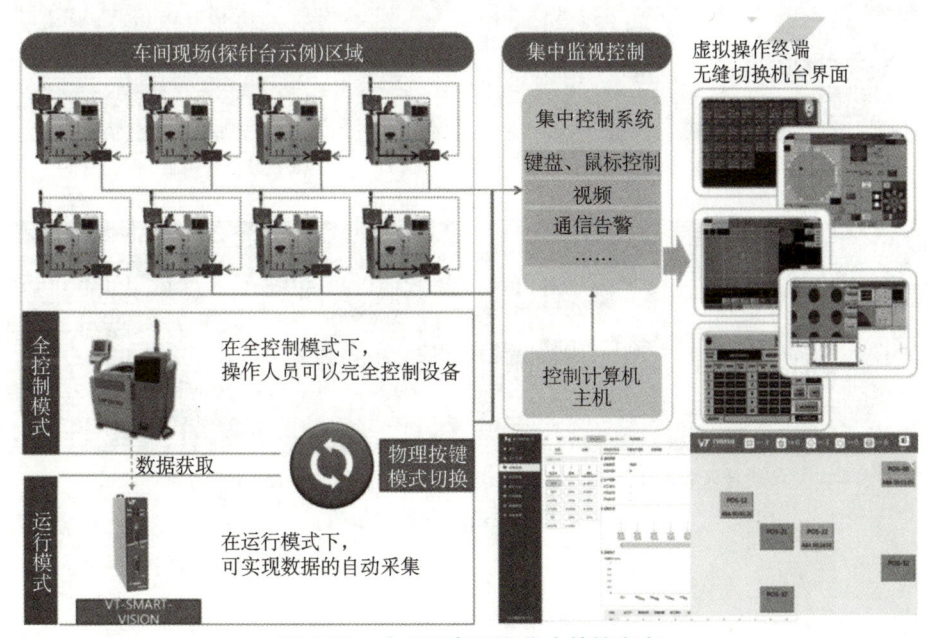

图 4-91 企业设备远程集中管控方案

探针台联网方案如图 4-92 所示。

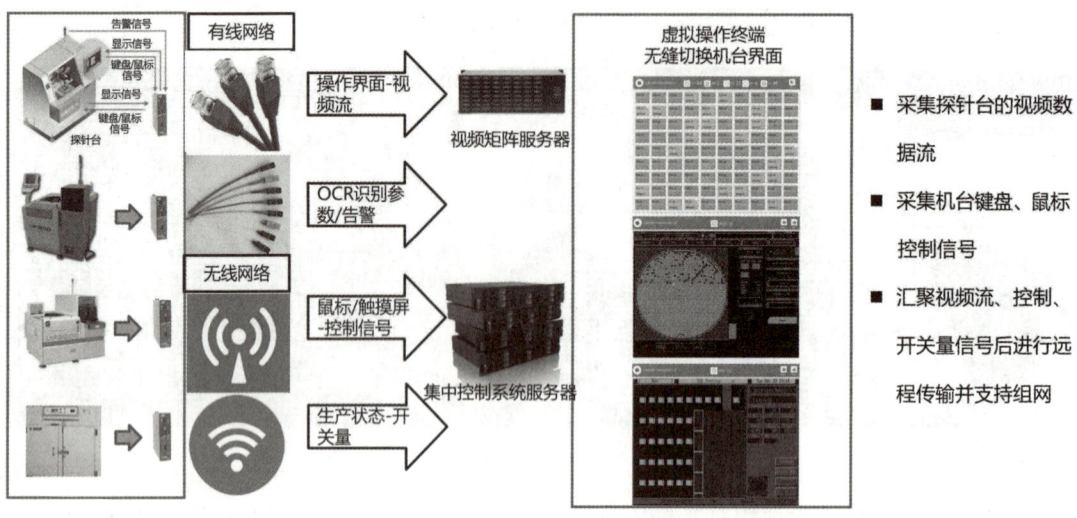

图 4-92　探针台联网方案

4．应用效果

（1）设备远程集中管控：一人同步操作和监视多台设备，实现了 6 名操作人员远程管控 180 台设备的目标，减少了至少 12 名设备操作人员，每年可以降低人力成本 50%～80%。设备远程集中管控如图 4-93 所示。

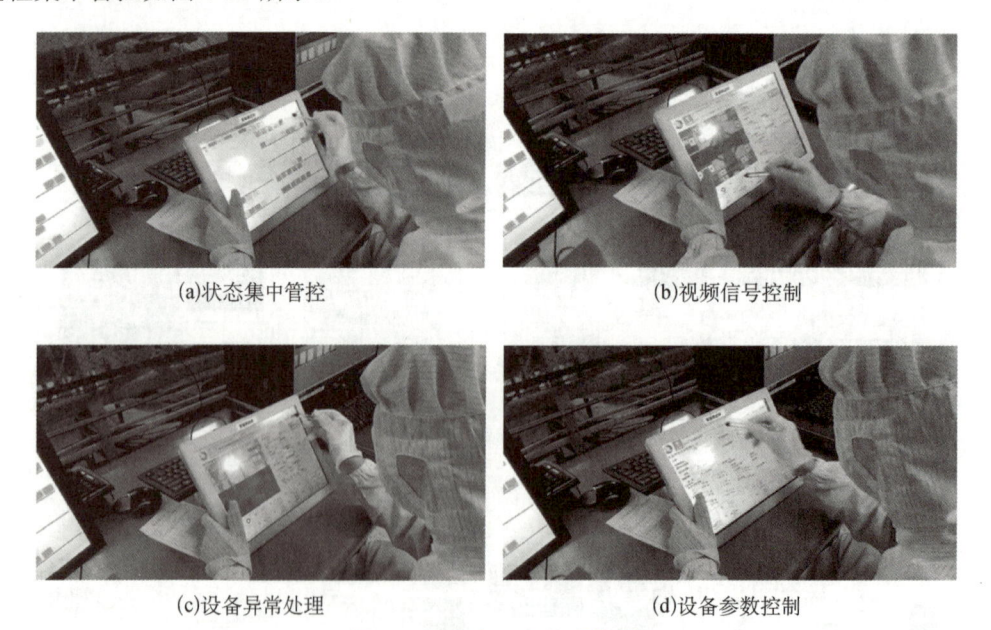

(a) 状态集中管控　　(b) 视频信号控制

(c) 设备异常处理　　(d) 设备参数控制

图 4-93　设备远程集中管控

（2）设备异常快速处理：通过设备联网及数据采集，设备报警信息可以实时进行发送及提醒，设备报警响应时间和故障消除时间减少，设备的生产效率提升 10%左右。设备异常远程处理流程如图 4-94 所示。

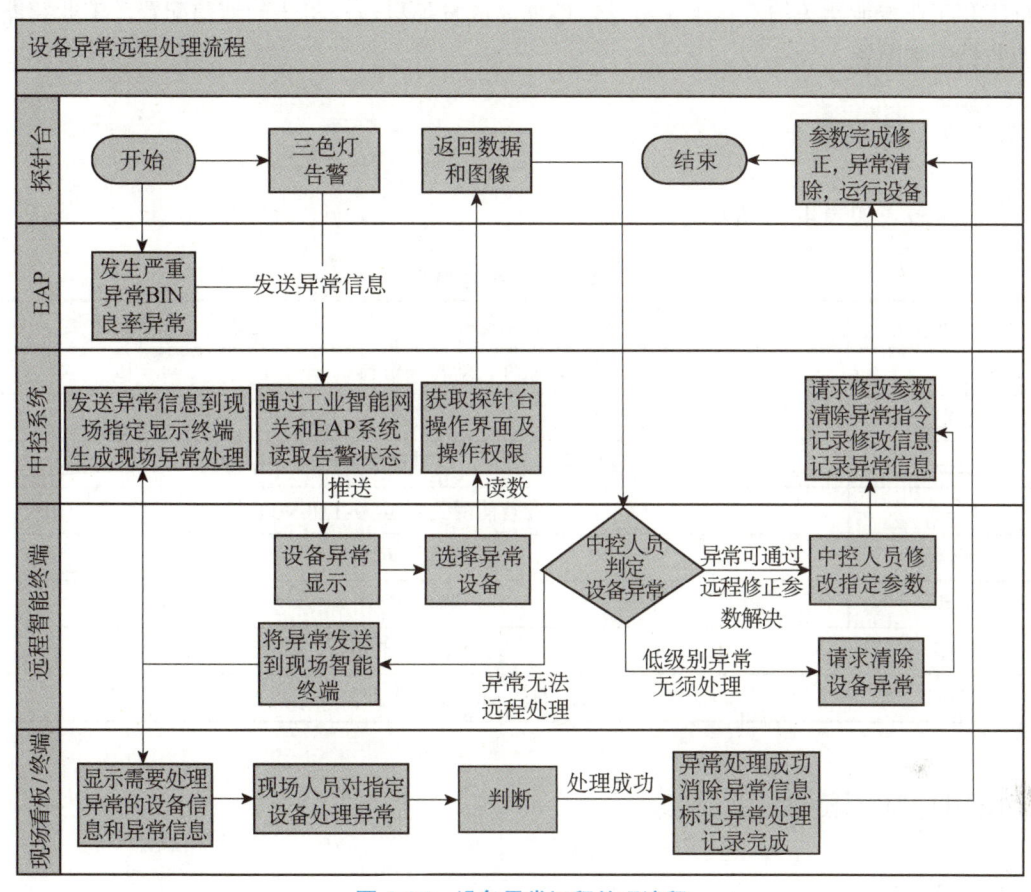

图 4-94　设备异常远程处理流程

任务 4.5　发那科数控机床数据采集

4.5.1　任务描述

除工业机器人以外，数控机床也是现代制造业中非常重要的设备之一。为了帮助企业实时了解数控机床状态，持续优化运行参数，提前保养和维护设备，此次工赋协会成员来到加工制造车间，对数控机床进行数据采集。企业要求获取的数控机床数据包括机床的加工精度、运行状态、能耗情况等。

4.5.2 任务分析

本任务选取发那科数控机床作为数据采集设备,引导学生了解数控机床的特点,掌握数控机床和工业智能网关的数据采集方法,能够完成发那科数控机床的通信配置、工业智能网关的数据采集配置。

4.5.3 任务准备

任务准备表如表 4-26 所示。

表 4-26 任务准备表

任务编号	4.5	任务名称	发那科数控机床数据采集
工具、设备、软件、耗材、资料			
类别	名称		
设备	24V 稳压电源、发那科数控机床、计算机		
网关	工业智能网关 LTE-W-T10-V3.0		
耗材	导线、网线		
工具	接线工具		
软件	Modbus Poll		
资料	智慧职教 MOOC:工业数据采集技术		

4.5.4 知识链接

1. 数控机床

常见的数控机床如图 4-95 所示。数控机床一般由输入/输出装置、数控装置、伺服系统、辅助控制装置、机床本体及测量反馈系统组成,如图 4-96 所示。

图 4-95 常见的数控机床

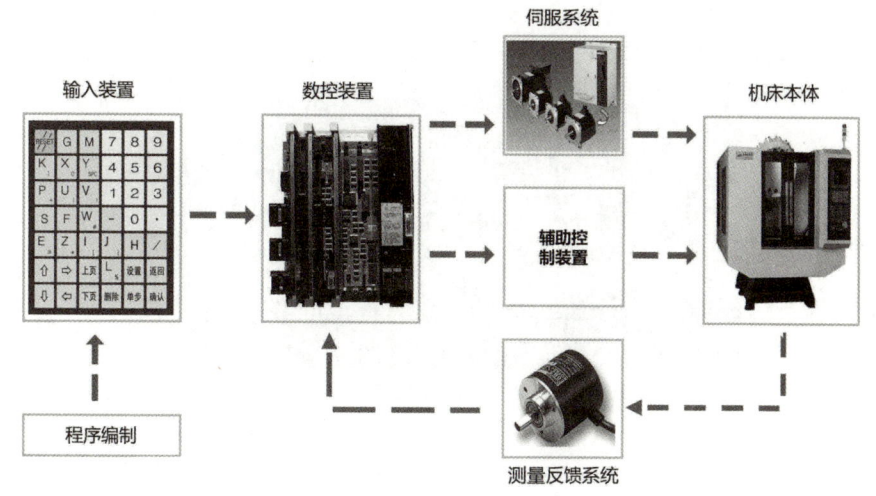

图 4-96 数控机床的组成

2. 数控机床设置

1）数据采集架构

发那科数控机床数据采集架构如图 4-97 所示。

图 4-97 发那科数控机床数据采集架构

2）机床设置

发那科数控机床基本全系列支持 FOCAS 采集，需要用到 FOCAS1/2 开发包。FOCAS 是发那科 Open CNC API Specifications version 1 or 2 的缩写，FOCAS1 主要应用于 0i 和 16i/18i/21i 系列，FOCAS2 则针对 30i/31i/32i 系列 CNC。通过以太网方式使用 TCP/IP 通信协议。在 CNC 上通常使用内嵌以太网网卡或扩展以太网网卡。发那科数控机床的背板和网口位置分别如图 4-98、图 4-99 所示。

图 4-98 发那科数控机床的背板

183

图 4-99　发那科数控机床的网口位置

3）网卡确认

（1）确认数控机床内藏口是否被占用：若未被占用，则直接使用内藏口；若被占用，则进行第二步。

（2）采购扩展网卡，即 PCMCIA 卡，如图 4-100 所示。

图 4-100　PCMCIA 卡

（3）PCMCIA 卡安装位置如图 4-101 所示。

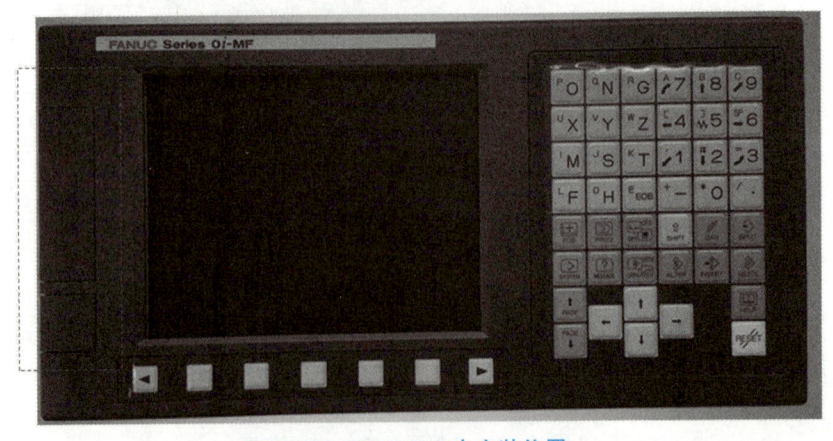

图 4-101　PCMCIA 卡安装位置

4）数控机床 IP 地址设置

(1) 选择手动输入模式：将数控机床模式旋钮旋至"手动输入"，如图 4-102 所示。

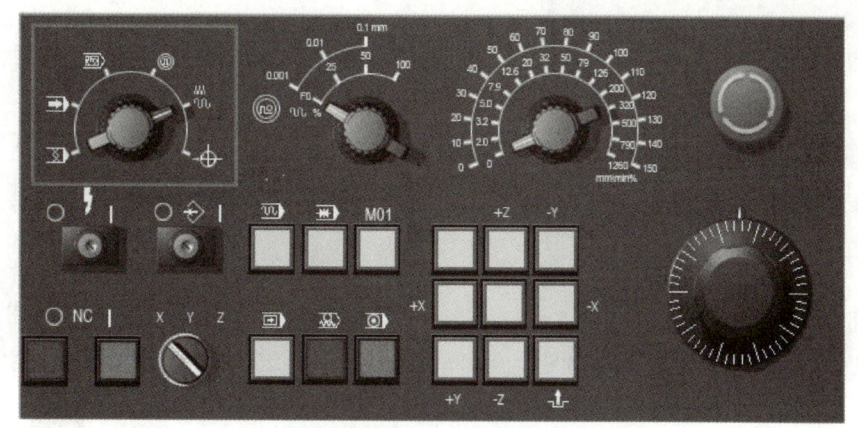

图 4-102　数控机床模式切换

(2) 进入系统界面：通过按 SYSTEM 键进入系统界面，如图 4-103 所示。

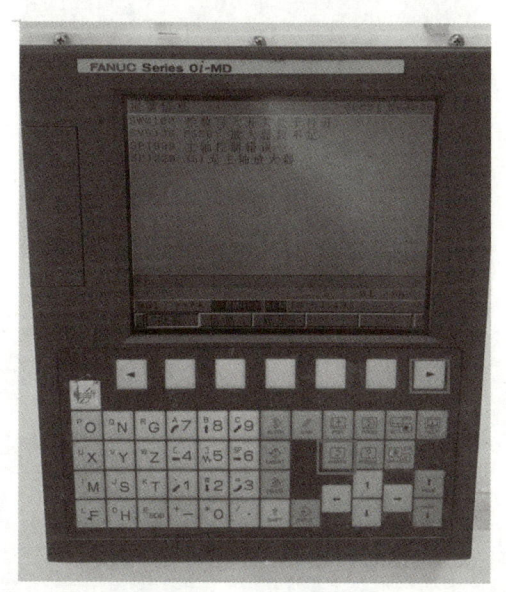

图 4-103　进入系统界面

按右翻页切换键▶，切换到"内嵌"选项卡，按下方对应的按键进入"嵌入以太网设定 [内嵌]"界面，如图 4-104 所示。切换到"公共"选项卡，设置相关参数，如图 4-105 所示。注意：每项参数输入完成后按 INPUT 键，将参数写入到对应的框内。

设定"内嵌"窗口，将端口编号（TCP）设置为"8193"（默认值为 8193），如图 4-106 所示。

通过左右方向按键找到"再起动"按钮，按"再起动"按钮。起动完后通过左右方向按键找到"执行"按钮，按"执行"按钮，修改的 IP 地址和端口就可以使用了。"再起动"按钮和"执行"按钮如图 4-107 所示。

图 4-104 系统界面

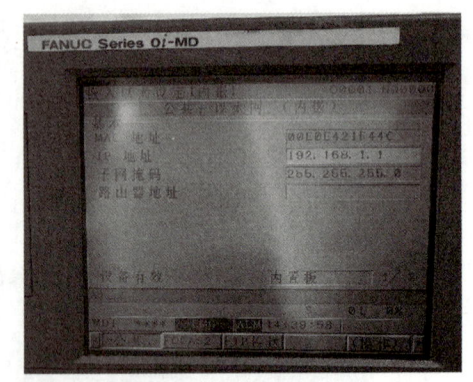

图 4-105 公共参数界面

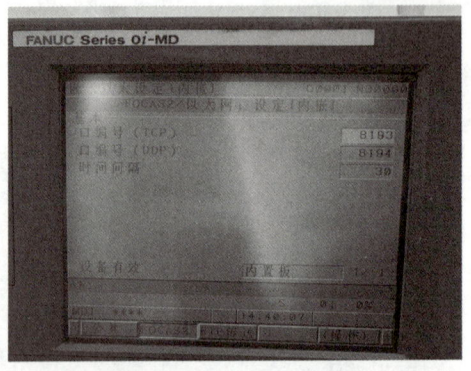

图 4-106 TCP 参数

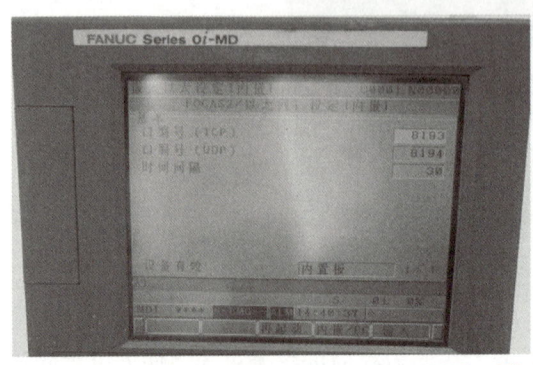

图 4-107 "再起动"按钮和"执行"按钮

3. 采集发那科数控机床数据

1)工业智能网关配置前的准备工作

将工业智能网关安装到合适的位置,并对工业智能网关通电,用网线连接工业智能网关的 ETH2 以太网口与计算机网口,用网线连接工业智能网关的 ETH1 以太网口与发那科数控机床网口，连接完成后查看工业智能网关网口 Link 灯是否常亮，如果常亮，则表明工业智能网关与发那科数控机床已建立连接。

将计算机本地网卡的 IP 地址设置为 192.168.1.XXX（XXX 的范围为 2～254），子网掩码设置为 255.255.255.0，默认网关设置为 192.168.1.1（可以忽略），DNS 服务器设置为 114.114.114.114（可以忽略），设置完成后单击"确定"按钮保存设置。

2）通过 Web 浏览器登录工业智能网关配置页面

打开浏览器（IE 或谷歌），在地址栏中输入 192.168.1.100（indBus 网关默认 IP 地址），按回车键，浏览器应显示工业智能网关 Web 页面，若网页无响应，则长按复位键，恢复出厂设置后再进行 Web 访问。

3）工业智能网关的网络设置

（1）ETH2 以太网口是数据接口，与计算机相连，其 IP 地址可进行重新设置，但需要注意的是，其 IP 地址应与计算机的 IP 地址处于同一网段。

（2）ETH1 以太网口是工业智能网关与被采集设备数据连接的数据接口，本任务特指连接发那科数控机床的网口。在进行 IP 地址设置时需要与被采集设备的 IP 地址设置在同一网段中，本次采集的发那科数控机床的 IP 地址为 192.168.1.1，ETH1 以太网口的 IP 地址应设置为 192.168.1.XXX（XXX 的范围为 2～254），子网掩码设置为 255.255.255.0，默认网关设置为 192.168.1.1（可以忽略），DNS 服务器设置为 8.8.8.8（可以忽略）。本次将 ETH1 以太网口的 IP 地址设置为 192.168.1.110。配置完成后单击"保存配置"按钮。工业智能网关的网络设置界面如图 4-108 所示。

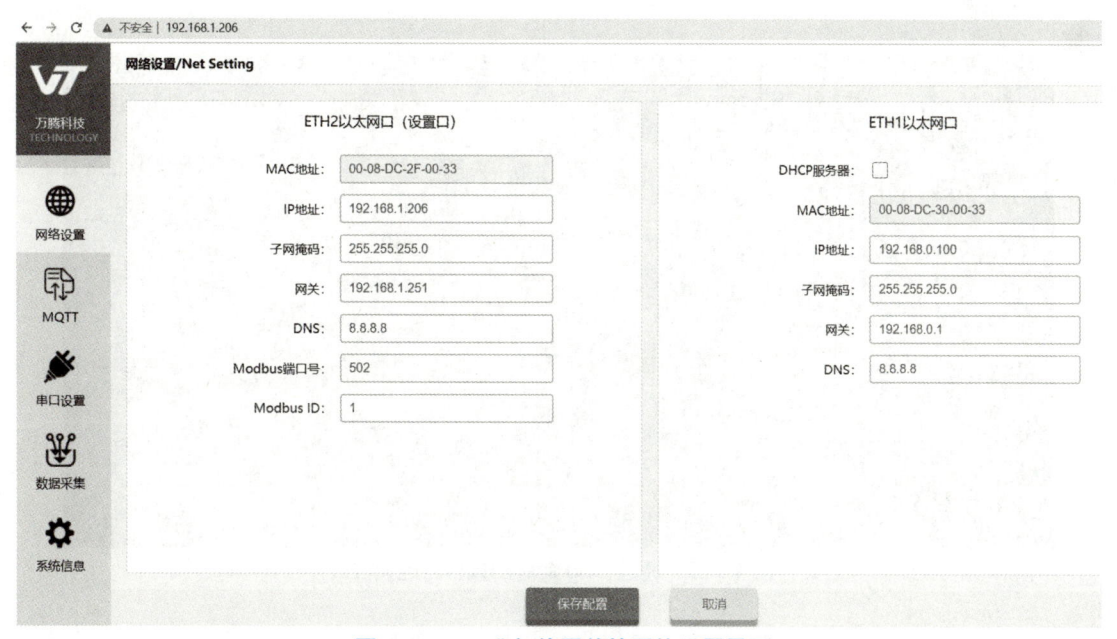

图 4-108　工业智能网关的网络设置界面

4）工业智能网关的数据采集配置

根据现场设备信息，需要把发那科数控机床的 IP 地址设置为 192.168.1.1，端口号设置为 8193，如图 4-109 所示。

图 4-109　工业智能网关的数据采集配置界面

5）数据采集测试

（1）测试网络连通性：通过 ping 命令测试 PC 端与工业智能网关的网络连通性，如图 4-110 所示。

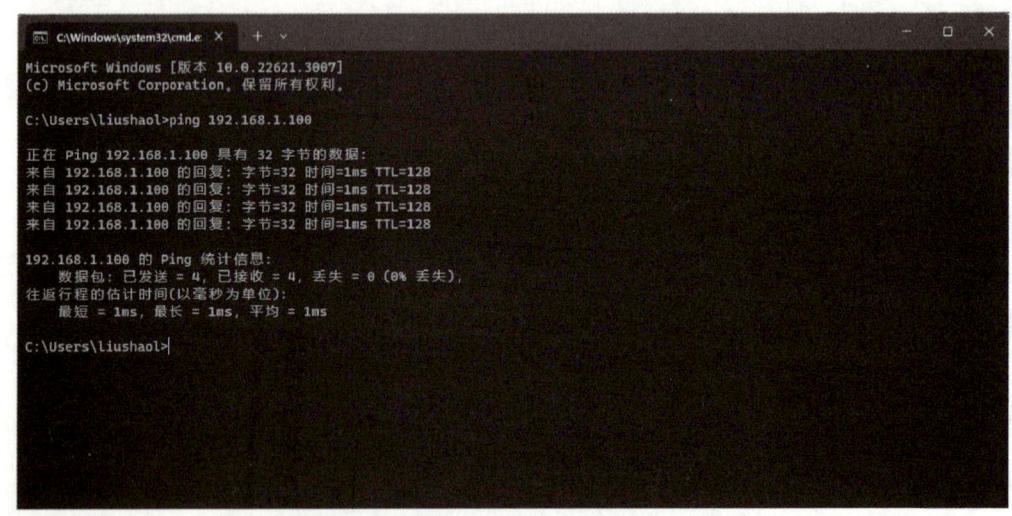

图 4-110　通过 ping 命令测试网络连通性

（2）测试数据采集的准确性：使用 Modbus Poll 软件连接工业智能网关。Modbus Poll 软件如图 4-111 所示。

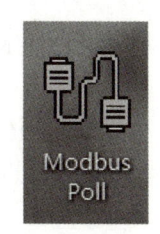

图 4-111 Modbus Poll 软件

单击"Connection"→"Connect",如图 4-112 所示,弹出"Connection Setup"对话框,在"Connection"下拉列表中选择"Modbus TCP/IP"选项,输入工业智能网关数据采集上传 IP 地址(192.168.1.100)及 Modbus 端口号(502),单击"OK"按钮,如图 4-113 所示。

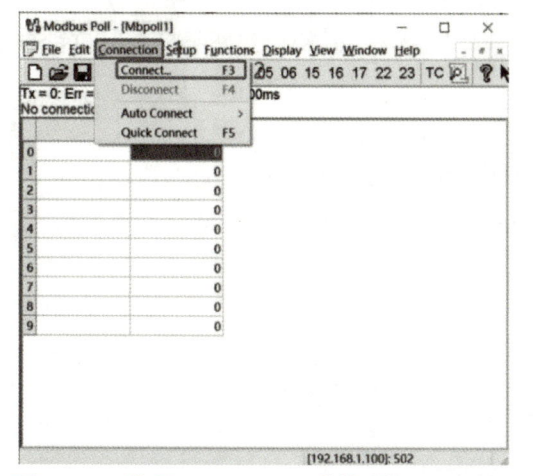

图 4-112 使用 Modbus Poll 软件连接工业智能网关

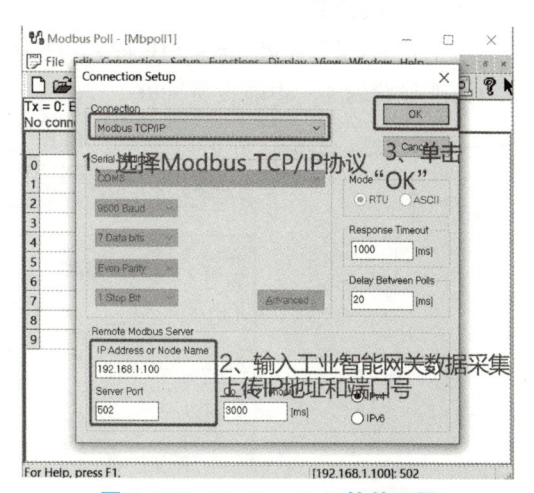

图 4-113 Modbus Poll 软件配置

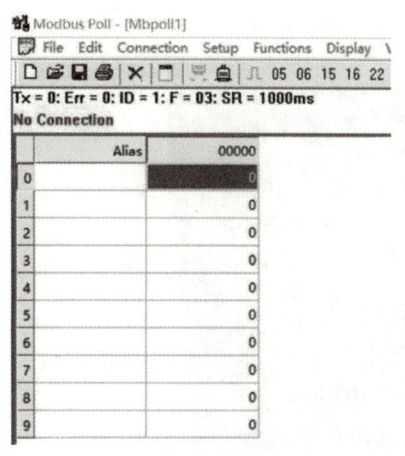

使用 Modbus Poll 软件连接工业智能网关错误页面如图 4-114 所示,左上角的 Tx 是指通信次数,Err 是指错误次数(没通信成功的次数),ID 是指设备 ID,F 是指功能,SR 是指通信时间。如果出现 timeout,则说明通信没有成功,可能是因为连接参数没有选对,也可能是因为设备 ID(通信接口)错误。

图 4-114 使用 Modbus Poll 软件连接工业智能网关错误页面

（3）Modbus Poll 软件单寄存器操作说明：使用 Modbus Poll 软件读取单寄存器数据，如图 4-115 所示。

Slave ID 是指设备 ID（通信接口），可以根据通信对象选择。

Function 是指功能，常用的是功能 3，是指对单寄存器进行赋值；功能 4 是指对寄存器进行参数读取。

Address 是指寄存器起始位置。

Quantity 是指从起始位置到后面的数量，可以自己选择。

Scan Rate 是指通信时间。

Rows 是指软件界面中寄存器的行数。

Display 是指数据格式。

右下角的 PLC Addresses（Base 1）是指寄存器地址计数从 1 开始，也就是说，Addresses 最小只能设置为 1，不能设置为 0。

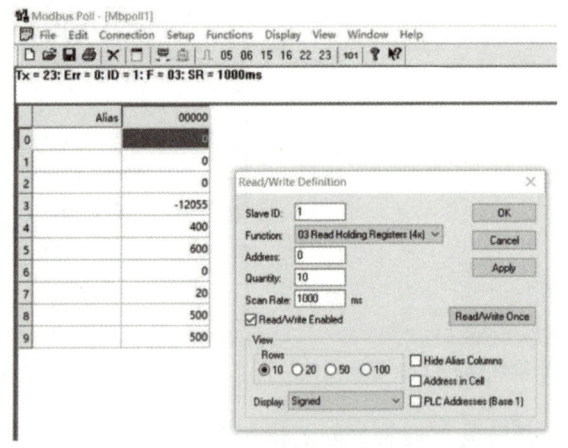

图 4-115　使用 Modbus Poll 软件读取单寄存器数据

（4）使用 Modbus Poll 软件连接工业智能网关并查看数据：Modbus Poll 软件与工业智能网关连接正确后，可以获取发那科数控机床数据，可以通过 Modbus Poll 软件界面查看数据。数控机床数据与 Modbus Poll 软件采集数据如图 4-116 所示。

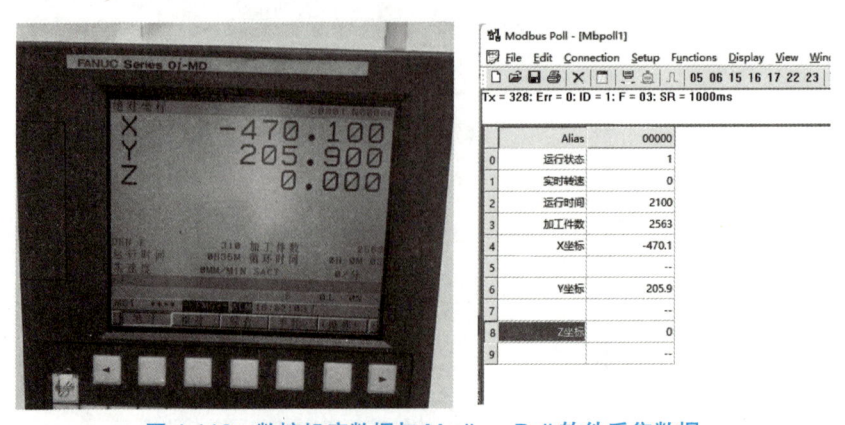

图 4-116　数控机床数据与 Modbus Poll 软件采集数据

4.5.5 任务实施

1. 任务分配

任务分配表如表 4-27 所示。

表 4-27 任务分配表

组名		日期	
组训		组长	
成员	任务分工	成员	任务分工

2. 拟定方案

小组成员共同拟定数据采集方案,列出本任务需要用到的设备、参数。任务方案表如表 4-28 所示。

表 4-28 任务方案表

序号	设备	参数	备注

3. 运行测试与验证

运行测试表如表 4-29 所示。

表 4-29 运行测试表

任务名称		测试小组	
测试名称	测试结果	测试人员	存在的问题
安装测试			
硬件测试			
软件测试			
采集测试			

4.5.6 任务总结

任务完成后，学生根据任务实施情况分析存在的问题及其原因，填写任务总结表，指导教师对任务实施情况进行点评。任务总结表如表 4-30 所示。

表 4-30 任务总结表

任务实施过程	存在的问题	解决办法
硬件连接		
软件配置		
数据采集与调试		
其他		

4.5.7 任务评价

任务评价表如表 4-31 所示。

表 4-31 任务评价表

序号	评价内容	自我评价	小组评价	教师评价	评分标准
1	态度端正，工作认真				5
2	遵守安全操作规范				5
3	能熟练、多渠道地查找参考资料				10
4	能熟练地完成项目中的工作任务				30
5	方案优化，选型合理				10
6	能正确回答指导教师的问题				10
7	能在规定时间内完成任务				20
8	能与他人团结协作				5
9	能做好 7S 管理工作				5
	合计				100
	总分				

4.5.8 巩固自测

1. 填空题

（1）数控机床一般由输入/输出装置、数控装置、（   ）、辅助控制装置、机床本体及测量反馈系统组成。

（2）发那科数控机床通过以太网方式使用（   ）通信协议进行数据采集。

（3）发那科数控机床设置 IP 地址时，在端口编号（TCP）处填入的默认值是（   ）。

（4）Modbus Poll 常用功能 4 是指对寄存器进行（　　　　）。

2．判断题

（1）发那科数控机床只有特定系列支持 FOCAS 采集。（　　）

（2）工业智能网关 ETH2 以太网口与计算机连接，其 IP 地址必须为 192.168.1.100。
（　　）

（3）发那科数控机床设置 IP 地址时，修改完参数无须重启即可使用新的 IP 地址和端口。
（　　）

（4）Modbus Poll 连接工业智能网关时，只要出现错误就一定是设备 ID 错误。（　　）

（5）在工业智能网关的网络配置中，子网掩码、网关、DNS 服务器都必须按照严格要求设置，不能忽略。（　　）

3．不定项选择题

（1）以下哪个不是发那科数控机床数据采集架构的组成部分？（　　）
　　A．发那科数控机床　　　　　　　　B．工业智能网关
　　C．无线传感器　　　　　　　　　　D．计算机

（2）发那科数控机床在设置 IP 地址时，以下哪个操作顺序是正确的？（　　）
　　A．进入系统界面→选择手动输入模式→设置相关参数→再启动与执行
　　B．选择手动输入模式→进入系统界面→设置相关参数→再启动与执行
　　C．选择手动输入模式→设置相关参数→进入系统界面→再启动与执行
　　D．进入系统界面→设置相关参数→选择手动输入模式→再启动与执行

4.5.9　任务拓展

企业案例：某机电科技发展有限公司数字化改造项目。

1．项目概况

某机电科技发展有限公司有 3 个车间，共有 100 台设备，其中数控机床设备有 96 台。当前所有设备均未联网，设备状态只能通过工人到现场查看得知，无法实时掌握设备的运行状况。目前存在的问题：在刀具寿命管理方面，刀具寿命只能在设备面板上查看，没有有效的通知手段；在数据分析方面，设备数据没有统计分析工具，只能通过查找过往纸质单据分析故障情况；在设备 TPM 方面，设备点检难以按照规定进行，设备维修缺少有效的管理手段；在加工程序管理方面，现场操作人员需要通过 U 盘复制加工程序。

2．解决方案

本项目为该企业在一、二、三车间建设一套设备管理系统。通过该系统，实现设备日常维修、点检、保养的系统化管控，并形成设备维保知识库；实现设备联网，并进行设备运行状态的实时监控。

企业设备管理解决方案如图 4-117 所示。

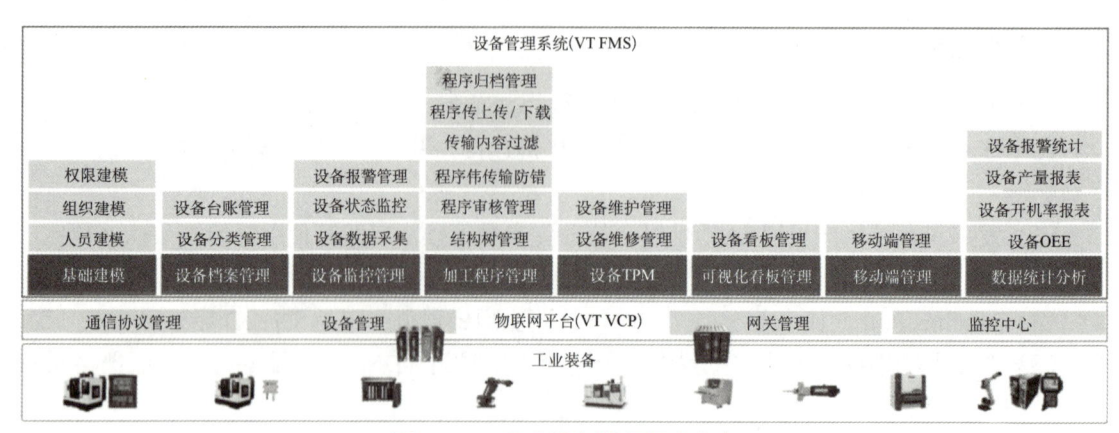

图 4-117　企业设备管理解决方案

3. 应用效果

（1）设备运行状态实时监控：基于设备联网及设备数据采集，实时采集设备的状态参数和工艺参数，实时监控设备运行状态。设备运行状态实时监控如图 4-118 所示。

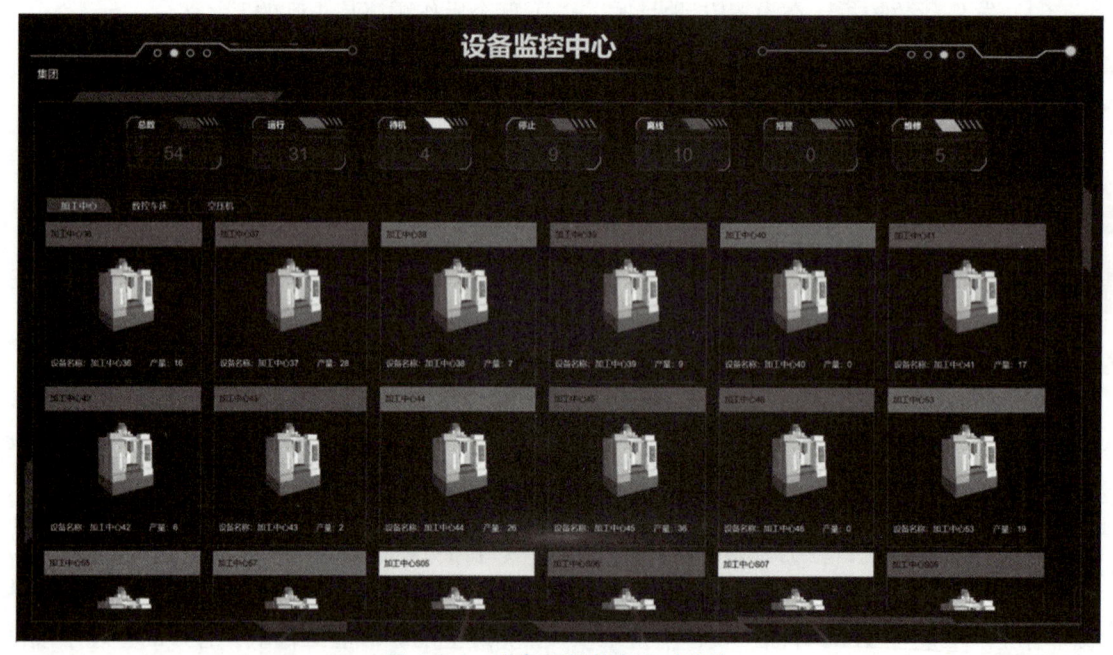

图 4-118　设备运行状态实时监控

（2）实时监控刀具寿命，提高产品良品率：实时监控刀具寿命，提前进行寿命预警，提醒企业更换刀具或磨刀，减少因刀具磨损造成的加工精度不够等问题。刀具寿命监控如图 4-119 所示。

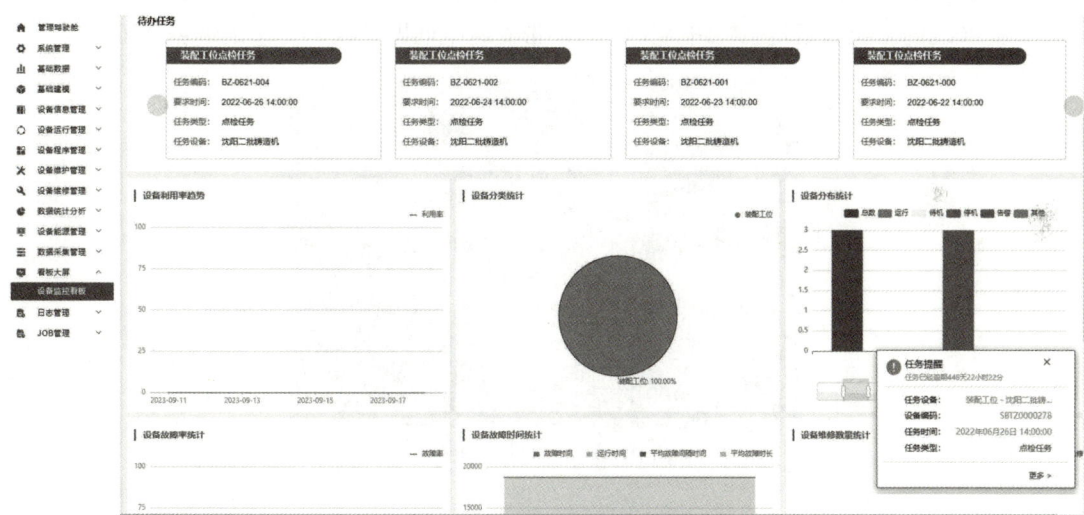

项目4 精采细算—智能工厂车间设备数据采集—精益生产

图 4-119 刀具寿命监控

项目 5　智改数转—智能工厂数据互通—创新发展

项目情境

在指导教师的带领下，工赋协会的同学们来到当地知名的智能制造企业进行实践学习。走进工厂后，他们发现生产新能源汽车电控关键零部件的"黑灯产线"正在高效运转，产线精密加工环节由机器人智能完成，AGV 穿行在工厂之中进行搬运、上下料，与现场工作人员配合默契。高度自动化的智能产线让同学们深刻认识到数字技术对工业产生的巨大影响，同时也体会到科技强国的必要性，以及提高自身技能的紧迫性。智能产线如图 5-1 所示。

智能产线的工业数据是怎样进行采集的？带着这个问题，我们一起走进智能工厂。

图 5-1　智能产线

项目要求

本任务引导学生了解智能产线的特点及其通信方式，并查找相应的解决方案，使学生熟悉智能产线数据采集方法，能够选择合适的工业智能网关及数据采集方法，完成智能产线数据采集及上云。

项目目标

1. 知识目标

（1）了解智能产线的特点及其通信方式。

（2）熟悉智能产线数据处理方式。

（3）掌握智能产线数据采集方法。

（4）掌握智能产线数据上云方法。

2. 能力目标

（1）能够描述智能产线的特点及其通信方式。

（2）能够分析智能产线数据。

（3）能够完成智能产线数据的采集。

（4）能够完成智能产线数据的上云。

3. 素质目标

（1）具备良好的沟通能力、团队协作能力、举一反三能力和实践创新能力。

（2）具备感受工业智能化、科技报国的认同感。

（3）具备团结合作、互帮互助、爱岗敬业的职业素养。

（4）具备工程思维、爱岗敬业的数字工匠精神。

知识图谱

本项目的知识图谱如图 5-2 所示。

项目5 智改数转—智能工厂数据互通—创新发展

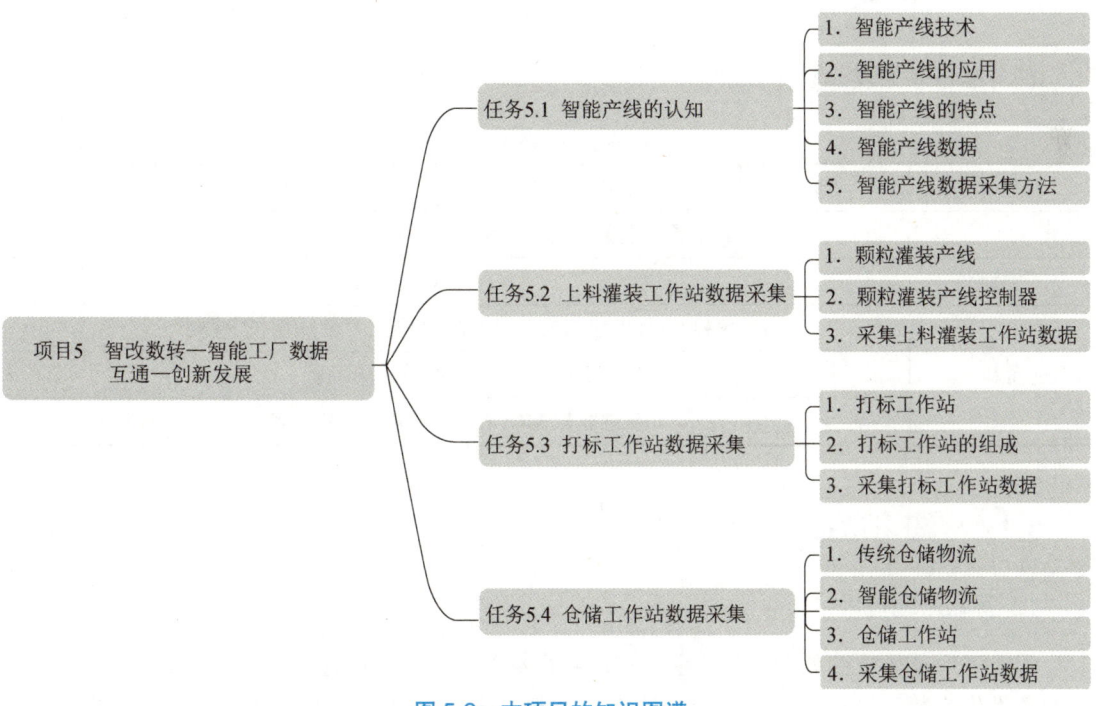

- 任务5.1 智能产线的认知
  - 1. 智能产线技术
  - 2. 智能产线的应用
  - 3. 智能产线的特点
  - 4. 智能产线数据
  - 5. 智能产线数据采集方法
- 任务5.2 上料灌装工作站数据采集
  - 1. 颗粒灌装产线
  - 2. 颗粒灌装产线控制器
  - 3. 采集上料灌装工作站数据
- 任务5.3 打标工作站数据采集
  - 1. 打标工作站
  - 2. 打标工作站的组成
  - 3. 采集打标工作站数据
- 任务5.4 仓储工作站数据采集
  - 1. 传统仓储物流
  - 2. 智能仓储物流
  - 3. 仓储工作站
  - 4. 采集仓储工作站数据

图 5-2　本项目的知识图谱

任务 5.1 智能产线的认知

5.1.1 任务描述

智能工厂的本质特征是在传统的生产设备基础上增加感知系统,实现信息的采集和处理,基于传统厂房进行数字化改造升级。将产线升级为智能产线是智能工厂提高生产效率和产品质量的关键。

制造业是经济数字化转型的"承重墙",智能制造是制造业数字化转型的核心驱动力,智能工厂是推动智能制造的主战场、主阵地,工赋协会的同学们个个摩拳擦掌,准备参与实战演练。本任务引导学生通过学习智能产线,提高对智能产线及其作用的认知。

5.1.2 任务分析

智能产线是一种利用现代科技手段和设备实现自动化、智能化生产的产线。本任务从智能产线的应用入手,剖析智能产线关键技术,探究其通信方式,解析生产数据,使学生了解智能产线数据采集的作用。

5.1.3 任务准备

任务准备表如表 5-1 所示。

表 5-1 任务准备表

任务编号	5.1	任务名称	智能工厂产线认知
工具、设备、软件、耗材、资料			
类别	名称		
资料	国家标准:GB/T 41255—2022《智能工厂 通用技术要求》		
	工业互联网设备数据采集手册		
	智慧职教 MOOC:工业数据采集技术		

5.1.4 知识链接

1. 智能产线技术

智能工厂总体框图如图 5-3 所示。它实现了多个数字化车间的统一管理与协同生产,对车间的各类生产数据进行采集、分析与决策,并整合设计信息与物流信息,实现车间的精准、柔性、高效、节能生产。智能产线是智能工厂提高生产效率和产品质量的关键。

图 5-3　智能工厂总体框图

智能产线技术包括传感检测技术、机械技术、人机界面技术、气动技术、驱动技术、PLC技术、网络通信技术等，如图 5-4 所示。

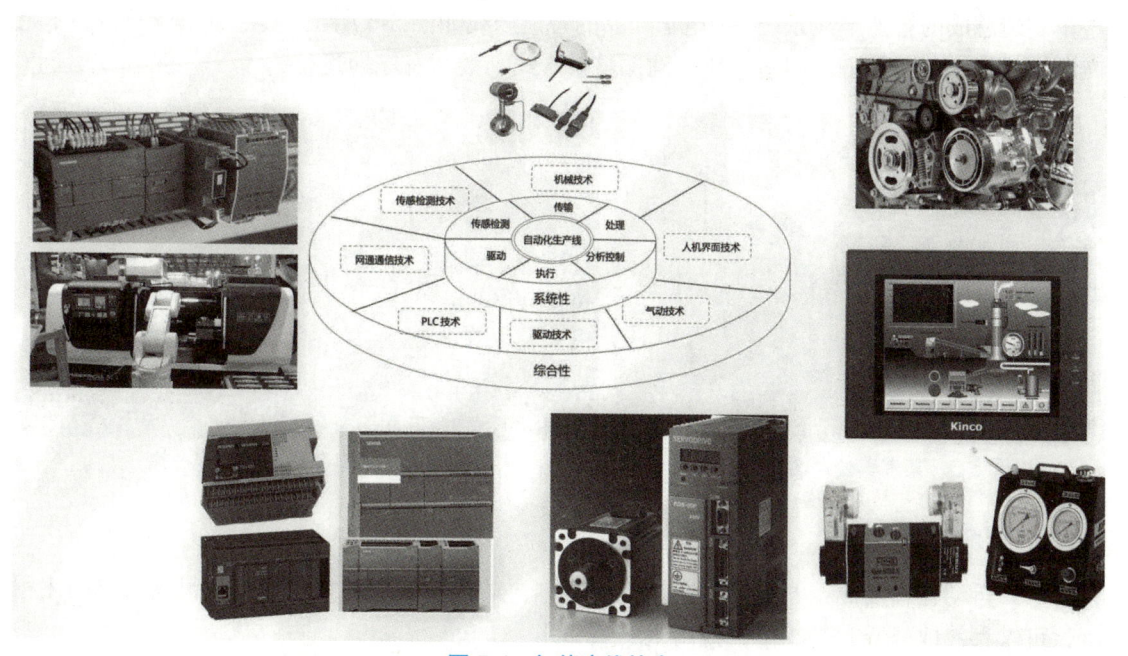

图 5-4　智能产线技术

传感检测技术是智能产线技术的基础，可以检测物料的位置、速度、加工状态等信息，并将这些信息反馈给控制系统。机械技术可以实现物料的输送、加工、装配等功能，并且可以根据控制系统的指令进行动作。人机界面技术可以使操作者更加直观地监控产线，提高生产效率。气动技术及驱动技术可以实现物料的输送、加工、装配等功能，并且可以根据控制系统的指令进行控制。PLC 技术可以实现对智能产线的监控和调整，实现智能化生产的目标。网络通信技术可以实现对智能产线的远程控制和监控，提高生产效率。除此之外，智能产线还会应用一些其他技术，如激光打标技术、视觉检测技术等。

智能产线通过数字化、自动化和智能化技术,将传统的人工操作产线转变为高度智能化的产线,大大提高了生产效率和产品质量,降低了生产成本和人工出错率。随着信息技术的不断发展,智能产线已经逐渐成为制造业的核心。

智能产线将向着智能化、高效化、环保化的趋势发展。随着人工智能技术的发展,智能产线将更加智能化,能够自主学习和适应生产环境,实现更加精准的生产和管理。通过优化生产流程和提高生产效率,智能产线将会实现更加高效的生产,更加注重生产效率和产品质量。

2. 智能产线的应用

智能产线是现代工业的生命线,机械制造、电子信息、石油化工、轻工纺织、食品制药、汽车生产及军工业等现代化工业的发展都离不开智能产线的主导和支撑作用,其在整个工业及其他领域也有着重要的地位和作用。

某汽车公司的智能产线如图 5-5 所示。该公司拥有世界顶级的冲压、焊装、涂装及总装等整车制造总成的智能产线系统。某电子产品的智能产线如图 5-6 所示。其通过工业网络技术将产线构成一个完整的工业网络系统,确保整条产线高效、有序地运行。

图 5-5 某汽车公司的智能产线　　　　图 5-6 某电子产品的智能产线

3. 智能产线的特点

(1) 自动化程度高:智能产线采用数字化、自动化和智能化技术,具有很高的自动化程度,可以有效地降低人工成本、提高生产效率。

(2) 集成化程度高:智能产线各个环节之间通过信息化手段进行集成,实现了高度协同和互操作,避免了信息孤岛和重复建设。

(3) 数字化程度高:智能产线采用传感器、控制器、计算机等智能化设备,实现了生产数据的数字化存储和传输,便于实时监测和分析决策。

(4) 智能化程度高:智能产线通过人工智能、机器学习等技术,能够实现自适应、自学习、自优化的智能化。

4. 智能产线数据

智能产线在运行过程中会产生海量数据,通过对这些数据进行采集、整理和分析,企业能够更好地了解智能产线的运行状态，提高生产效率。智能产线数据的类型及应用如图 5-7 所示。

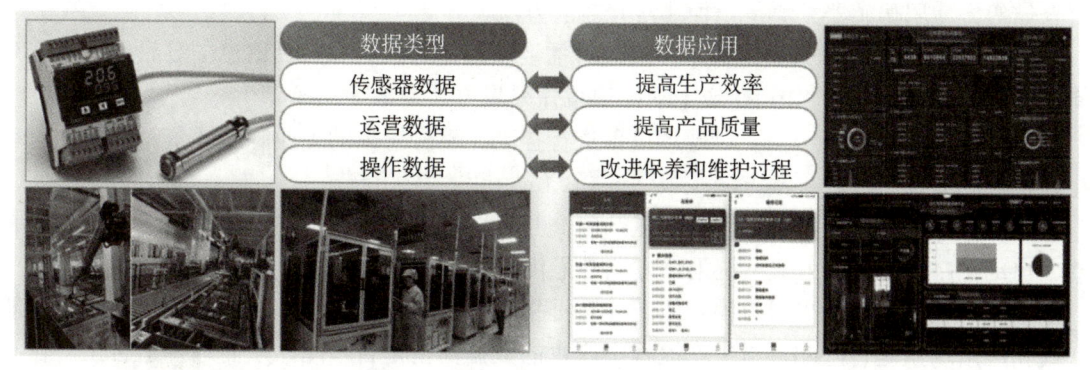

图 5-7 智能产线数据的类型及应用

（1）传感器数据：在智能产线中，传感器是一个不可或缺的组成部分，它收集有关机器和工作环境的各种数据。这些数据可以帮助智能产线上的员工及时发现潜在问题并进行预防维护，提高生产效率。

（2）运营数据：运营数据旨在收集关于智能产线各个环节的信息，如机器的工作状态及产品的数量和质量等。通过追踪这些数据，员工可以及时检测到智能产线中的异常情况。

（3）操作数据：操作数据是指有关操作员和机器交互的信息，如操作员在智能产线上的行动、机器的反应和程序的输出等。这些数据可用于监控智能产线的运行状况，以及改进后续操作流程。

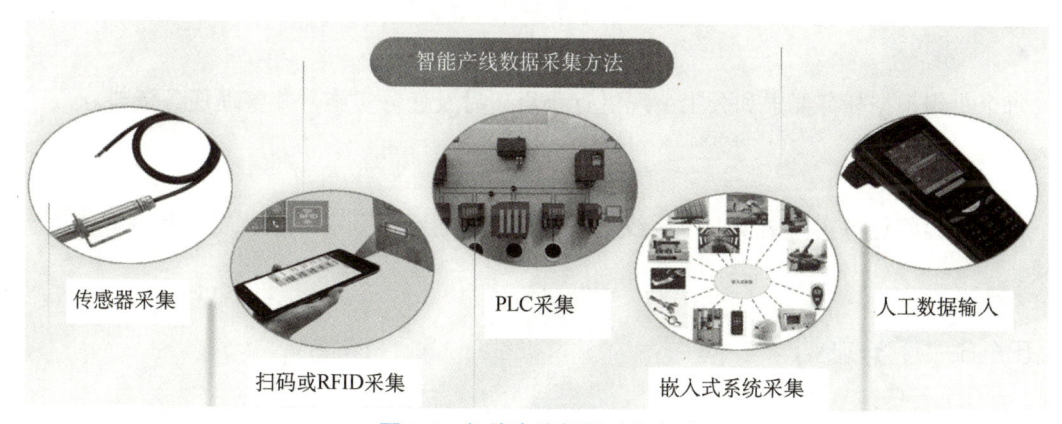

5. 智能产线数据采集方法

智能产线数据采集的主要方法包括传感器采集、扫码或 RFID 采集、PLC 采集、嵌入式系统采集及人工数据输入等，制造业企业可以根据不同的生产流程和场景，选择合适的方法实现对生产过程数据的采集和管理。智能产线数据采集方法如图 5-8 所示。

图 5-8 智能产线数据采集方法

针对不同的应用场景和数据类型，常用的数据采集方法主要有以下 4 种。

（1）传感器采集：对于需要实时监测设备运行状态和环境参数的场景，如工业生产、物流仓储等，使用传感器采集是一种非常有效的方法。

（2）扫码或 RFID 采集：对于生产过程需要精确追踪物料和产品信息的场景，如生产车间、物流仓储等，扫码、RFID 或主动标识载体采集方法是最优选择。

（3）PLC 采集：对于需要对现场设备进行控制、整合管理的工业制造场景，如工业自动化、机械制造等，PLC 采集方法是最优选择。

（4）嵌入式系统采集：对于设备复杂度高且需要多种参数计算出结果的场景，如设备制造、自动化产线等，嵌入式系统采集方法是最优选择。

因此，工厂在考虑采用哪种智能产线数据采集方法时，一定要综合考虑采集方法与智能产线的应用场景是否匹配，与生产流程中产生的数据类型是否匹配，从而选择适合工厂自身的智能产线数据采集方法。

5.1.5 任务实施

1. 小组分工

任务分配表如表 5-2 所示。

表 5-2 任务分配表

组名		日期	
组训		组长	
工作任务	任务分工	成员	
智能产线的认知	企业典型智能产线分析		
	智能产线的特点		
	智能产线数据采集方法		

2. 小组讨论

每个小组根据任务要求和分工情况进行小组研讨及任务实施，并整理任务资料。

3. 成果分享

每个小组将任务实施结果上传至线上教学平台，各小组分别汇报、展示和讲解任务实施成果。

5.1.6 任务总结

任务总结表如表 5-3 所示。

表 5-3　任务总结表

任务实施过程	存在的问题	解决办法
政策信息的收集		
信息文件的处理与分析		
团结协作、表达能力		
现场 7S 管理		

5.1.7　任务评价

任务评价表如表 5-4 所示。

表 5-4　任务评价表

序号	评价内容	自我评价	小组评价	教师评价	评分标准
1	态度端正，工作认真				5
2	遵守安全操作规范				5
3	能熟练、多渠道地查找参考资料				10
4	能熟练地完成项目中的工作任务				30
5	方案优化，选型合理				10
6	能正确回答指导教师的问题				10
7	能在规定时间内完成任务				20
8	能与他人团结协作				5
9	能做好 7S 管理工作				5
	合计				100
	总分				

5.1.8　巩固自测

1. 填空题

（1）在智能产线运行过程中会产生海量数据，包括（　　）、（　　）、（　　）等数据。

（2）工厂生产数据采集的主要方法包括（　　）采集、（　　）采集、（　　）采集、嵌入式系统采集及人工数据输入等。

2. 不定项选择题

（1）智能产线技术包括气动技术、驱动技术及（　　）。

　　A．传感检测技术　　　　　　　　B．机械技术
　　C．人机界面技术　　　　　　　　D．网络通信技术

(2) 未来智能产线的发展趋势为（　　）。
　　A．智能化　　　　B．高效化　　　　C．环保化　　　　D．机械化
(3) 工厂数据采集的主要方法包括（　　）及人工数据输入等。
　　A．传感器采集　　　　　　　　B．扫码或 RFID 采集
　　C．PLC 采集　　　　　　　　　D．嵌入式系统采集
(4) 智能产线的特点有（　　）。
　　A．自动化程度高　　　　　　　B．集成化程度高
　　C．数字化程度高　　　　　　　D．智能化程度高

3．判断题

(1) 智能工厂的本质特征是在传统的生产设备基础上增加感知系统，实现信息的采集和处理，基于传统厂房进行数字化改造升级。　　　　　　　　　　　　　　　　　　　（　　）
(2) 最优的产线数据采集方法取决于不同的生产场景和需要采集的数据类型。（　　）
(3) PLC 技术可以实现对产线的控制、监控和调整，实现智能化生产的目标。（　　）
(4) 智能产线不会应用激光打标、视觉检测等技术。　　　　　　　　　　　（　　）

4．简答题

(1) 在工业企业加工生产过程中，常用的智能产线有哪些？其有何特点？
(2) 请阐述智能产线可以采集的数据有哪些？是如何进行分类的？

5.1.9　任务拓展

企业案例：某汽车零部件生产企业数字化改造项目。

1．项目概况

某汽车零部件生产企业从事汽车零部件的生产制造，拥有国际先进的自动化铸造设备和加工设备，是气压盘式制动器和液压盘式制动器专业制造厂家，最大年生产能力达 $3×10^4$ t，主要产品有刹车盘、刹车片、制动总成等。该企业已建成自动化加工产线 5 条。企业产线如图 5-9 所示。

2．企业现状

(1) 自动化改造：车间计划完成 5 条产线的自动化改造。

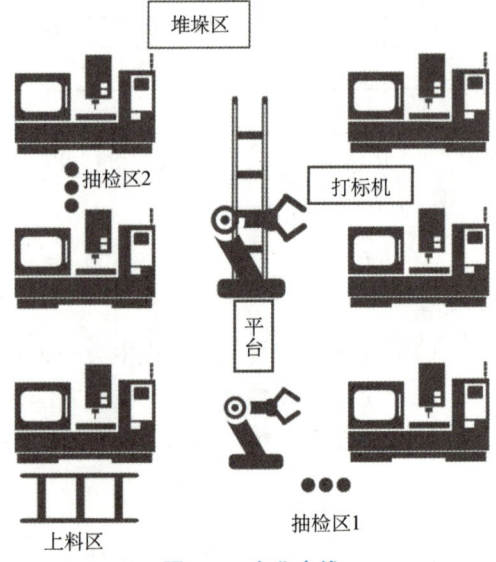

图 5-9　企业产线

(2) 生产实绩：对于生产的实际数量、合格数量、生产数据集等，缺少有效的手段进行实时上报，缺少可视化方式对生产情况进行实时监控。

（3）信息化建设：已实施了 ERP、PLM 等系统，但生产过程缺少相应的信息化系统，对于生产过程的数据，缺少实时的采集及分析手段，自动化产线缺少统一的管控及调度平台。

3．解决方案

企业解决方案如图 5-10 所示。

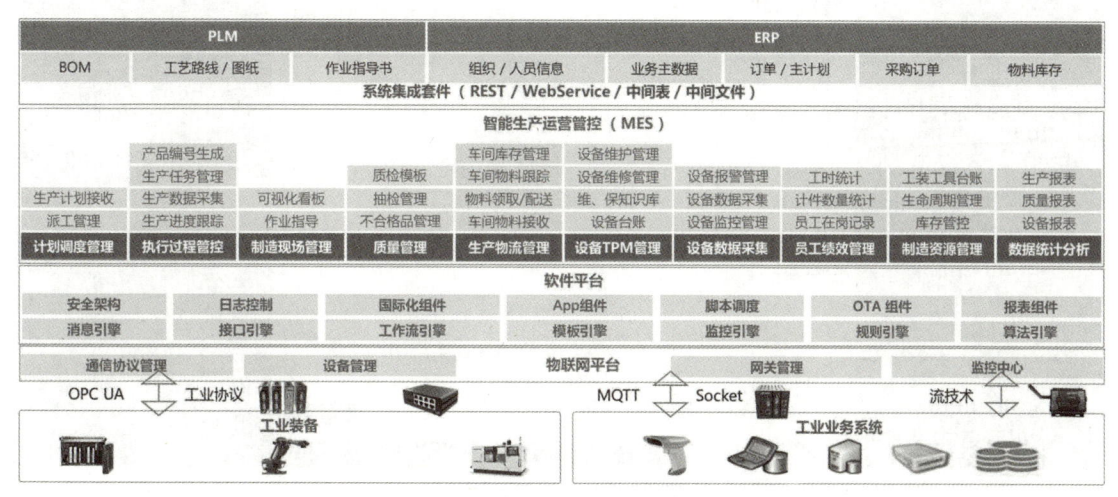

图 5-10　企业解决方案

4．应用效果

（1）生产计划管理及下发：通过与 ERP 系统集成，获取生产订单信息；MES 基于生产订单与产品工艺路线，进行工序级生产计划分解，分解之后自动下发到产线。生产计划管理及下发如图 5-11 所示。

图 5-11　生产计划管理及下发

（2）生产任务执行：接收生产计划，自动生成每条产线的生产任务清单；生产人员在现场客户端中对生产任务进行开工、报工等操作，生产数量由数据采集系统自动显示，生产人员上报后由质检人员进行确认。生产任务执行如图 5-12 所示。

图 5-12　生产任务执行

（3）生产全过程的质量管理：采集生产过程的检验（包含设备检验、人工检验）数据，形成产品生产全过程的产品质量档案；建立完整的产品质量追溯体系。生产全过程的质量管理如图 5-13 所示。

图 5-13　生产全过程的质量管理

任务 5.2　上料灌装工作站数据采集

5.2.1　任务描述

工赋协会的同学们通过学习已经熟练掌握了智能产线的理论知识，很快便接到了某企业对颗粒灌装产线进行改造的任务，希望通过对关键参数的采集，使整条产线数据可视化，并实现远程运维。在指导教师的指导下，工赋协会的同学们将利用物联网技术实现人、设备和系统三者之间的智能化、交互式无缝连接，构建高效节能、绿色环保、环境舒适的人性化工厂，进而推动企业向智能工厂转变。

5.2.2　任务分析

为了实现颗粒物料的自动化包装、称量和封装，颗粒灌装产线包括上料灌装、加盖拧盖、检测分拣、成品入库、智能仓储等一系列自动化步骤。本任务从颗粒灌装产线的组成入手，剖析智能产线控制及其通信方式，探究产线中上料灌装工作站数据采集过程，使学生掌握上料灌装工作站数据采集方法。

5.2.3　任务准备

任务准备表如表 5-5 所示。

表 5-5　任务准备表

任务编号	5.2	任务名称	上料灌装工作站数据采集		
设备、软件、工具、耗材、资料					
类别	名称		规格型号/说明	数量	单位
设备	颗粒灌装产线			1	条
设备	工业智能网关		ECU-1152	1	个
设备	汇川 PLC		H3U-3232MT-XA	1	个
设备	路由器		具有交换机功能	1	个
设备	24V 直流电源			1	个
设备	计算机			1	台
软件	汇川 PLC 配套软件		AutoShop	1	套
软件	研华网关配套软件		Advantech EdgeLink Studio	1	套
工具	螺钉旋具		一字螺钉旋具、十字螺钉旋具	1	把
工具	斜口钳			1	把

续表

类别	名称	规格型号/说明	数量	单位
工具	剥线钳		1	把
	压线钳		1	把
	万用表		1	台
耗材	导线	黑、红、蓝、黄	若干	根
	以太网线	水晶头	3	根
	冷压端子		若干	个
	扎带		若干	条
资料		颗粒灌装产线操作说明书		
		H3U 系列可编程逻辑控制器简易手册		
		H3U.H3S 系列可编程逻辑控制器通信与轴控应用手册		
		Advantech EdgeLink Studio 软件操作说明书		
		智慧职教 MOOC：工业数据采集技术		

5.2.4 知识链接

1. 颗粒灌装产线

颗粒灌装产线由上料灌装、加盖拧盖、检测分拣、成品入库、智能仓储五个工作站组成，如图 5-14 所示。

图 5-14 颗粒灌装产线

颗粒灌装产线的组成如图 5-15 所示。

图 5-15　颗粒灌装产线的组成

颗粒灌装产线工作过程：上料输送带将空瓶逐个输送到主输送带，循环选料机构将蓝、白料顺序推出，空瓶到装料位置时停止，填装定位机构将颗粒按一定的数量和顺序装入空瓶，装料完成后，主输送带启动，将物料瓶输送到加盖拧盖工作站；加盖定位机构将物料瓶固定，启动加盖流程，将盖子加到物料瓶上，并将物料瓶送往拧盖机构，拧盖机构将瓶盖拧紧；对拧盖与颗粒均合格的物料瓶进行瓶盖颜色判别区分，不合格的物料瓶被推送到废品输送带上；机器人精确定位，在物料台上抓取合格物料瓶，并将其输送到指定地点放下；机器人将物料台上的包装盒体取出，按要求依次放到相应仓位上。

2．颗粒灌装产线控制器

1）PLC 配置

各工作站的 PLC 均为国产品牌汇川的一款控制器 H3U-3232MT-XA，其外观如图 5-16 所示。产线上每个工作站自成一个独立系统，由一台 PLC 承担其控制任务。各 PLC 之间采用分布式控制方式。经过多年的技术积累和市场开拓，近年来国产 PLC 有了长足的发展，这也说明我国的科技水平在不断提升。只有把核心技术掌握在自己手中，实现关键核心技术的自主可控，才能真正掌握竞争和发展主动权，实现科技强国，从根本上保障国家安全。

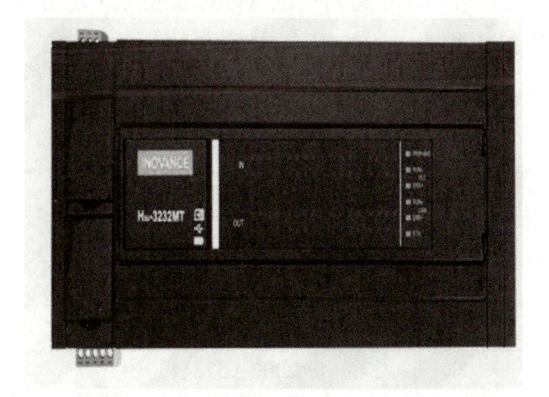

图 5-16　H3U-3232MT-XA 的外观

2）PLC 结构

H3U-3232MT-XA 的结构如图 5-17 所示。

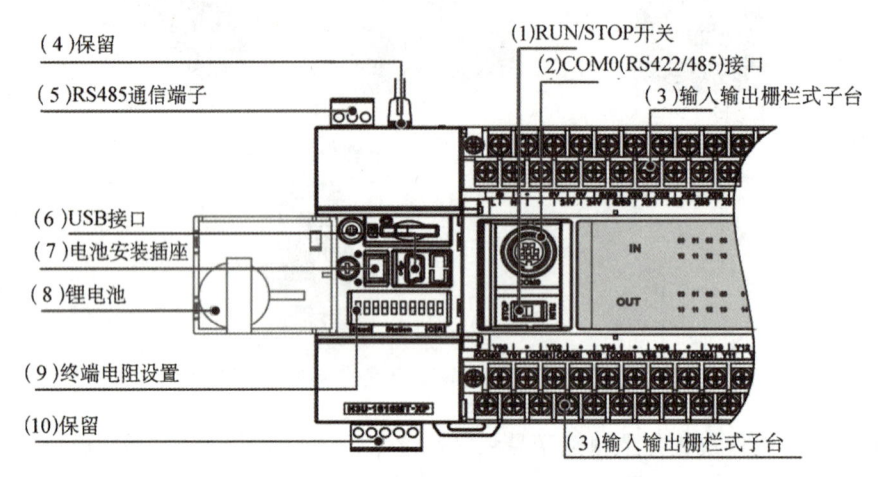

图 5-17　H3U-3232MT-XA 的结构

3）PLC 通信

H3U-3232MT-XA 的 COM0 口具有编程、监控功能；COM1 口由用户自定义，需要外部接线，采用拔插式接线端子。三个端子定义为 485+、485-、GND，其中 485+、485- 为 RS485 通信信号线，GND 为接地线，如图 5-18 所示。COM1 端子定义如表 5-6 所示。

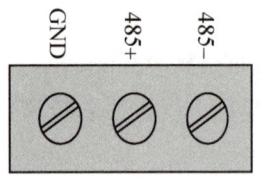

图 5-18　COM1 端子

表 5-6　COM1 端子定义

端子	定义说明
485+	RS485 通信信号线
485-	RS485 通信信号线
GND	接地线

为操作方便，这里将 COM1 口定义为标准 Modbus 协议，它的通信地址如下。

位变量：只有两种状态 0 和 1。在本 PLC 中包含 M、S、T、C、X、Y 等变量。位变量的线圈地址如表 5-7 所示。位变量的线圈地址根据首地址+变量序号得到。

表 5-7　位变量的线圈地址

名称	起始地址	线圈数量/个
M0～M7679	0×0000（0）	7680
M8000～M8511	0×1F40（8000）	512
SM0～SM1023	0×2400（9216）	1024
S0～S4095	0×E000（57344）	4096

续表

名称	起始地址	线圈数量/个
T0～T511	0×F000（61440）	512
C0～C255	0×F400（62464）	256
X0～X377	0×F800（63488）	256
Y0～Y377	0×FC00（64512）	256

注意：X 和 Y 变量对应的线圈数量是 8 进制数。

字型变量寄存器：16 位或 32 位变量。在本 PLC 中，16 位变量包含 D、T、C0～C199 等；32 位变量为 C200～C255。字型变量寄存器地址如表 5-8 所示。字型变量寄存器地址根据首地址+变量序号得到。

表 5-8 字型变量寄存器地址

变量名称	起始地址	寄存器数量/个	说明
D0～D8511	0（0）	8512	16 位寄存器
SD0～SD1023	0×2400	1024	16 位寄存器
R0～R32767	0×3000	32768	16 位寄存器
T0～T511	0×F000（61440）	512	16 位寄存器
C0～C199	0×F400（62464）	200	16 位寄存器
C200～C255	0×F700（63232）	56	32 位寄存器

注意：在通过 Modbus 访问 C200～C255 段 32 位寄存器时，一个寄存器作为两个寄存器看待，一个 32 位寄存器占用两个 16 位寄存器空间。例如，用户要读或写 C205～C208 这 4 个寄存器，Modbus 地址为 0xF70A（0xF700+10），寄存器数量是 4×2=8 个。

3. 采集上料灌装工作站数据

1）梳理采集点信息

工欲善其事必先利其器，在采集数据前，先要明确需要采集哪些数据，即确认采集点。采集点信息包括点名称、PLC 地址、数据类型、读写要求等，如表 5-9 所示。

表 5-9 采集点信息表

点名称	PLC 地址	数据类型	读写要求	功能码	Modbus 地址（十进制）
启动信号	X1	输入线圈	读写	1	63490
运行指示灯	Y0	输出线圈	读写	0	64513
运行时间	T250	16 位寄存器	只读	4	61691
空瓶数量	C200	32 位寄存器	只读	4	63233

点名称可为中文，说明采集点的作用或具体功能；对于汇川 H3U PLC，通过功能码，可读写的线圈有 M、S、T、C、X（只读）、Y，可读写的寄存器有 D、T、C。PLC 在作为 Modbus 从站时，支持 Modbus 协议功能码 0x01、0x02、0x03、0x04、0x05、0x06、0x0f、0x10；Modbus 地址是 PLC 变量的 Modbus 绝对地址。

产线需要采集的数据要根据现场实际情况确定，启动信号、运行指示灯、运行时间、空瓶数量等信息是根据 PLC 地址和数据类型得到的。

2）接入方式

工业智能网关 ECU-1152 的特点可查看其说明书。每个 PLC 均通过 AB 线接到工业智能网关的 COM 口，通过网线分别将工业智能网关、计算机接到路由器的 LAN 口，路由器的 WAN 口接外网，如图 5-19 所示。

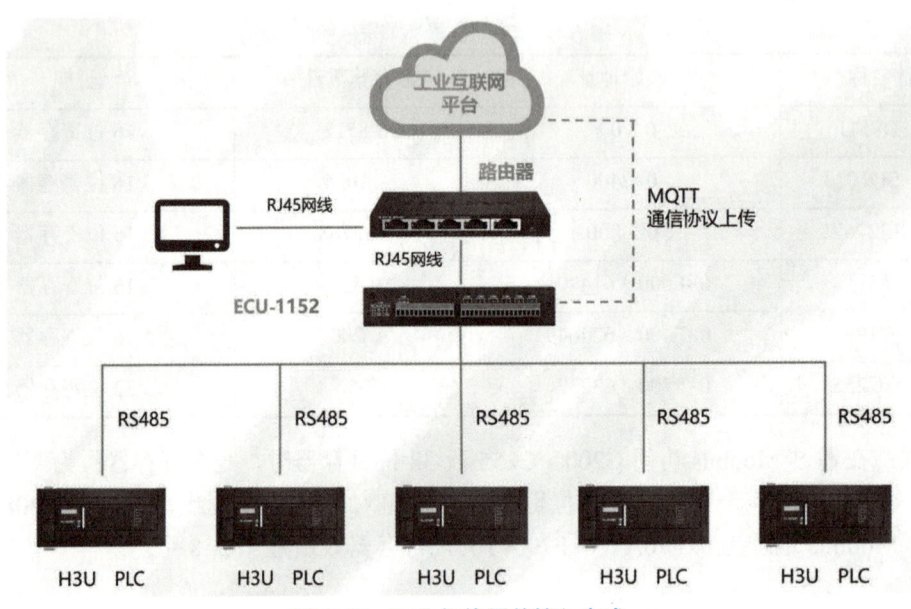

图 5-19 工业智能网关接入方式

3）上料灌装工作站数据采集配置

（1）PLC 端的相关配置。

在 AutoShop 软件中打开 PLC 控制程序，在通信参数配置中，COM1 口的协议选择 "MODBUS-RTU/QLINK 从站"，按需要进行协议配置参数设置，如图 5-20 所示。

（2）ECU-1152 端配置。

① 创建工程：添加设备，设备添加成功后，在数据中心启用相应的 COM 口，参见前面的任务。注意：COM 口的通信参数要与接在该端口的 PLC 通信参数一致，否则无法正常通信，参数包括串口号、波特率、数据位、停止位，如图 5-21 所示。在启用的 COM 口下添加 "PLC 设备"，设备类型选择 "Modicon Modbus Series（Modbus RTU）"，单元号为 PLC 的站号，如图 5-22 所示。

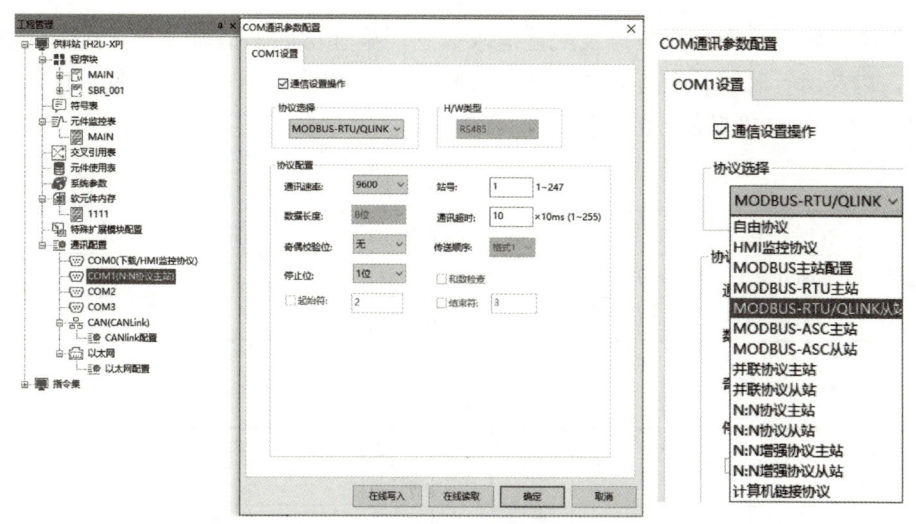

图 5-20　PLC 端配置

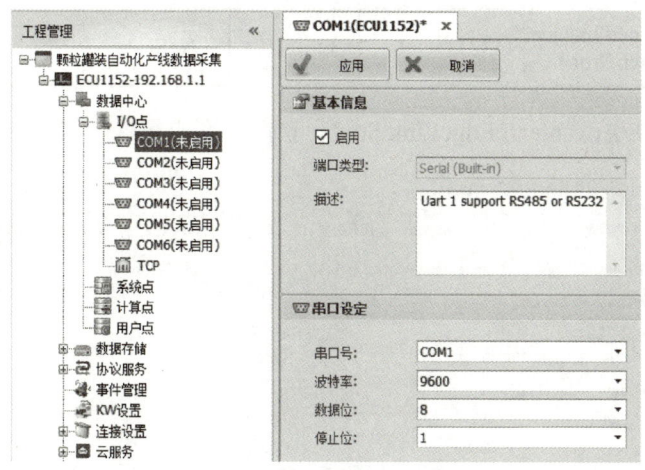

图 5-21　启用 COM 口

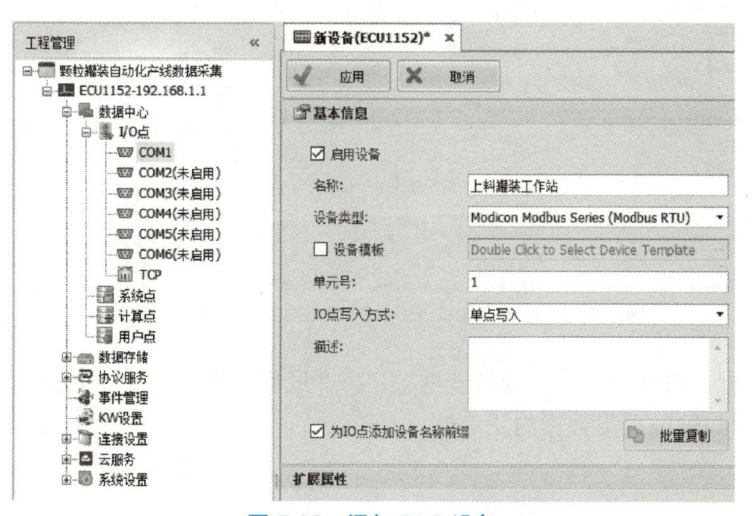

图 5-22　添加 PLC 设备

② 添加采集点：根据采集点及配置需求信息，整理出启动信号、运行指示灯信息（见表 5-10），以及运行时间、空瓶数量信息（见表 5-11），包含数据类型、地址、读写属性等，需要注意数字信号与模拟信号的配置是不同的。

表 5-10 运行状态信息配置表

点名称	数据类型	地址	信号反转	起始位	长度/位	默认值	扫描倍率	读写属性
启动信号	Discrete	163490	0	0	1	0	1	读写
运行指示灯	Discrete	064513	0	0	1	0	1	读写

表 5-11 采集点信息配置表

点名称	数据类型	转换类型	地址	起始位	长度/位	读写属性	缩放类型	公式	Scale	Offset
运行时间	Analog	Unsigned Integer	461691	0	16	只读	LinearScale, MX+B	SCALE×INPUT+OFFSET	0.1	0
空瓶数量	Analog	Unsigned Integer/High Word	463233	0	32	只读	NoScale			

按照如上信息在 Advantech EdgeLink Studio 软件中完成配置，如图 5-23 所示。

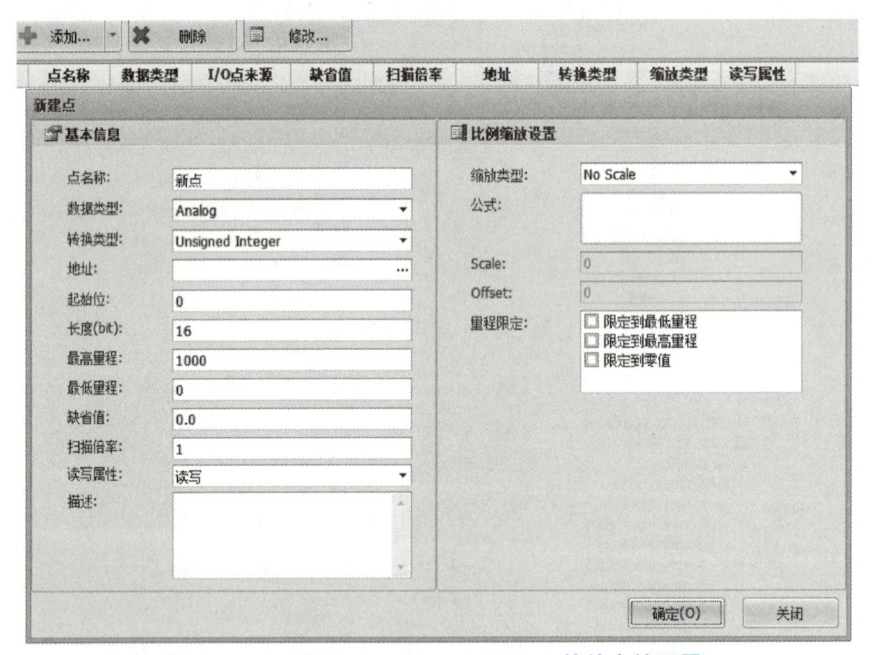

图 5-23 Advantech EdgeLink Studio 软件中的配置

③ 保存工程并将其下载到工业智能网关：将产线数据采集到工业智能网关中，可通过在线设备查看数据，验证采集数据的正确性。

5.2.5 任务实施

1. 任务分配

任务分配表如表 5-12 所示。

表 5-12 任务分配表

组名		日期	
组训		组长	
成员	任务分工	成员	任务分工

2. 拟定方案

小组成员共同拟定数据采集方案,列出本任务需要用到的设备、参数。任务方案表如表 5-13 所示。

表 5-13 任务方案表

序号	设备	参数	备注

3. 运行测试与验证

运行测试表如表 5-14 所示。

表 5-14 运行测试表

任务名称		测试小组	
测试名称	测试结果	测试人员	存在的问题
安装测试			
硬件测试			
软件测试			
采集测试			

5.2.6 任务总结

任务完成后,学生根据任务实施情况分析存在的问题及其原因,填写任务总结表,指导教师对任务实施情况进行点评。任务总结表如表 5-15 所示。

表 5-15 任务总结表

任务实施过程	存在的问题	解决办法
硬件连接		
软件配置		
数据采集与调试		
其他		

5.2.7 任务评价

任务评价表如表 5-16 所示。

表 5-16 任务评价表

序号	评价内容	自我评价	小组评价	教师评价	评分标准
1	态度端正,工作认真				5
2	遵守安全操作规范				5
3	能熟练、多渠道地查找参考资料				10
4	能熟练地完成项目中的工作任务				30
5	方案优化,选型合理				10
6	能正确回答指导教师的问题				10
7	能在规定时间内完成任务				20
8	能与他人团结协作				5
9	能做好 7S 管理工作				5
	合计				100
	总分				

5.2.8 巩固自测

1. 填空题

(1) H3U-3232MT-XA PLC 的 COM0 口具有( )、( )功能,( )接口由用户自定义。

(2) 本任务中 COM1 口的通信协议为( )。

2. 不定项选择题

（1）上料灌装工作站完成颗粒灌装产线的颗粒上料及空瓶运输，由一台（　　）PLC 控制。

  A. 汇川   B. 西门子
  C. 三菱   D. 信捷

（2）本任务中设备类型选择（　　）协议。

  A. Talk   B. 标准 Modbus TCP
  C. 标准 Modbus RTU   D. 不确定

（3）本任务中，颗粒灌装产线由（　　）及智能仓储 5 个工作单元组成。

  A. 上料灌装   B. 加盖拧盖
  C. 检测分拣   D. 成品入库

（4）在 AutoShop 软中打开 PLC 控制程序，通信配置中 COM1 口协议选择"Modbus-RTU/QLINK 从站"，协议配置包括（　　）的设置。

  A. 波特率   B. 奇偶校验
  C. 停止位   D. 站号

3. 判断题

（1）本任务 PLC 中，16 位变量包含 D、T、C0~C255。（　　）

（2）通过 Modbus 访问 C200~C255 段 32 位寄存器时，一个寄存器作为两个寄存器看待，一个 32 位寄存器占用两个 16 寄存器空间。（　　）

（3）本任务中，PLC 通信配置中 COM1 口协议选择 Modbus RTU/QLINK 从站。（　　）

（4）本任务中，每个 PLC 均通过 RS485 接到网关的 COM 口，通过网线分别将网关、计算机接到路由器的 LAN 口，路由器的 WAN 口接外网。（　　）

4. 简答题

（1）请列举 H3U-3232MT-XA 的 Modbus 通信地址。

（2）请简述为何在通过 Modbus 访问 C200~C255 段 32 位寄存器时，一个寄存器作为两个寄存器看待。

（3）简述 H3U PLC 配置和工业智能网关的设置过程。

5.2.9 任务拓展

企业案例：某汽车零部件生产企业数字化改造项目。

1. 项目概况

某汽车零部件生产企业从事汽车零部件的生产制造，拥有国际先进的自动化铸造设备和加工设备，是气压盘式制动器和液压盘式制动器专业制造厂家，最大年生产能力达 $3×10^4$t，主要产品有刹车盘、刹车片、制动总成等。该企业已建成自动化加工产线 5 条。

2. 解决方案

企业解决方案如图 5-24 所示。

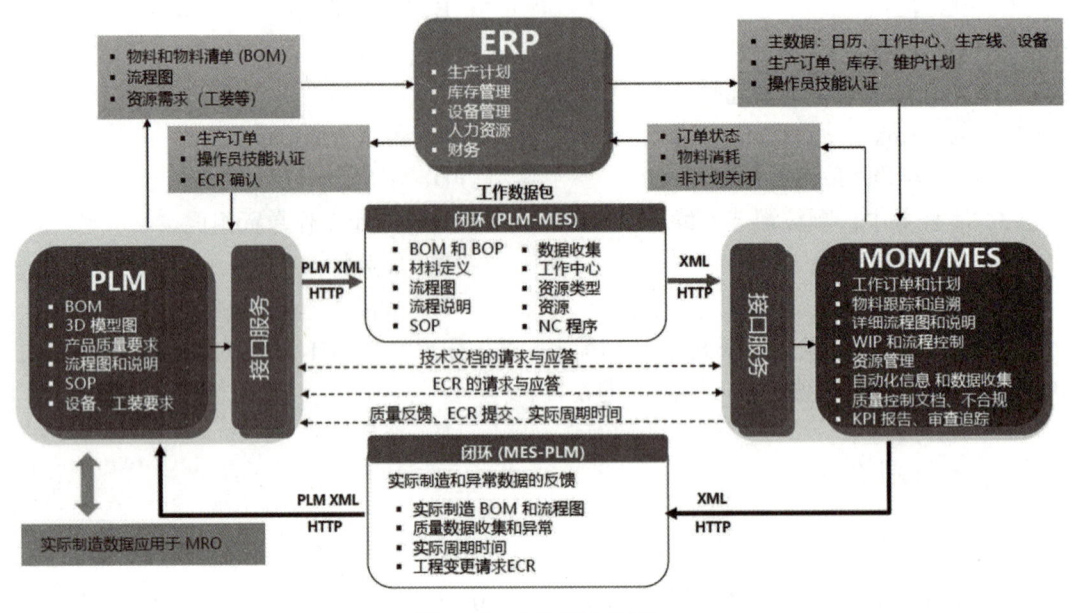

图 5-24　企业解决方案

3. 应用效果

生产计划管理及下发如图 5-25 所示。

图 5-25　生产计划管理及下发

（1）设备运行状态实时监控：实现了生产数据的实时采集，通过实时采集数据大大减少了数据录入时间；通过 MES 终端实时采集生产数据，并对数据进行实时传递，可实时看到生产进度等信息。

（2）设备运行的状态信息和产量信息：通过设备数据采集，结合设备看板，可实时获取设备运行的状态信息和产量信息，减少运营过程中因设备异常而导致的生产安全问题，保障企业安全、稳定地生产运行；通过设备数据的实时采集，可实时监控设备的运行状态，并在设备出现故障时及时把设备故障信息通过手机或看板等方式发送给相关责任人员，督促设备管理人员及时进行设备故障的处理，保障设备的安全。生产任务执行如图 5-26 所示。

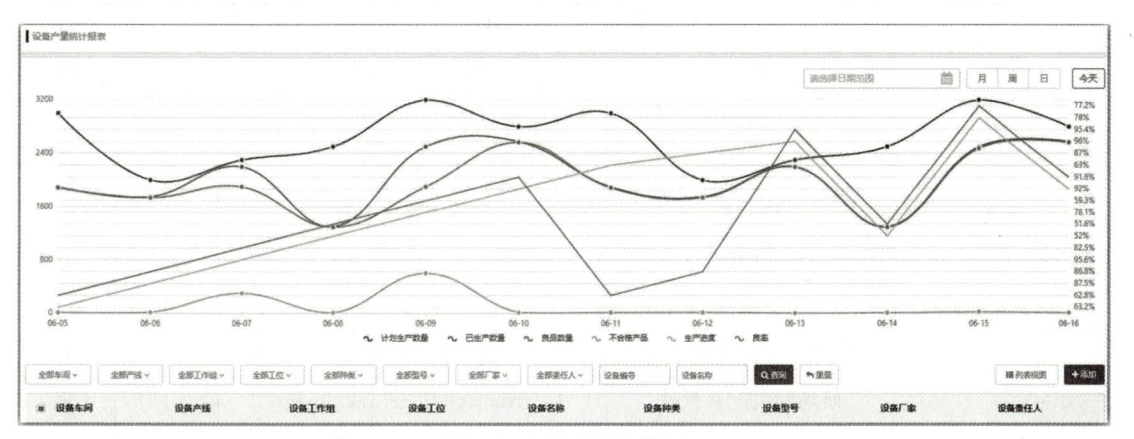

图 5-26　生产任务执行

任务 5.3　打标工作站数据采集

5.3.1　任务描述

在上料灌装工作站数据采集任务结束前，工赋协会又接到某企业对打标工作站进行改造的项目，组长决定兵分两路，让需求调研组的同学先行前往企业了解改造诉求。经沟通得知，该企业想通过该项目实现对关键数据的采集，使整条产线数据可视化，并实现对打标工作站的远程监控。

5.3.2　任务分析

本任务从打标工作站的组成入手，剖析智能产线控制及其通信方式，探究打标工作站数据采集过程，最终使学生掌握打标工作站数据采集技能。

5.3.3　任务准备

任务准备表如表 5-17 所示。

表 5-17 任务准备表

任务编号	5.3	任务名称	打标工作站数据采集		
设备、软件、工具、耗材、资料					
类别	名称	规格型号/说明		数量	单位
设备	打标工作站			1	个
	工业智能网关	ECU-1152		1	个
	路由器	具有交换机功能		1	个
	24V 直流电源			1	个
	计算机			1	台
软件	西门子 PLC 配套软件	TIA Portal		1	套
	研华网关配套软件	Advantech EdgeLink Studio		1	套
工具	螺钉旋具	一字螺钉旋具、十字螺钉旋具		各1	把
	斜口钳			1	把
	剥线钳			1	把
	压线钳			1	把
	万用表			1	台
耗材	导线	黑、红、蓝、黄		若干	根
	以太网线	水晶头		3	根
	冷压端子			若干	个
	扎带			若干	条
资料	打标工作站操作说明书				
	西门子 S7-1200 PLC 手册资料				
	Advantech EdgeLink Studio 软件操作说明书				
	智慧职教 MOOC：工业数据采集技术				

5.3.4 知识链接

1. 打标工作站

打标工作站是一种基于特定技术（如激光技术）的设备，用于在各种材料表面上标记图案、文字或条形码等。打标工作站是现代工业生产中不可或缺的一部分，它在提高产品质量、安全性和可追溯性方面发挥着重要作用。打标工作站采用 PLC 作为主控设备。机器人根据触摸屏指令，自动移动至工具区对产品进行吸取或夹取，经过流水线、模拟冲压站和数控单元后，根据视觉检测模块的检测结果完成搬运码垛；根据指令，更换机器人工具，完成打标作业。

2. 打标工作站的组成

本次数据采集采用的打标工作站由原料区及输送单元、模拟冲压站、治具单元、视觉单元、数控单元、打标单元及总控单元组成，如图 5-27 所示。

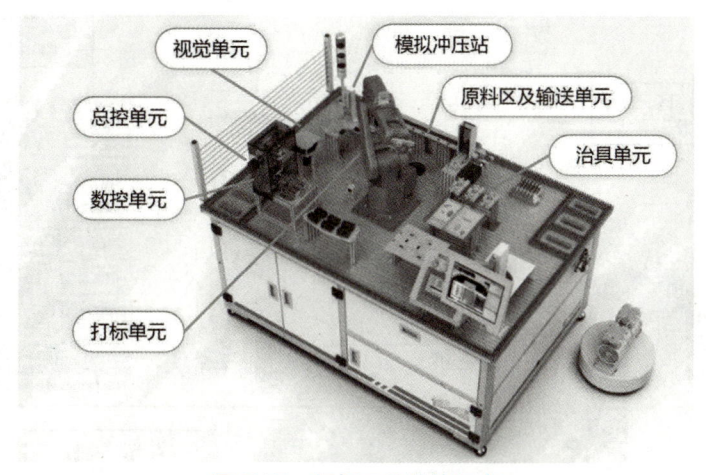

图 5-27 打标工作站的组成

1）原料区及输送单元

原料区及输送单元如图 5-28 所示。原料区存放着 6 种产品，每次取一种产品输送到流水线末端，由机器人根据 PLC 信号将产品夹起。

2）模拟冲压站

模拟冲压站如图 5-29 所示。机器人将夹取的产品放入模拟冲压站进行冲压作业，冲压完成后由机器人取出产品进行数控加工。

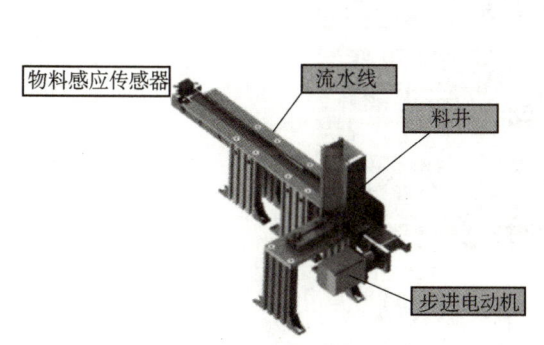

图 5-28 原料区及输送单元

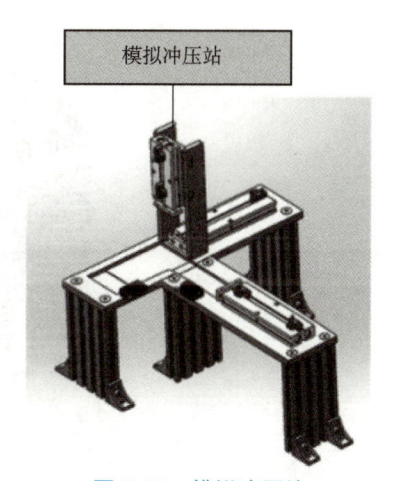

图 5-29 模拟冲压站

3）治具单元

治具单元如图 5-30 所示。治具单元用于存放不同功能的工具，是机器人的附属单元。

4）视觉单元

视觉单元如图 5-31 所示。视觉单元可完成对产品颜色、二维码和形状等的综合判断，若产品检测合格，则由机器人抓取产品并将其放置到成品区。

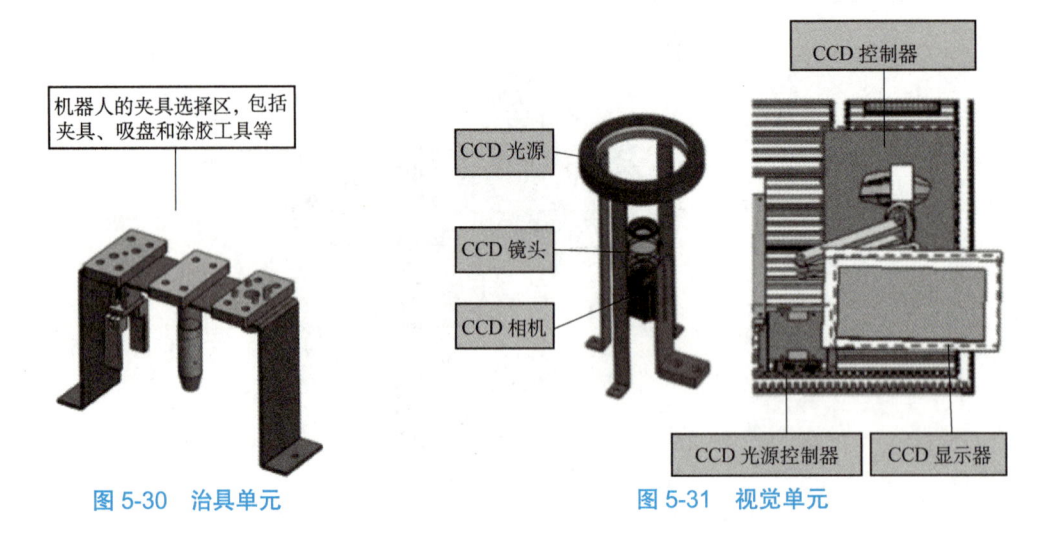

图 5-30　治具单元

图 5-31　视觉单元

5）数控单元

数控单元由 2 个轴向丝杆和步进电动机组成，可实现沿运动轨迹的连续运动与稳定速度运动。

6）打标单元

打标单元如图 5.32 所示。打标单元根据要求完成打标作业。

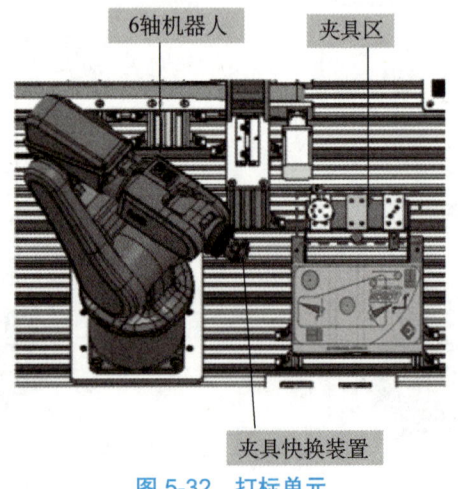

图 5-32　打标单元

7）总控单元

总控单元是各单元程序执行和动作流程的总控制端，是打标工作站的核心单元。总控单元如图 5-33 所示。

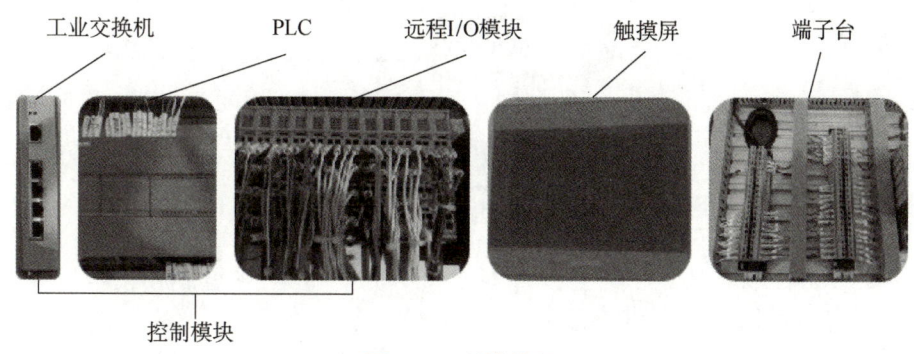

图 5-33　总控单元

3. 采集打标工作站数据

1）梳理采集点信息

在采集数据前，要先明确需要采集哪些数据，即确认采集点。采集点信息包括点名称、地址、数据类型、读写要求等，如表 5-18 所示。

表 5-18　采集点信息

点名称	别名	地址	数据类型	读写要求
产量	Prod	DB96.DBW2	Word	只读
启动信号	StartSts	I1.1	Bool	只读
灯的状态	LightSts	Q4.1	Bool	只读
X 轴当前位置	Xposition	DB8.DBW8	Real	只读

点名称可为中文，别名需要使用字符类型，可为英文名、英文缩写等，建议按照一定的命名规则进行设置，以便于识别（别名在数据上云时会用到）。打标工作站需要采集的数据要根据现场实际情况确定，这里的产量、启动信号、灯的状态、X 轴当前位置采集点，是根据地址、数据类型不同给出的示例。

2）接入方式

通过网线分别将 PLC、工业智能网关、计算机接到路由器的 LAN 口，路由器的 WAN 口接外网，如图 5-34 所示。

3）打标工作站数据采集配置

（1）PLC 端的相关配置。

在 TIA Portal 软件中选中 PLC 并右击，在弹出的快捷菜单中选择"属性"选项；单击"常规"→"连接机制"，勾选"允许来自远程对象的 PUT/GET 通信访问"复选框；单击"常规"→"访问级别"，单击"完全访问权限（无任何保护）"单选按钮，操作步骤如图 5-35 所示。

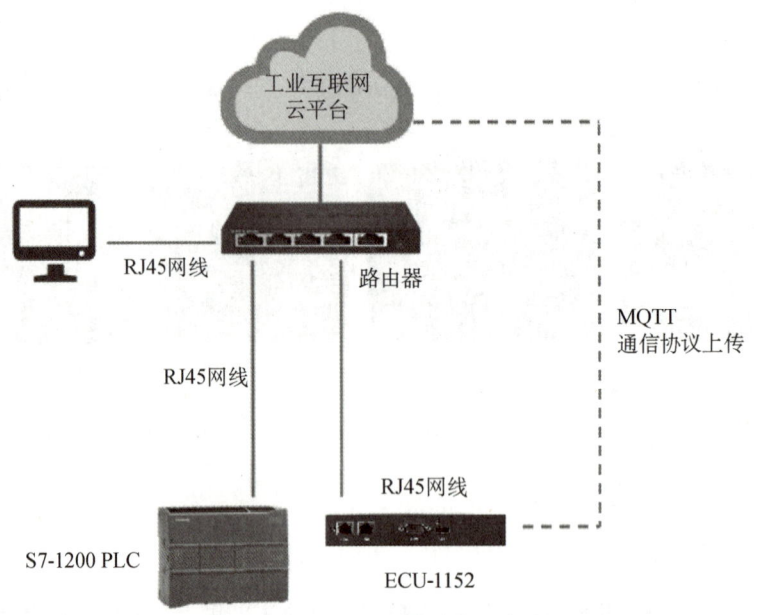

图 5-34　工业智能网关接入方式

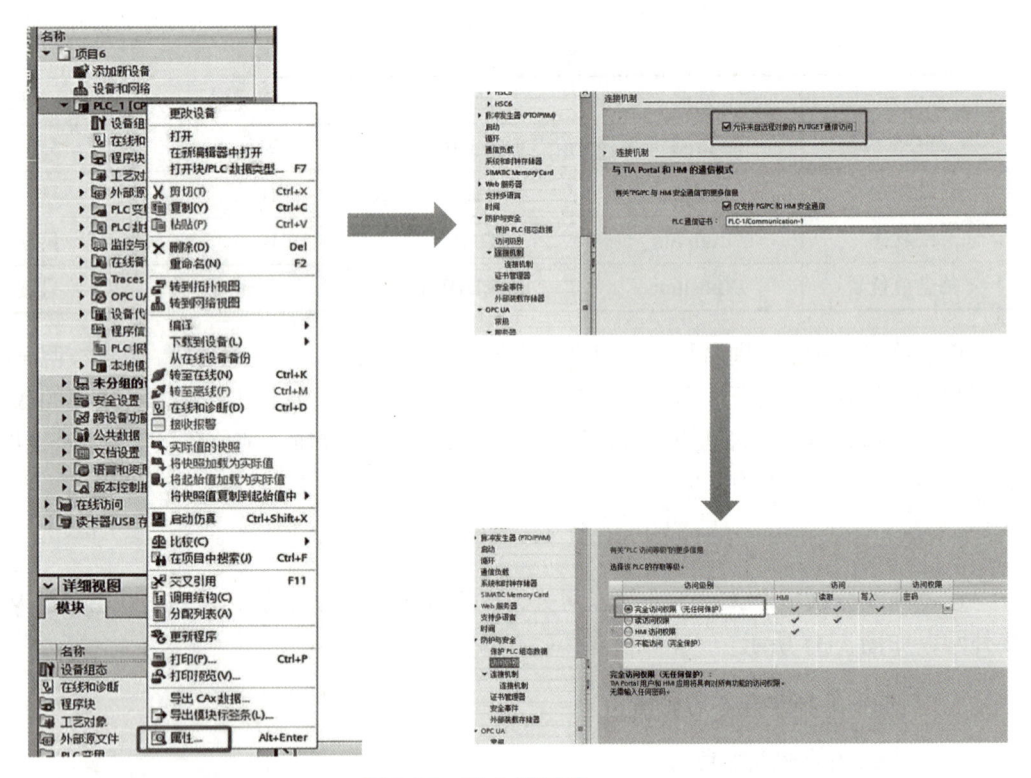

图 5-35　PLC 端配置

（2）数据块属性修改。

右击数据块，在弹出的快捷菜单中选择"属性"选项；单击"常规"→"属性"，取消勾选"优化的块访问"复选框，操作步骤如图 5-36 所示。

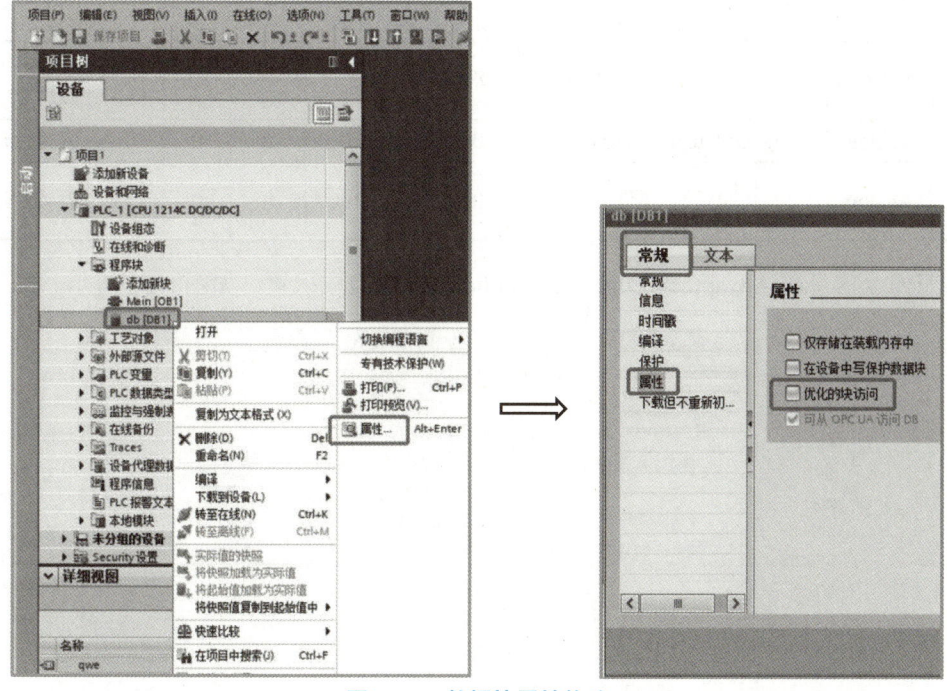

图 5-36　数据块属性修改

（3）ECU1152 端配置。

创建工程，添加网关设备。启用 TCP 端口，如图 5-37 所示。

图 5-37　启用 TCP 端口

（4）添加采集点。

根据采集点及配置需求信息，整理出启动信号、灯的状态、产量、X 轴当前位置采集点的信息表，包含数据类型、地址、读写属性等，需要注意数字信号与模拟信号的配置是不同的。运行状态信息配置表如表 5-19 所示，采集点信息配置表如表 5-20 所示。

表 5-19　运行状态信息配置表

点名称	数据类型	地址	信号反转	起始位	长度/位	默认值	扫描倍率	读写属性
启动信号	Discrete	IX001	0	1	1	0	1	只读
灯的状态	Discrete	QX004	0	1	1	0	1	只读

表 5-20　采集点信息配置表

点名称	数据类型	转换类型	地址	起始位	长度/位	最高量程	最低量程	默认值	扫描倍率	读写属性	缩放类型
产量	Analog	Unsigned Integer	DBW96,2	0	16	1000	0	0	1	只读	No Scale
X轴当前位置	Analog	Real	DBD8,8	0	32	1000	0	0	1	只读	No Scale

按照如上信息在 Advantech EdgeLink Studio 软件中完成配置，如图 5-38 所示。

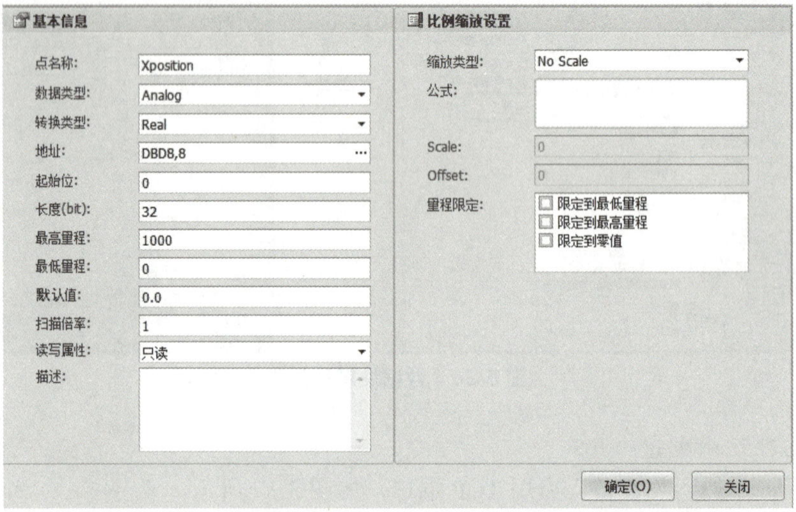

图 5-38　Advantech EdgeLink Studio 软件中的配置

保存工程并将其下载到工业智能网关：将产线数据采集到工业智能网关中，可通过在线设备查看数据，验证采集数据的正确性。

5.3.5　任务实施

1. 任务分配

任务分配表如表 5-21 所示。

表 5-21　任务分配表

组名		日期	
组训		组长	
成员	任务分工	成员	任务分工

2. 拟定方案

小组成员共同拟定数据采集方案，列出本任务需要用到的设备、参数。任务方案表如表 5-22 所示。

表 5-22 任务方案表

序号	设备	参数	备注

3. 运行测试与验证

运行测试表如表 5-23 所示。

表 5-23 运行测试表

任务名称		测试小组	
测试名称	测试结果	测试人员	存在的问题
安装测试			
硬件测试			
软件测试			
采集测试			

5.3.6 任务总结

任务完成后，学生根据任务实施情况分析存在的问题及其原因，填写任务总结表，指导教师对任务实施情况进行点评。任务总结表如表 5-24 所示。

表 5-24 任务总结表

任务实施过程	存在的问题	解决办法
硬件连接		
软件配置		
数据采集与调试		
其他		

5.3.7 任务评价

任务评价表如表 5-25 所示。

表 5-25 任务评价表

序号	评价内容	自我评价	小组评价	教师评价	评分标准
1	态度端正，工作认真				5
2	遵守安全操作规范				5
3	能熟练、多渠道地查找参考资料				10
4	能熟练地完成项目中的工作任务				30
5	方案优化，选型合理				10
6	能正确回答指导教师的问题				10
7	能在规定时间内完成任务				20
8	能与他人团结协作				5
9	能做好 7S 管理工作				5
合计					100
总分					

5.3.8 巩固自测

1. 填空题

（1）打标工作站采用（　　）作为主控设备。

（2）PLC 端配置修改数据块属性时，需要（　　）"优化的块访问"复选框。

（3）（　　）是产线的核心单元。

（4）打标工作站数据采集添加 PLC 设备时，在启用的 TCP 端口添加 S7-1200PLC 设备，设备类型选择 S7-1200，IP 地址设置为 PLC 的 IP 地址，端口号设置为（　　）。

2. 不定项选择题

（1）打标工作站由（　　）、治具单元、视觉单元、数控单元 7 个单元组成。

  A．原料区及输送单元　　　　　　B．模拟冲压站
  C．打标单元　　　　　　　　　　D．总控单元

（2）采集点信息包括（　　）等。

  A．点名称　　B．PLC 地址　　C．数据类型　　D．读写要求

3. 判断题

（1）本任务中 PLC 端设置，不需要勾选"允许来自远程对象的 PUT/GET 通信访问"复选框。　　　　　　　　　　　　　　　　　　　　　　　　　　　　　　（　　）

（2）本任务中 PLC 中数据块属性修改时，需要取消勾选"优化的块访问"复选框。
（　　）

（3）本任务中采集点的别名需使用字符类型，可为英文名、英文缩写等。（　　）

（4）工业智能网关接入时，分别将 PLC、工业智能网关、计算机接到路由器的 LAN 口，路由器的 WAN 口接外网。（　　）

4．简答题

请总结打标工作站数据采集关键点有哪些。

5.3.9　任务拓展

企业案例：某有限公司数字化改造项目。

1．项目概况

某有限公司以节能环保装备制造产业为核心，集清洁能源集中供热产业、水环境治理产业、碳基生物有机肥产业、化工新材料产业于一体。

2．解决方案

为了提高企业数字化水平，需要对其制造管理进行改造。数字制造管理系统涉及五大产业，产品涵盖 ERP、CRM、人力云、EAM、ESM、SRM、移动应用、智能工厂、设备后服务，实现了 DCS、地磅、PDA 等设备系统与 ERP 的无缝集成使用，大大提高了业务执行效率；通过建立生产指挥调度中心管理模式，实现了生产统一调度管理及实时预警；借助设备后服务，实现了设备远程监控、运行分析、实时预警、售后服务管理。企业的信息化规划蓝图如图 5-39 所示。

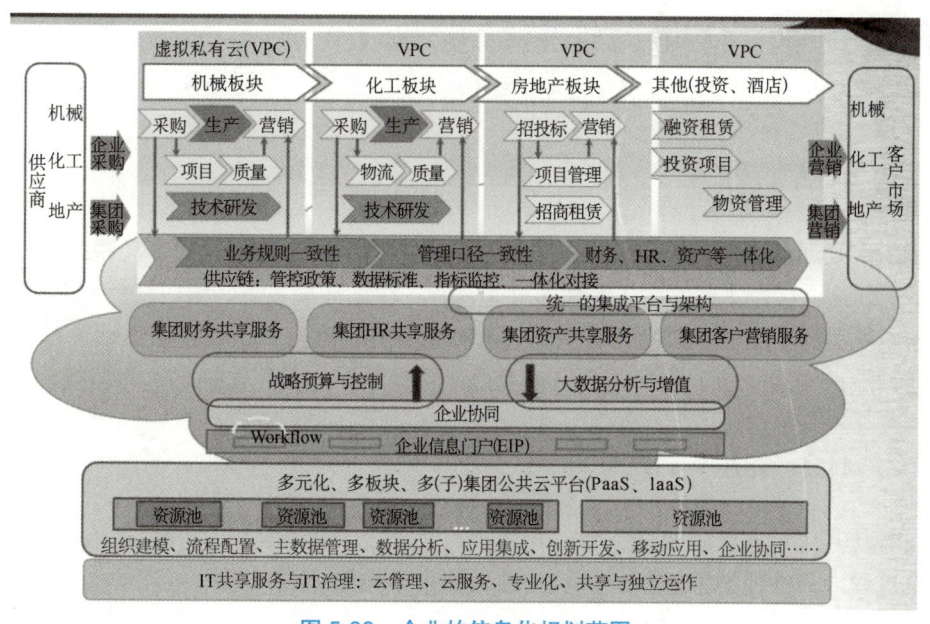

图 5-39　企业的信息化规划蓝图

3. 应用价值

通过信息化平台技术，以订单为中心，贯穿销售、报价、技术、生产、委外、采购、生产、发货、收款、售后等所有业务环节，形成数据闭环，提高运营数据协同效率，为管理决策提供及时与准确的管理报表。智慧运维管理平台如图 5-40 所示。

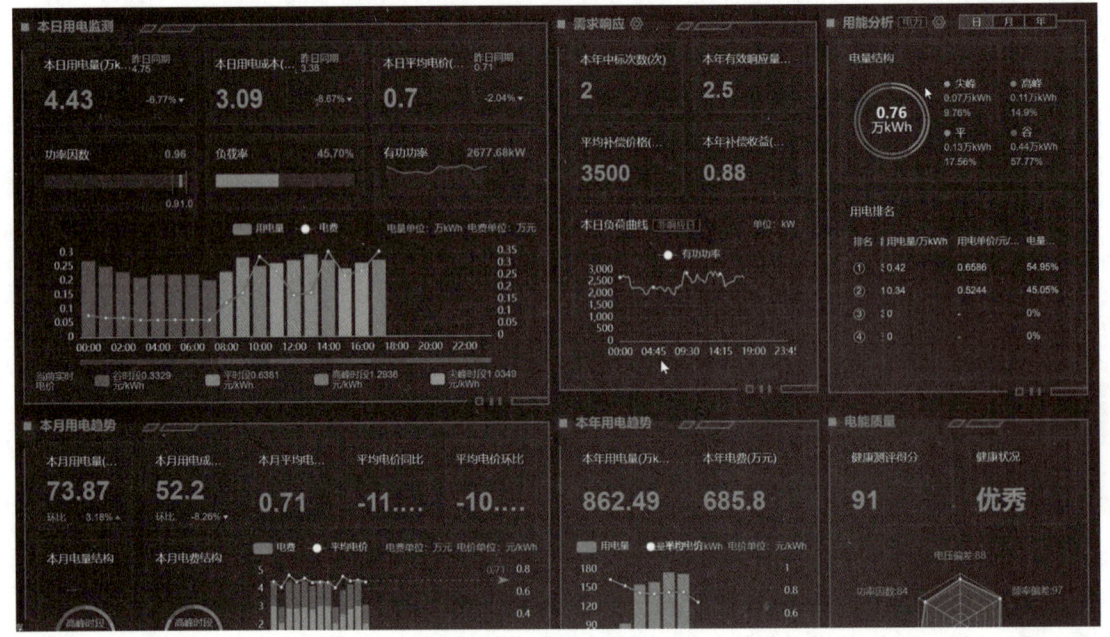

图 5-40　智慧运维管理平台

任务 5.4　仓储工作站数据采集

5.4.1　任务描述

智能工厂是现代工厂信息化发展的新阶段，具有六个显著特征：设备互联；广泛应用工业软件；充分结合精益生产理念；实现柔性自动化；注重环境友好，实现绿色制造；可以实现实时洞察。某工厂正在进行数字化转型，工赋协会负责对该工厂的仓储工作站进行数据采集，目标是通过改造实现仓储工作站的数据可视化，并完成对仓储工作站的远程监控。

5.4.2　任务分析

本任务从某工厂产线的组成入手，剖析产线控制及其通信方式，探究产线中仓储工作站数据采集过程，最终使学生掌握仓储工作站数据采集技能。

5.4.3 任务准备

任务准备表如表 5-26 所示。

表 5-26 任务准备表

任务编号	5.4	任务名称		仓储工作站数据采集		
设备、软件、工具、耗材、资料						
类别		名称	规格型号/说明		数量	单位
设备		产线			1	条
		路由器	具有交换机功能		1	个
		计算机	用作边缘端服务器		1	台
软件		西门子 PLC 配套软件	TIA Portal		1	套
		AIoT 数据采集服务器			1	套
工具		螺钉旋具	一字螺钉旋具、十字螺钉旋具		各1	把
		斜口钳			1	把
		剥线钳			1	把
		压线钳			1	把
		万用表			1	台
耗材		导线	黑、红、蓝、黄		若干	根
		以太网线	水晶头		4	根
		冷压端子			若干	个
		扎带			若干	条
资料		仓储工作站操作说明书				
		西门子 S7-1200 PLC 手册资料				
		Advantech EdgeLink Studio 软件操作说明书				
		智慧职教 MOOC：工业数据采集技术				

5.4.4 知识链接

1. 传统仓储物流

传统仓储物流主要依赖人工进行货物的搬运、分拣和记录，操作速度相对受限，且容易出现人为操作失误。传统仓储物流的数据管理与监控主要依赖手工记录和周期性盘点获取库存信息，容易出现信息滞后和不准确的情况。未实现数字化的传统仓储物流场景如图 5-41 所示。在面对商品多样性和市场变化时，传统仓储物流的适应性较差，难以快速调整以满足新的存储需求。由于传统仓储物流依赖人工且采用较为原始的管理方式，因此其整体效率相对较低，且人力成本较高。

图 5-41　未实现数字化的传统仓储物流场景

2. 智能仓储物流

智能仓储物流是指运用先进的信息技术、物联网技术、人工智能等技术手段优化和提升仓储及物流管理效率的一种现代化管理模式。它的目标是通过整合和运用各种技术，使仓储及物流的各个环节更加智能化、高效化和可控化，以适应市场的需求和变化。智能仓储物流场景如图 5-42 所示。

图 5-42　智能仓储物流场景

智能仓储物流的应用为企业带来了显著的效益。通过实现仓库内货物的自动存储、挑选和分拣，大大提高了仓储管理的效率和精度，降低了成本，提升了整体物流运营水平。同时，智能仓储物流的应用也为消费者带来了更快捷、更准确的配送服务，提升了用户体验。

3. 仓储工作站

本项目以智能工厂钢珠灌装产线为例，完成仓储工作站数据采集，如图 5-43 所示。钢珠灌装产线的工艺流程：物料瓶由物料瓶传输工作站运送至灌装颗粒工作站；灌装后的物料瓶经过装盖工作站，进行拧盖（瓶盖有蓝、白两种颜色，可以根据工艺要求制定不同工艺）；检测工作站检测物料瓶上盖状态，合格的可进入称重检测环节；称重不达标的次品被推出，合格的产品进入贴标与包装工作站，对瓶身贴标；贴标完成的产品由仓储工作站打包装箱，完成入库。

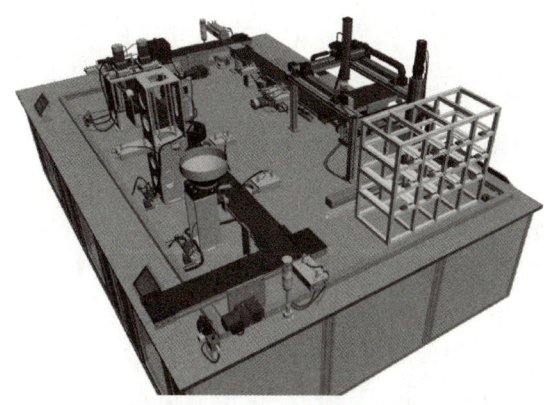

图 5-43 智能工厂钢珠灌装产线

钢珠灌装产线各工作站所用 PLC 配置表如表 5-27 所示，共 3 个 PLC，型号均为 S7-1200 1214C，其中物料瓶传输工作站、灌装颗粒工作站、装盖工作站由一个 PLC 控制，检测工作站、贴标与包装工作站由一个 PLC 控制，仓储工作站单独由一个 PLC 控制。

表 5-27 钢珠灌装产线各工作站所用 PLC 配置表

工作站	控制单元	扩展模块
物料瓶传输工作站	S7-1200 1214C	无
灌装颗粒工作站		
装盖工作站		
检测工作站	S7-1200 1214C	无
贴标与包装工作站		
仓储工作站	S7-1200 1214C	无

4. 采集仓储工作站数据

1）梳理采集点信息

凡事预则立，在进行数据采集前，要先明确需要采集哪些数据，即确认采集点。采集点信息包括点名称、数据类型、地址、读写要求等，如表 5-28 所示。梳理采集点信息非常关键，尤其是地址、数据类型，这是正确采集数据的前提。

产线需要采集的数据要根据现场实际情况确定，这里以仓储工作站为例，根据地址、数据类型不同给出 4 个示例采集点：红灯状态、启动标志、Z 轴零点、Z 轴速度。

表 5-28 采集点信息表

点名称	数据类型	地址	读写要求
红灯状态	Bool	Q2.0	只读
启动标志	Bool	M2.0	只读
Z 轴零点	Bool	I0.1	只读
Z 轴速度	Real	DB1.DBD216	只读

2）接入方式

工业数据采集可以分为4种模式。

(1) 网关硬件模式：以销售硬件为主，硬件由传统硬件厂商提供，是物联服务的延伸，物联软件收费低或免费。

(2) 数据采集软件模式：原有数据采集软件厂商在新市场环境中转型，提供数据采集软件的私有化、云化部署服务，通常具有行业属性，如擅长进行机械制造行业、注塑行业的数据采集。

(3) IssA平台模式：以销售云服务为主，通过在云服务器端部署较为简单的物联协议，为硬件集成商、软件开发商、最终用户提供服务。该模式可以降低自有物联平台的开发难度，但要遵循云平台的开发规范和商业模式，应用成本较高，数据自主性较差。

(4) 系统平台模式：由传统IT厂商推出AIoT平台，该平台是基于原有的IT系统在物联场景中的应用需求推出的平台化产品，部署灵活，安全性、数据自主性高，和其他业务系统天然集成，数据利用价值高，扩展性好。

AIoT平台关键特性如下。

(1) 协议支持全面：支持的协议有100多种，AIoT平台支持多个国外厂家的设备接入，如西门子、GE、三菱等，也支持多个国内厂家的设备接入，如和利时、中控、恒河等。这些设备能够进行通信的核心是通信协议，AIoT平台支持OPC UA、OPC DA、Modbus、FOCAS、MQTT等100多种协议。

(2) 实时数据存储及发布：支持分布式多站点部署，每个实例支持1万笔/秒写入；支持按原始值、秒、分钟、小时、周、月、年间隔查询数据；支持进行max、min、avg、sum等统计查询；支持订阅式实时数据发布；支持按对象及仪表位号发布。

(3) 支持2D/3D组态：基于标准浏览器技术，具有轻量、高效、易用跨平台特性，支持通过3D-Max建模导入及2D贴图方式快速构建3D可视化应用。

(4) 灵活配置可扩展的规则引擎：通过规则引擎解决了数据处理问题，实现了基于算法的优化控制；解决了数据分发问题，打通了数据和业务消费通路；解决了自动控制问题，实现了设备之间自我协调。

(5) "云+边+端"部署-运营模式：支持云运营模式（公有云、私有云或混合云），适用于车间级、无人值守工作站点等场景。

AIoT "云+边+端"部署-运营模式如图5-44所示。

系统平台模式优点突出，本项目选择用友AIoT平台采集产线数据，其通用方案如图5-45所示。

在选用AIoT平台采集钢珠灌装产线数据时，首先将IoT平台系统安装到计算机上，将该计算机作为主机；然后通过网线分别将计算机及3台PLC接到交换机的4个LAN口，交换机的WAN口接外网，如图5-46所示。

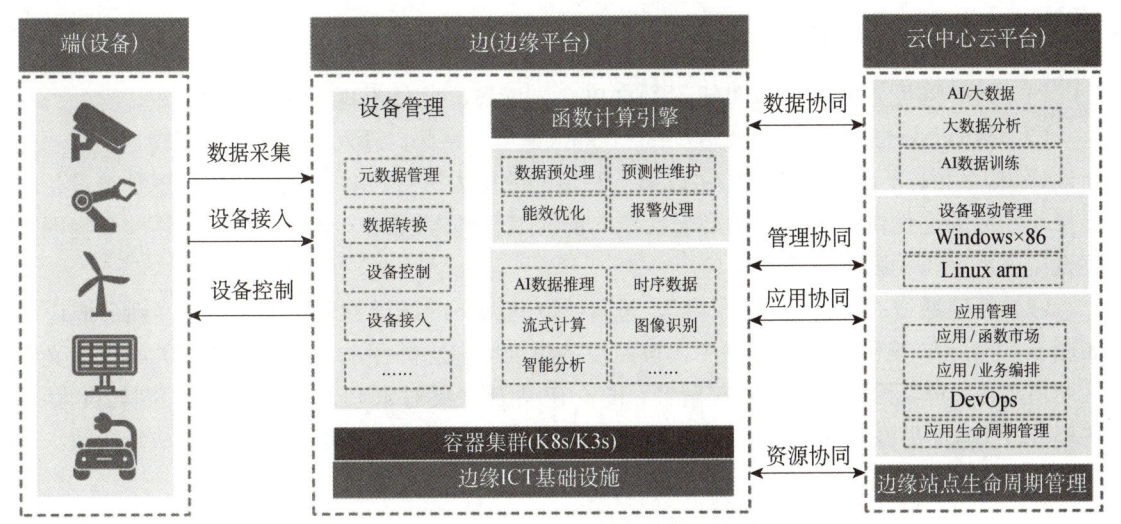

图 5-44　AIoT"云+边+端"部署–运营模式

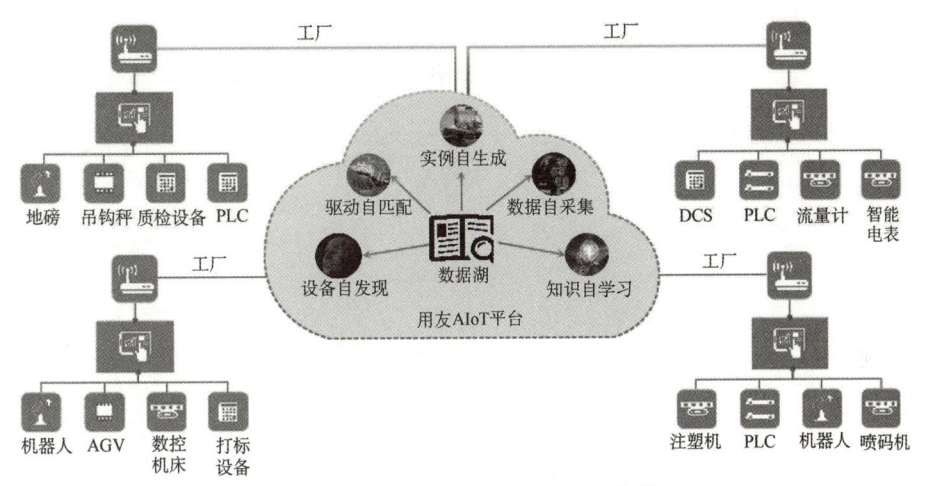

图 5-45　AIoT 平台采集数据通用方案

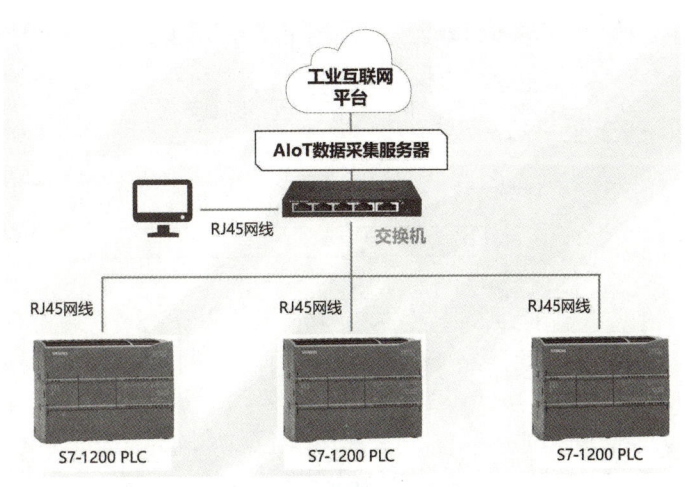

图 5-46　硬件接入方式

3）仓储工作站数据采集配置

（1）PLC 端配置：参见前面任务中的 PLC 端配置，此处不再赘述。

（2）AIoT 平台配置：登录 AIoT 平台，输入账号、密码，进入平台。进入平台后，需要先新建通道。AIoT 平台通过不同的协议解析和适配的能力进行设备连接，通道管理是将设备的连接与相应的通信协议绑定，实现设备接入的通信管理方法。一个通道可以关联一个物理采集设备，也可以关联多个逻辑设备。

（3）新建通道：单击"IoT 平台"，进入物联基础下的通道管理页面，单击"新建通道"，如图 5-47 所示。在弹出的对话框中，按照设备协议类型选择驱动，并按照实际的物理意义定义通道名称，可以给出简单的名称解释，设备 IP 为被采集对象 PLC 的 IP 地址，S7-1200 默认端口号为 102，类型选择 PLC 的具体型号，如图 5-48 所示。单击右下角的"完成"按钮，即完成了通道的新增。

图 5-47　新建通道

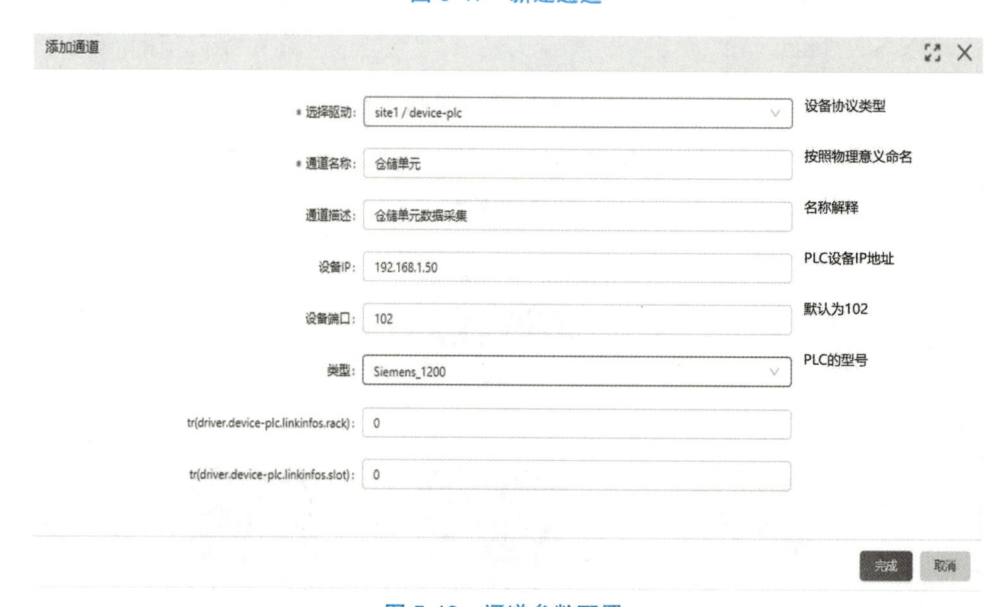

图 5-48　通道参数配置

（4）新建设备：建立好通道后，需要新建设备，并将设备绑定在其采集通道下。进入物联基础下的设备管理页面，单击"新建设备"，如图 5-49 所示。按照实际物理意义定义设备名称，并进行合理分类，通道选择为该设备接入的通道，进行设备与通道的绑定，如图 5-50 所示。

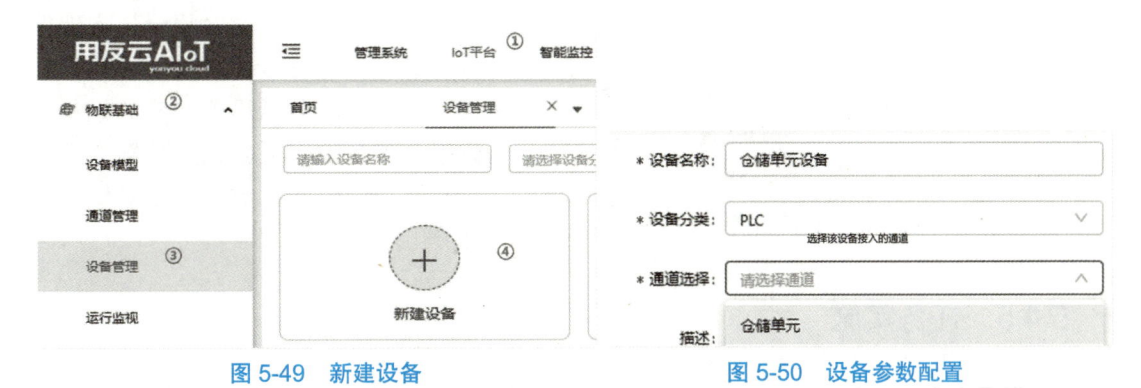

图 5-49　新建设备

图 5-50　设备参数配置

（5）添加 IO 数据：将设备与通道绑定后，需要进行 IO 数据的添加。单击"自定义"标签，填写采集点的信息，主要包括属性名称、描述、数据类型、读写要求、系数、累积量、测量结果类型、小数位数、计量单位等信息。设备属性主要字段说明如表 5-29 所示。

表 5-29　设备属性主要字段说明

字段名称	说明
属性名称	模型属性名称，表示了模型中各个参数的物理及生产含义
描述	属性的描述
功能码	该数据是线圈或离散量输入或保持寄存器或输入寄存器
起始地址	AIoT 平台采集的数据地址
数据类型	模型属性的数据类型，如整数型、布尔型、浮点型等
读写要求	该属性是否支持数据的读入或下发至设备
累积量	模型属性是瞬时量还是累积量
测量结果类型	模型属性从设备采集还是在 AIoT 平台中加工生成

按照图 5-51 进行设备参数配置，即可将产线数据采集到 AIoT 平台。

图 5-51　设备参数配置

如何验证数据已被采集到 AIoT 平台了呢？

这需要通过运行监视功能实现，如图 5-52 所示。运行监视是指对创建好的设备进行数据实时展示，实现按照设备分类进行设备采集点信息磁贴式展示，实时展示设备对应的采集点数据，支持设备采集点历史数据查询的功能，同时支持数据曲线对比和数据导出功能。

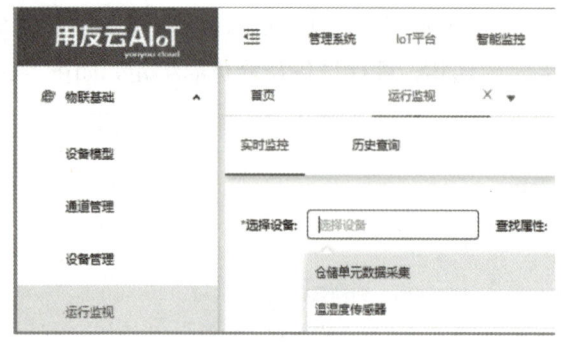

图 5-52　运行监视

5.4.5　任务实施

1. 任务分配

任务分配表如表 5-30 所示。

表 5-30　任务分配表

组名		日期	
组训		组长	
成员	任务分工	成员	任务分工

2. 拟定方案

小组成员共同拟定数据采集方案，列出本任务需要用到的设备、参数。任务方案表如表 5-31 所示。

表 5-31　任务方案表

序号	设备	参数	备注

3. 运行测试与验证

运行测试表如表 5-32 所示。

表 5-32 运行测试表

任务名称		测试小组	
测试名称	测试结果	测试人员	存在的问题
安装测试			
硬件测试			
软件测试			
采集测试			

5.4.6 任务总结

任务完成后，学生根据任务实施情况分析存在的问题及其原因，填写任务总结表，指导教师对任务实施情况进行点评。任务总结表如表 5-33 所示。

表 5-33 任务总结表

任务实施过程	存在的问题	解决办法
硬件连接		
软件配置		
数据采集与调试		
其他		

5.4.7 任务评价

任务评价表如表 5-34 所示。

表 5-34 任务评价表

序号	评价内容	自我评价	小组评价	教师评价	评分标准
1	态度端正，工作认真				5
2	遵守安全操作规范				5
3	能熟练、多渠道地查找参考资料				10
4	能熟练地完成项目中的工作任务				30
5	方案优化，选型合理				10
6	能正确回答指导教师的问题				10
7	能在规定时间内完成任务				20
8	能与他人团结协作				5
9	能做好 7S 管理工作				5
	合计				100
	总分				

5.4.8　巩固自测

1. 填空题

（1）（　　）是指运用先进的信息技术、物联网技术、人工智能等技术手段优化和提升仓储及物流管理效率的一种现代化管理模式。

（2）本任务产线共有（　　）个 PLC 控制器。

（3）本任务中的 AIoT 物联平台可以支持（　　）多种协议。

（4）设备能够通信的核心是（　　）。

2. 不定项选择题

（1）工业数据采集可以分为以下哪种模式？（　　）
　　A．网关硬件模式　　　　　　　　B．数采软件模式
　　C．IssA 平台模式　　　　　　　　D．系统平台模式

（2）AIoT 采集点信息包括（　　）等。
　　A．点名称　　　　　　　　　　　B．PLC 地址
　　C．数据类型　　　　　　　　　　D．读写要求

3. 判断题

（1）智能仓储的目标是通过整合和运用各种信息技术，使仓储和物流的各个环节更加智能化、高效化和可控化，以适应市场的需求和变化。（　　）

（2）本次任务中的 PLC 控制器型号为 S7-1200 1214C。（　　）

（3）本任务中通过规则引擎可以解决数据处理问题。（　　）

（4）本任务中通过运行监控功能，可以将创建好的设备进行数据实时展示。（　　）

（5）本任务中在新建通道下，不需要按照设备协议类型选择驱动。（　　）

4. 简答题

请总结仓储工作站数据采集关键点有哪些。

5.4.9　任务拓展

企业案例：某焊接企业数字化改造项目。

1. 项目概况

企业现场如图 5-53 所示。

2. 应用效果

改造后的企业现场如图 5-54 所示，设备远程集中管控如图 5-55 所示。

图 5-53 企业现场

图 5-54 改造后的企业现场

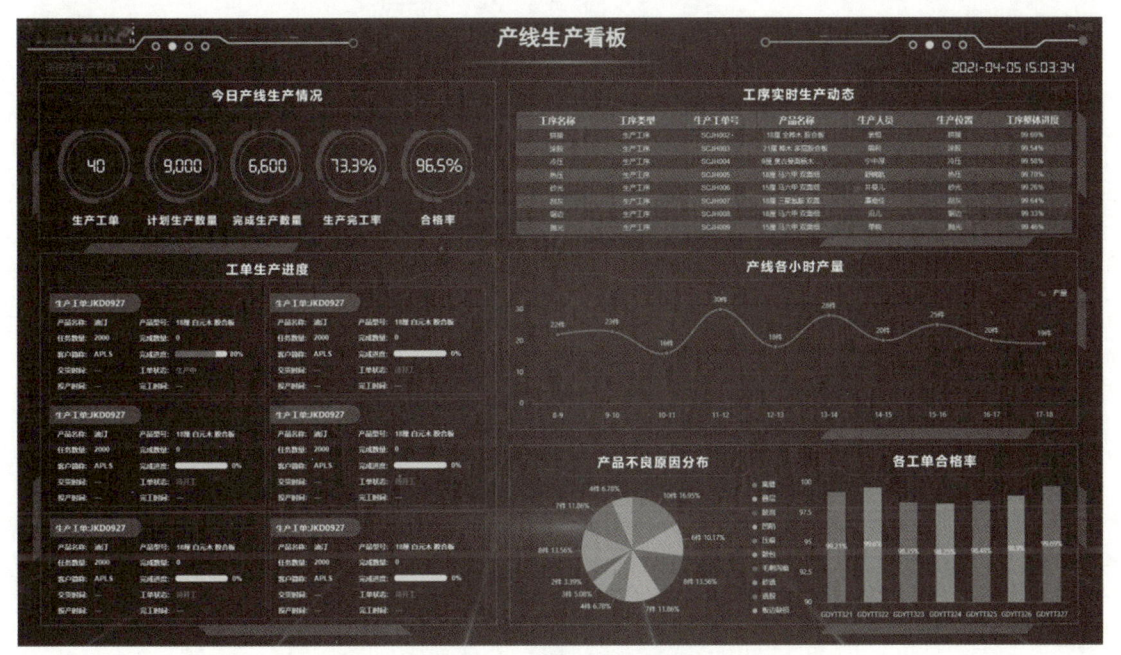

图 5-55 设备远程集中管控

(1) 提升了效率：实现了全厂与各车间的协同指挥、车间与车间的协同作业。
(2) 降低了成本：构建了能流网，可智能调配能源，降低了能源消耗。
(3) 提升了产品质量：通过产品质量相关性分析，可以查找缺陷原因。

参 考 文 献

[1] 王建伟. 工业赋能：深度剖析工业互联网时代的机遇和挑战[M]. 2版. 北京：人民邮电出版社，2021.
[2] 肖鹏. 工业互联网赋能的企业数字化转型[M]. 北京：电子工业出版社，2023.
[3] 北京工联科技有限公司. 工业互联网设备数据采集　初级[M]. 北京：人民邮电出版社，2022.